"互联网+"新形态公共课精品系列教材

大学生职业生涯规划与就业指导

主　编　谷利成　邹　烨　余　晖

副主编　田文艳　周少斌　张翠英

主　审　刘志成

电子工业出版社·

Publishing House of Electronics Industry

北京·BEIJING

内 容 简 介

本书围绕大学生职业生涯规划与就业指导各个方面展开讲述，循序渐进地讲解了从初步规划职业生涯到成功就业全过程的基本思路和具体实施的方法与技巧。

全书分为上、下两篇，共9个项目。上篇为大学生职业生涯规划，分别讲述了职业生涯规划概述、认识自我、了解职业、职业生涯规划；下篇为就业指导，分别讲述了就业准备、就业技巧、就业权益与法律保障、新角色与新环境、大学生创业等内容。

本书可以作为高等院校、职业院校开展大学生基本素质教育的教材。

图书在版编目（CIP）数据

大学生职业生涯规划与就业指导 / 谷利成，邹烨，

余晖主编. -- 北京 ： 电子工业出版社，2024. 8.

ISBN 978-7-121-48224-3

Ⅰ．G647.38

中国国家版本馆 CIP 数据核字第 2024TE4573 号

责任编辑：贾瑞敏　　文字编辑：张　彬

印　　刷：北京天宇星印刷厂

装　　订：北京天宇星印刷厂

出版发行：电子工业出版社

　　　　　北京市海淀区万寿路 173 信箱　邮编　100036

开　　本：787×1092　1/16　印张：12.75　字数：326.4 千字

版　　次：2024 年 8 月第 1 版

印　　次：2025 年 9 月第 2 次印刷

定　　价：49.80 元

凡所购买电子工业出版社图书有缺损问题，请向购买书店调换。若书店售缺，请与本社发行部联系，联系及邮购电话：（010）88254888，88258888。

质量投诉请发邮件至 zlts@phei.com.cn，盗版侵权举报请发邮件至 dbqq@phei.com.cn。

本书咨询联系方式：（010）88254019，jrm@phei.com.cn。

前　　言

党的二十大报告指出，"教育、科技、人才是全面建设社会主义现代化国家的基础性、战略性支撑。必须坚持科技是第一生产力、人才是第一资源、创新是第一动力，深入实施科教兴国战略、人才强国战略、创新驱动发展战略，开辟发展新领域新赛道，不断塑造发展新动能新优势。"

就业工作事关大学生的切身利益，事关国家发展大局和社会和谐稳定，面对日趋激烈的竞争环境，解答大学生的求职困惑，帮助和服务大学生顺利完成从学校到社会、从学生到职业人的人生跨越，是本书的重要任务。本书讲解了大学生职业生涯规划与就业指导从理论到实践操作的全方位知识，旨在架设帮助大学生从学校走向社会的桥梁。

本书以由浅入深、循序渐进的方式展开讲解，以合理的结构和经典的情景范例对大学生职业生涯规划与就业指导的各种理论与方法进行了详细的介绍，具有极高的实用价值。通过对本书的学习，读者可以树立起职业生涯发展的自主意识，树立积极正确的人生观、价值观和就业观，掌握基本的求职就业技能，将个人发展和国家需要、社会发展相结合，确立职业的概念和意识，愿意积极主动地为个人的职业生涯发展和社会发展付出努力，能够基本了解职业发展阶段的特点，较为清晰地认识自己的特点、职业的特性及社会环境；了解就业形势和政策法规，掌握基本的劳动力市场信息、相关的职业分类和基本的创业知识，掌握自我探索技能、信息搜索技能、管理技能等；了解职业生涯发展和规划的决策方式，在职业生涯道路上不断进行有效的职业决策，树立职业理想，强化规划意识，领会职业生涯规划理论，掌握相关技术方法，明晰自我定位，设定职业生涯目标，拟订行动计划，形成符合自身个性特点的"职业生涯规划书"，自我激励并实施自己的规划方案；了解就业前应该具备的基本素质和准备的基本材料，掌握求职的基本礼仪和技巧，了解就业权益与相关法律，在必要时能够合理地维护自身的权益，初步提高自身的职业素养，保证能够尽快顺利地迈入职场；了解大学生自主创业的基本技巧及流程和方法。

本书具有以下鲜明特点和创新点。

1. 内容全面，逻辑严谨

本书全面讲解了大学生职业生涯规划与就业指导所涉及的各个方面的理论与技巧，内容紧密联系、环环相扣，逻辑严谨，包括职业生涯规划概述、认识自我、了解职业、职业生涯规划、就业准备、就业技巧、就业权益与法律保障、新角色与新环境、大学生创业等全方位的知识。

2. 案例丰富，实用逼真

本书将传统的理论模式转变为模拟现实的情景引导，引用大量现实生活中的案例，通过开展丰富多样的教学活动、实施形式多样的教学组织方式，帮助读者理解职业生涯规划相关理论与技巧。

3. 聚焦能力培养，知识结构合理

本书从全面提升大学生职业生涯规划和就业创业能力的角度出发，采用理论与实践紧密结合的方法，将凝练的理论知识与实用的能力训练有机结合，使读者了解职业生涯规划基本原理并能够在能力训练和技能培训过程中逐步制定符合自身实际的职业生涯规划；懂得就业过程中需要掌握的基本知识，能够逐步掌握相关技巧。

4．专业知识与思政教育紧密结合

本书紧密围绕"职业生涯规划与就业指导"这个中心内容，在讲解大学生职业生涯规划和就业指导专业知识的同时，紧密结合思政教育主旋律，从专业知识的角度引导学生提升相关思政品质，帮助大学生树立正确的择业观。

本书由谷利成、邹烨和余晖担任主编，田文艳、周少斌、张翠英担任副主编，刘志成担任主审，解江坤和苏若瑜也参与了本书的编写工作。在编写过程中，编者参阅并吸收和借鉴了国内外大量研究成果和文献资料，在此谨对这些成果的作者致以诚挚的谢意，如有引用不当或者遗漏，请联系编者。同时，对电子工业出版社的大力支持表示感谢。本书还配有丰富的教学资源，可以登录华信教育资源网免费获取。

由于编者水平有限，书中难免有不当之处，敬请广大读者和同人提出宝贵意见。

编　者

目　　录

下篇　就业指导

上 篇

大学生职业生涯规划

项目一 职业生涯规划概述

【思政目标】

1. 着重培养学生的实践能力，以提升其专业能力和综合素质。
2. 帮助学生树立正确的思想价值观念，以其来引导自身行为，实现全面发展。

【学习目标】

1. 理解生涯、职业生涯及职业生涯规划等相关概念。
2. 掌握职业生涯规划的基本原则及步骤。
3. 能运用职业生涯规划的主要理论对职业进行合理规划。

【情境导入】

刘丽的职业方向在哪里

刘丽是某高职院校大三的学生，在填报高考志愿的时候由于对专业缺乏了解，所以在其母亲的建议下，选择了自己并不喜欢的会计专业。随着对专业了解的逐步加深和对未来职业发展道路的思考，刘丽越来越感觉自己所学专业和她本人的职业兴趣不符，遂感到很烦恼。刘丽觉得自己是一个性格外向、乐于与人打交道、追求创新和变化的人，而会计岗位天天和数据、表格打交道，这样的工作并不适合自己，因此对未来的职业发展感到苦恼。

案例分析：刘丽的问题和很多大学生一样，关键在于填报高考志愿时对职业生涯规划的认识不足，对职业和专业缺乏了解。因此，已经大三的刘丽需要积极主动地去了解职业生涯规划相关知识，并且从自身出发，应用到实际的职业选择中去，最终修正自己的职业方向，实现个人良好的职业发展。

任务一　职业生涯概述

◦◦➡ 任务导入

　　弗兰克·帕森斯（Frank Parsons）首次提出"职业咨询"的概念，20世纪五六十年代舒伯（Super）等人提出"生涯"的概念，"职业生涯规划"一词逐渐出现在人们的面前。作为当代大学生，提前做好职业生涯规划，有助于自己在就业市场中增加一份竞争力。因此，大学生要对自己的职业生涯进行规划，并有一个清楚的认知。

◦◦➡ 任务准备

　　摘抄两句关于大学生职业生涯规划的经典名言。

◦◦➡ 知识储备

　　生涯是生活里各种事态的连续演进方向，统合了人一生依序发展的各种职业和生活的角色，会因个人对工作的投入而表现出独特的自我发展形式。职业生涯是一个人一生中所有的职业历程，特别是职业、职位的变动及实现工作理想的整个过程。

◦◦➡ 任务实施

一、生涯与职业生涯

　　生涯是个体从出生到退休的整个历程，是一段充满变化、挑战和成长的旅程。它不仅包括职业选择和工作角色，还涵盖教育背景、个人兴趣、家庭责任、社交活动等多方面内容。在这段旅程中，职业生涯作为其中的一个重要组成部分，通常指一个人在特定领域从事的一系列有组织的工作活动。这些活动不仅为个体提供经济支持，还有助于实现其个人价值，促进自我实现。

（一）生涯

1. 什么是生涯

　　起初，生涯被解释为"工作、职业或者角色"。不可否认，人们把一生中较为重要的时间都投注在所谓的工作上，因此工作品质往往直接影响人们的幸福程度。拥有一份乐在其中的工作，更容易让人实现自己的理想和抱负。

　　实际上，生涯（Career）的范围比工作或职业的范围大。韦伯斯特（Webster）指出，生涯是个人一生中职业、社会与人际关系的总称，代表个人终身发展的历程。舒伯指出，生涯是个人生活中各种事件的演进方向和历程，统合个人一生中各种职业和生活的角色，并由此表现出个人独特的自我发展形态。后来，埃德加·施恩（Edgar Schein）的理论进一步拓宽了生涯的广度，强调人的生命历程是由 3 个旋律所交织、激荡而成的，一是工作、职业或事业，二是情感、婚姻或家庭，三是个人的自我成长和身心发展。美国国家生涯发展协会将生涯定义为，个人通过从事工作所创造出的一个有目的的、延续一定时间的生活模式。

2. 生涯的特点

（1）独特性。每个人都有独特的生涯发展形态。很多人会从事同一种职业，但是生涯确实是每个人所独有的。每个人都有自己独特的个性和独立的价值观，有自己特有的行为方式，因此，在同样的职业中，付出的努力不同，获得的感受也各异。这正如即使在同一棵树上，也不会有完全相同的两片叶子。世界千姿百态，每个人都有独特的生涯。

（2）终身性。生涯发展是人一生当中连续不断的过程。从毕业离开校园成为职业人到退休，职业在人们一生中占据的时间很长，但它并不是人们生活的全部。而生涯则包含了一个终身发展的概念。在人生的不同阶段，人们都在不断地发展，有不同的追求和任务。这个蜕变与发展的生涯历程，就是人们的整个生命历程。

（3）综合性。生涯是人的一生中扮演的各种角色的整合。职业不能占据人们的整个生命长度，即使在职业人阶段，也不能占据人们生活的全部。人们除了扮演职业人角色，在家庭和社会中也扮演不同的角色，如子女、父母、朋友、学生、公民等。人们的生活经验会影响其职业选择和职业发展，而职业选择又往往决定了一定的生活状态和方式。生涯是一个整合的概念，涉及人生整体发展的各个层面，要用联系的眼光来审视之。

（二）职业生涯

1. 什么是职业生涯

沙特尔（Shartle）认为，职业生涯是指个人在工作中所经历的职业或职位的总称。麦克法兰（MacFarlane）指出，职业生涯是指个人依据理想的长期目标所形成的一系列工作选择，以及相关的教育或训练活动，是有计划的职业发展历程。格林豪斯（Greenhaus）认为，职业生涯是贯穿于个人整个生命周期的、与工作相关的经历的组合。

由此可见，以上定义都把职业生涯作为个人经历来界定，所以可以一言以蔽之："职业生涯是个体职业发展的历程。"综合以上观点，职业生涯的基本含义如下。

（1）职业生涯中有个体的概念，指个体的行为经历，而非群体或组织的行为经历。

（2）职业生涯中有职业的概念，指个人一生中的职业活动或经历。

（3）职业生涯中有时间的概念，指职业生涯期。职业生涯期起始于工作之前专门的职业学习和训练，终止于完全结束或退出工作。职业生涯期在不同个体之间差异很大，有长有短。

（4）职业生涯中有发展和动态的概念，指个人职业内容和职位的发展变化。职业生涯不仅表示工作时间的长短，还包括职业变更与发展的经历和过程，以及从事何种职业、职业发展的阶段内容。

（5）职业生涯并不包含对职业生活的评价。个人的职业生涯，是其一生中从事职业的经历，这个经历可能是连续的，也可能是断断续续的；可能是从一而终的职业生活方式，也可能是变换很多的职业生活方式；可能是功成名就的辉煌历程，也可能是艰难坎坷的痛苦经历。总之，只要有工作经历、有职业生活内容，无论从事何种职业、具有何种素质和业绩水平，都拥有属于自己的职业生涯记录。

2. 职业生涯的影响因素

职业生涯被看作一个完整的、逐步发展的个人职业发展路径，必然受到个人因素、组织因素、社会因素等主观和客观方面的影响。

（1）个人因素。从个人角度出发，个人的教育水平、职业兴趣、价值观、抱负及家庭状况均会有较大的差别。在现代社会中，不同的人会选择不同的职业，甚至起初相同职业的人们也会根据个人的爱好、价值观等选择适宜自身的发展路径。这里重点介绍个人因素中家庭、教育对个人职业生涯的影响。

家庭是对个人职业生涯有重要影响且无法控制的因素之一。家庭是人的第一所学校，个人由于受到家庭成员的影响和帮助，在生活态度、生活方式、价值观、行为模式等方面区别于他人，从而其职业兴趣和爱好，以及职业技能的获得和职业风格的养成等也受到重要影响。

教育是赋予个人才能、塑造个人人格、促进个人发展的社会活动，奠定了个人的基本素质水平。受教育程度不同的人在职业选择与被选择时也具有不同的特点。受教育经历关系到个人职业生涯开端与适应期是否良好，也关系到其以后的发展、晋升是否顺利。一专多能者、专业能力强者、技术技能水平高者，往往会得到更多的发展机会，在职业生涯发展中常常处于主动地位。

（2）组织因素。个人在组织中工作，在组织中发展，组织是个人赖以生存的地方。作为组织成员，个人的成长发展无法脱离组织提供的环境条件。职业生涯由个人选择决定，但也要在组织提供的环境条件中实现。组织为个人提供的工作岗位、工作条件和培训机会，以及相应的工作评价和工资报酬等直接影响到个人的职业发展，可以认为组织为个人的职业生涯发展提供了平台。

企业文化决定了一个企业如何看待员工，也常左右员工的职业生涯。一个主张员工参与管理的企业显然能比一个独断的企业为员工提供更多的发展机会。渴望发展、追求挑战的员工很难在论资排辈的企业中受到重用。企业缺乏合理的培训制度、晋升和考核机制，员工的职业发展就很难实现。

因此，组织因素在职业生涯发展中常常被看作个人发展的机遇。在不同组织中，成员将会获得不同的发展机会。机遇是影响个人职业生涯的偶然因素，但有时又具有决定性作用。它是随机客观存在的，但只垂青那些有准备的人。

（3）社会因素。社会因素是影响职业生涯的重要因素。社会的政治经济形势、社会文化与习俗、职业的社会评价等大环境因素决定了社会职业岗位的数量与结构，以及人们对不同职业生涯的选择。

在经济发展水平较高的地区，企业相对集中，个人职业选择的机会也较多，因而有利于个人的职业发展；相反，在经济落后地区，企业相对缺乏，个人的职业发展也会受到限制。在良好的社会文化环境中，个人能受到良好的教育和熏陶，从而为职业发展打下更好的基础。

常见的各种社会问题，如经济增长或衰退、企业重组或并购等，关系到现代社会中的每个人。政府通过出台各种积极促进就业的政策，在促进社会经济发展的同时，为人们安居乐业创造条件，影响着人们职业生涯的发展。

二、职业生涯规划

视频：职业生涯规划

生涯规划是个人发展中的一个关键组成部分，而职业生涯规划则更具体地指向个人对其工作、生活的系统安排和设计。

（一）职业生涯规划的概念

职业生涯规划是为实现个人职业理想而制订的职业生涯计划，是为追求最佳职业生涯过程而设计的方案。职业生涯规划要求根据个人的兴趣、特点，为自己确立职业生涯目标，选择职业道路，确定教育、培训和发展计划，并为自己实现职业生涯目标而确定行动方向、行动时间和行动方案，通过职业活动最大限度地实现个人的生命价值。要规划好自己，首先要了解自己，了解自己的生存环境及其发展、变化趋势，了解自己的家庭系统和未来工作系统的特点，并在此基础上进行科学的决策，作出自己职业生涯发展的最佳选择。

对于职业生涯规划，既要从当前的实际和需求出发，又要考虑到未来长远的生存和发展。职业生涯规划的目的不仅包括帮助个人按照自己的资历条件找到一份合适的工作，达到、实现个人目标，还包括帮助个人真正了解自己，为自己定下事业大计，筹划未来，拟定一生的发展方向，根据主、客观条件设计出合理可行的职业生涯发展方向。

（二）职业生涯规划的特点

从广义上说，职业生涯规划可以说是学校的一切课程和教育活动，旨在助力学生终身发展；从狭义上说，职业生涯规划应当是为帮助学生进行职业生涯设计、进行个体的自我定位，确立职业生涯目标、选择职业生涯角色、寻求最佳职业生涯发展途径的专门性课程与活动。具体来说，它能帮助学生更好地了解自己，知道自己想做什么、能做什么、适合做什么、应该做什么，以及怎样实现自己的目标，从而促使学生不断提高自身综合素质，帮助他们提高适应社会的能力，以期实现个体价值的最大化，创造有价值的人生。一份好的职业生涯规划应具备下列 5 个方面的特性。

1. 个性化

不同的价值观念、专业背景、性格特征和职业偏好必然产生不同的职业生涯规划。职业生涯规划是涉及人的内心及行为的一种过程。

2. 时代性

现实的社会环境、产业环境对职业生涯规划影响很大。职业生涯规划只有适应环境，才不会"纸上谈兵"。

3. 渐进性

由于个人自我认知的不断深化，对环境的分析将更加全面，因此职业生涯目标的确立必然经历由粗到细、由近到远、由低到高、由模糊到清晰的过程。

4. 循环性

"目标—职业—行动"是一个螺旋式上升的不断循环的过程。个人在低一级目标实现后，又会产生高一级目标，从而进入新一轮的人生奋斗，这体现了职业生涯规划的持续性、积极性和发展性。

5. 调整性

由于自身认知水平的局限性、自身现有能力的有限性、客观环境的多变性、职业竞争的激烈性、工作与生活的不平衡性、经过学习自身认知水平的提升、自我现有能力的增强等原因，个人在目标设立、职业选择及具体工作中往往会出现与预期目标的矛盾或偏离，为此，职业生涯规划必须不断进行动态修正。

（三）职业生涯规划的分类

按照期限长短，职业生涯规划一般分为短期规划、中期规划和长期规划。

（1）短期规划一般为 3 年以内的规划，主要是确定目标，规划要完成的任务。

（2）中期规划一般为 3～5 年的规划，主要是在短期目标的基础上设定中期目标。

（3）长期规划一般为 5～10 年的规划，主要是设定长期目标。

●●➡ 活动与练习

主题：拟行动计划和措施

活动：以时间为纲、以内容为目标，拟一个 3 年的行动计划和措施（见表 1-1）。

表 1-1　3 年的行动计划和措施

规划时段		规划内容	具 体 目 标	行动计划和措施	完 成 情 况
大一	上学期	学业规划			
		成长规划			
		实践规划			
	下学期	学业规划			
		成长规划			
		实践规划			
大二	上学期	学业规划			
		成长规划			
		实践规划			
	下学期	学业规划			
		成长规划			
		实践规划			
大三	上学期	学业规划			
		成长规划			
		实践规划			
	下学期	学业规划			
		成长规划			
		实践规划			

（四）职业生涯规划的意义

1. 合理规划职业生涯，是个人迈向成功的第一步

一项调查结果表明，67.29%的大学生确定了自己的职业定位，32.71%的大学生对自己所要选择的职业缺乏了解，可见，有近三分之一的大学生没有进行过职业生涯规划。每个人的职业生涯只有有限的几十年，如果没有一个切合实际的规划，不要说难以取得大的成就，有时可能连工作也保不住。职业生涯规划很有必要，它有助于个人在正确的职业道路上不断地发展自己。

2. 职业生涯规划为个人提供了成功的技术与方法

做好职业生涯规划可使个人充分认识自己，客观分析环境，科学树立目标，正确选择职

业，并运用适当的方法，采取有效的措施，克服职业生涯发展中的困阻，避免人生陷阱，获得事业上的成功。然而，由于社会的快速变迁，经济竞争的不断加剧，一些不能体察时代变异和环境多变的人往往内心惶恐，紧张不安，不知所措，不仅事业无成，身心也会受到严重的负面影响。因此，在新时代的变革中，每个人都应及早做好职业生涯规划，认清自己，并在开发自身内在潜能上不断探索和发展，从而正确掌握人生方向，创造成功的人生。

3. 职业生涯规划中的具体措施有助于督促自己，指导自己在校学习

职业生涯规划主要由两部分组成，一是目标的明确与分解，二是实现目标的措施与安排。其具体措施能经常提醒个人珍惜时间，不断督促自己为职业理想的实现而努力。

无论从事什么职业，只要通过科学的职业生涯规划，都可能使个人的目标得以实现，使个人的事业获得成功，使平凡之人发展成出色人才。可以说，职业生涯规划是个人成才的一种有效方法。

三、大学生与职业生涯规划

大学生职业生涯规划是新形势下高校毕业生就业指导工作的一个行之有效的新途径、新方法，贯穿于大学生职业学习和专业学习的全过程，对于当代大学生认识自我、了解社会及实现自己的人生价值都有非常重要的作用。

（一）有利于引导大学生正确认识自我，尽早制订行动计划

新时代背景下，依然有许多大学生对自己并不了解，尤其是不了解自身的优势和劣势。这部分大学生在职业选择过程中具有比较大的盲目性和不切实际性，以致奋斗目标具有模糊性和易变性，不利于制订切实可行的行动计划。

职业生涯在人生中占有重要的时间比例。一个人职业生涯所用的时间占其可利用社会活动时间的 71%～92%，且通常都是人生中精力比较充沛的时间。因此，大学生应该科学地规划、利用这段宝贵的时间，通过有效的职业生涯规划，树立适合自身情况的职业生涯目标和理想，从而有效规划自己的学习与指导自己的实践，制订合理的行动计划，并为获得自己认为理想的职业而去做各种准备；比较客观地评估自己的个人目标与现实之间的距离，运用科学的方法，采取切实可行的步骤和措施，不断增强职业竞争力，实现自己的职业生涯目标与理想。

（二）有利于帮助大学生进一步了解社会，增加就业优势

有一部分大学生缺乏对社会、对外部职业的了解，因而不能根据社会和职业的需要适时、合理地调整自己的职业生涯目标与行动计划，以致在职业竞争中处于劣势地位。在职业生涯规划的过程中，大学生需要不断地获得职业、组织、社会等多方面的外部信息。获得的外部信息越多，心理准备也就越充分，在规划自己未来发展的时候，就越能够根据社会需要，考虑眼前利益和长远发展的需要，有的放矢，合理地规划自己，从而增强自己在就业市场中的竞争力。

（三）有利于促进大学生实现自我价值，追求完美人生

面对人生的大舞台，每个人都渴望实现自我价值，当代大学生更是如此，他们更需要通过从事一份工作来发挥自己的潜力，体现自我价值。然而一份工作并不代表整个职业生涯规

划，谁都希望能在自己的职业生涯中有所成就，并愿意为之付出努力，但是仅有主观努力是不够的，还要看方向是否正确。科学的职业生涯规划能为实现自我价值创造机会，并能够帮助自己扬长避短，最终迈向成功。

任务二　职业生涯规划的基本原则、步骤及影响因素

●●➡ 任务导入

制定任何规划都有需要遵循的原则和实施步骤，职业生涯规划也不例外。职业生涯规划是一个不断发展和调整的过程，需要时刻关注个人和行业的变化，并采取适当的措施来应对。只有遵循职业生涯规划的基本原则，才能更好地了解自己的优势和目标，制定出符合自己实际情况的职业发展规划，并不断进行调整和完善，以适应职业发展的需求和变化。

●●➡ 任务准备

列举两份优秀的职业生涯规划。

●●➡ 知识储备

职业生涯规划起源于美国。1908 年，"职业指导之父"弗兰克·帕森斯针对大量年轻人失业的情况，成立了世界上第一个职业咨询机构，并首次提出了"职业咨询"的概念，从此职业生涯规划开始系统化发展。

●●➡ 任务实施

一、职业生涯规划的基本原则

没有规矩不成方圆，职业生涯规划也需要遵循一定的原则。

（1）清晰性原则：目标与措施是否清晰明确，实现目标的步骤是否直截了当。

（2）变动性原则：目标与措施是否有弹性或缓冲性，是否能依据环境的变化而调整。

（3）一致性原则：主要目标与分目标是否一致，目标与措施是否一致，个人目标与组织发展目标是否一致。

（4）挑战性原则：目标与措施是否具有挑战性，还是仅保持其原来的状态而已。

（5）激励性原则：目标是否符合自己的性格、兴趣和特长，是否能对自己产生内在激励作用。

（6）合作性与协调性原则：个人的目标与他人的目标是否具有合作性与协调性。

（7）全程原则：拟定职业生涯规划时必须考虑到生涯发展的整个历程，作全程的考虑。

（8）具体原则：职业生涯规划各阶段的路线划分与安排必须具体可行。

（9）实际原则：实现职业生涯目标的途径很多，在进行规划时必须考虑自己的特质、社

会环境、组织环境及其他相关因素，选择可行的途径。

（10）可评量原则：职业生涯规划的设计应有明确的时间限制或标准，以便评量、检查，使自己随时掌握执行状况，并为规划提供参考依据。

二、职业生涯规划的步骤

根据职业生涯规划的含义及要素，可将职业生涯规划过程扩展为生涯觉醒、自我探索、外界探索、选择决策、规划制定、行动实施和评估调整 7 个步骤。每个步骤都有相应的任务要完成。

（一）生涯觉醒

职业生涯规划的第一步，是跳开职业生涯和学业生涯，回归到生涯发展的大背景下，考虑一生要实现怎样的目标和意义。人生目标是整个人生的发展目标，也就是个人的职业理想，与个人的职业发展目标是一致的，即个人要从事什么职业，要取得哪些成就，这是职业生涯规划的核心，时间长达 35 年左右。职业生涯的发展直接决定了个人整个人生的状态和满意度。对当代大学生来说，职业生涯又是承接学业生涯的出路，对它的关注具有很强的现实意义。

（二）自我探索

自我探索是指对自己进行全面、深入的分析和探索，"左看右看上看下看"，借用人力资源领域的话——360 度看自己的兴趣、能力、性格、价值观等。职业生涯规划中有一条基本理论："你是什么，就做什么。"可以说，从事符合自己特点的职业，更有可能获得成功或幸福。所以，大学生在就业之前必须先认识自己，了解自己的兴趣、能力、性格和价值观（追求的是什么，如经济收入、社会地位、人际关系、社会声誉、风险等），以及成长过程中所获得的知识、能力和经验。自我探索不是一件容易的事情，而是一个逐渐累积的过程，有时要借助别人的评价和一些测评工具才能完成。

（三）外界探索

外界探索包括毕业去路探索和成长资源探索两个部分。毕业去路探索是对毕业后可能前往之路的探索和评价，大学生必须先了解就业市场上对应于自己倾向的职业情况，包括发展前景、收入、竞争，以及从事该职业的要求等信息。再分析这些职业是否与自己当初的理解有偏差，是否能满足自己对薪水、福利等的需要与价值追求。倘若毕业后打算继续升学，则主要进行校园探索；倘若打算就业，则主要进行职场探索。成长资源探索可分为校园和家庭两个层面，可就这两个维度检视达成职业生涯目标可利用的资源。

（四）选择决策

在综合自我探索与外界探索部分的内容后，要进行初步的职业生涯定位与选择。如果有暂定的目标，则要在目标中有所取舍。选择决策主要分析内、外部环境因素对自己生涯发展的影响。近年来，社会的快速变迁、科技的高速发展、市场竞争的加剧，对个人的发展产生了很大的影响。所以，在制定个人选择决策时要分析环境条件的特点、环境的发展变化情况、自己与环境的关系、自己在这个环境中的地位、环境对自己提出的要求，以及环境对自己的有利条件和不利条件等。

（五）规划制定

选定职业生涯目标后，还要考虑行动方案的问题，包括各行动方案的目标、行动措施和时间安排等（见表 1-2）。在确定职业生涯目标后，就要开始寻求实现该目标的职业通路，分析自己是否需要参加一定的培训，是否需要学习相关的知识与技能，是否需要参加一定时间的实习以获得职业经验。然后，寻找能够提供培训、知识与技能、经验的渠道，并进行时间安排。在上述 4 个步骤的基础上，从自己的价值、理想、成就动机方面对自己以后要从事的职业作出选择。当然，职业生涯路线也可能出现交叉与转换，这可以根据自身的情况与处境来决定。

表 1-2　规划制定的目标和内容

目　　标	内　　容
人生目标	你想成为什么样的人？你想做哪件大事或哪几件大事？你想成为哪个领域的佼佼者？你想发挥自己哪些方面的优势和特长
十年计划	今后十年你想成为什么样子？事业上有什么成就？收入达到多少？你的家庭及健康水平如何？你的生活状态怎样？社会地位怎样
五年计划	将十年计划进一步具体化，把目标进一步分解
三年计划	使五年计划更具体，制定出自己的行动准则
明年计划	制定实现明年计划的步骤、方法和时间表，并确保这些是切实可行的
下月计划	包括下个月计划做的工作、应完成的任务、质和量方面的要求、财务上的收支、学习计划、结识新朋友的计划等
下周计划	在每周末提前制订好下周的行动计划，把下月计划中的一部分分解在下周
明日计划	明天要做哪几件事？分清轻重缓急，确定执行计划的顺序和分配的时间、精力

◦◦◦➡ 活动与练习

主题：制订月度、周度成长计划

活动：

1. 确定职业生涯目标，选取成长方面进行目标分解。
2. 制订月度、周度成长计划（见表 1-3 和表 1-4）。

表 1-3　月度成长计划

实 施 时 间	成 长 方 面		
	目　　标	方　　案	完 成 情 况
第 1 个月			
第 2 个月			
……			

表 1-4　周度成长计划

实 施 时 间	成 长 方 面		
	目　　　标	方　　　案	完 成 情 况
第 1 周			
第 2 周			
第 3 周			
第 4 周			

3. 制订计划后立即执行，并真实记录完成情况，在下次课程中交流周度成长计划的完成情况。

（六）行动实施

再好的计划，不去实行也没用。将适当的途径选定之后，应根据确定的目标和制订的计划，安排执行的时间表，采取积极的行动。行动计划的制订如同职业生涯目标分解，应包括长期计划、中期计划、短期计划，并且与相应的职业生涯目标相一致。与此同时，制定包括专业学习、技能培训、社会实践、人际关系、休闲娱乐等多方面的具体措施。要注意行动计划的可行性，区分轻重缓急，学会进行时间管理和应对干扰，高效行动，直达目标。

美国成功学大师安东尼（Anthony）提出成功的万能公式：

成功=明确目标+详细计划+马上行动+检查修正+坚持到底

所以，明确、具体、可行的行动计划是实现职业生涯目标的重要保证。

（七）评估调整

职业生涯规划是一个动态过程，在执行过程中会受到多种因素的影响，包括个人的、社会的、环境的等，有的可以预测，而有的则是难以预测的突发情况。因此，在学习、工作一段时间后，不仅要意识到自己的情绪反应、认知体悟等，还应时刻关注环境的变化，这时就需要评估自己的个性特征与专业或职业是否相吻合，反思自己的选择是否合适，并且考虑是否要修正自己的职业生涯规划。修订的内容包括职业的重新选择、职业生涯路线的选择、人生目标的修正、实施措施与计划的变更等。所以，职业生涯规划并非一成不变，应定期检视预定目标的达成进度，同时在每个阶段的目标达成之后，依据实际达成的状况修订未来可采取的策略，而当客观环境的改变足以影响计划的执行时，也应考虑修正目标。

三、职业生涯规划的影响因素

职业生涯规划的影响因素主要包括以下 5 个方面。

（一）社会环境

社会环境对每个人的职业生涯规划乃至发展都有重大影响。可通过对社会大环境进行分析来了解所在国家或地区的经济、法治建设发展方向，寻求各种发展机会。影响职业生涯规划的社会环境包括经济发展水平、社会文化环境、政治制度和氛围等。经济发展水平较高的地区提供了更多的职业选择和发展机会；良好的社会文化环境有助于个人接受良好的教育和熏陶，有利于职业发展；政治制度和氛围直接影响个人的职业发展和追求。

（二）组织环境

组织环境包括企业文化、领导者态度、管理制度、企业价值观和经营哲学等。企业文化和领导者态度会影响员工的职业发展和企业发展；合理的培训制度、晋升制度、考核制度等管理制度有助于员工的职业发展；企业价值观和经营哲学是企业文化的核心，决定了企业对待员工的态度和方法。

（三）个人因素

个人因素在人的职业生涯中起着基础性作用，决定着人的发展方向和前景。它包含健康、兴趣、能力、性格、价值观、职业倾向等要素。

（四）家庭因素

家庭作为个人生活成长的小环境，对大学生生涯规划、未来职业选择有着重要影响。家庭状况与一个人的职业生涯有着紧密联系，会在很大程度上影响个人的职业生涯规划和未来的职业选择。

（五）人际关系

人际关系是大学生职业生涯规划中一个非常复杂又极其重要的课题。如今的大学生自我意识强烈，在错综复杂的社会环境中，更应在人际关系上调整好自己的坐标。不注意人际关系培养的人，在竞争激烈的社会中喜欢单打独斗，容易自我封闭，不善于与人交流合作，往往会失去成功的机会。大学生应当充满自信，敞开胸怀，热情交往，学会分享，真诚待人，宽容豁达，心怀感恩，构建全面的人际关系网络，实现个人与他人的共赢。

任务三　职业生涯规划的主要理论及决策方法

●●➡ 任务导入

很多人都会遇到"不喜欢上班，一想到上班就各种焦虑""不喜欢当前的工作，但是又不敢辞职""从一个公司跳槽到另一个公司，刚工作没几天就想辞职，担心有什么不好的影响"等问题。这些问题体现了他们在职业选择和定位当中面临的困惑。所以，如何进行正确的职业选择，对职业有清晰的定位就显得尤为重要。

●●➡ 任务准备

摘抄两句关于职业选择和定位的经典名言。

●●➡ 知识储备

职业选择的三要素包括价值观、兴趣和能力。其中，价值观是最为重要的内容；兴趣是一种认知倾向，带有感情色彩，是推动人认识事物、探索事物的重要动力；能力包括知识、技能和才干 3 个方面。职业定位就是明确自己的职业发展方向，有 3 层含义：一是确定自己是谁，适合做什么工作；二是告诉别人你是谁，适合什么工作；三是根据自己的爱好、特长、能力及个性将自己放在一个合适的岗位上。

●●●➡️ **任务实施**

一、职业选择理论

职业选择是劳动者根据自己的职业期望和兴趣，凭借自身能力挑选职业，使自身能力素质与职业需求特征相符的过程。职业选择理论主要有以下 4 种。

（一）特质因素理论

特质因素理论又称人职匹配理论，是较早的职业指导理论，也是用于职业选择与职业指导的经典理论。1909 年，美国波士顿大学教授弗兰克·帕森斯提出人与职业相匹配是职业选择的关键。这个理论的基本假设是个人和职业都有稳定的特征，而适当的职业选择就是要在这两者之间进行匹配。帕森斯明确阐述了职业选择的三大要素。

第一，特质，即应清楚地了解自己的态度、能力、兴趣、智谋、局限和其他特征。

第二，因素，即应清楚地了解职业选择成功的条件，所需知识和在不同职业工作岗位上的优势、劣势、机会和前途。

第三，上述两者的平衡。

根据这个理论，帕森斯提出了职业选择中的三大原则。

第一，了解自我，即对自我进行探索，包括了解个人的兴趣、能力、资源、优势、劣势等。

第二，了解工作，即了解职业的能力素质要求、知识经验、工作环境、薪酬、晋升机会、发展前途等。

第三，匹配，即将上述两类资料进行综合并找出与个人特质匹配的职业。帕森斯认为，个人选择职业的关键就在于个人的特质要与特定职业的要求相匹配，只有这样，个人才能更加适应职业，并使个人和用人单位同时受益。

（二）职业兴趣理论

1959 年，美国约翰·霍普金斯大学心理学教授约翰·霍兰德（John Holland）提出职业兴趣理论，认为职业兴趣可以提高人们的积极性，促使人们快乐地从事该职业。

他的基本观点如下。

（1）可以把职业兴趣分为 6 种类型，即现实型（R）、研究型（I）、艺术型（A）、社会型（S）、管理型（E）和常规型（C）。通常用得分最高的前 3 个字母的代码（霍兰德职业兴趣代码）表示个人的职业常规兴趣，3 个字母之间的顺序表示不同兴趣的强弱程度。

（2）不同的职业兴趣对应不同的职业环境。在招聘等活动前，可对个人的职业兴趣进行测试，由此决定不同的职业和工作岗位。

（三）工作适应理论

20 世纪 60 年代，美国明尼苏达大学的戴维斯（Dawis）、罗圭斯特（Lofquist）等人提出了工作适应理论，即当工作环境能满足个人的需求（内在满意），个人也能满足工作的技能要求（外在满意）时，个人才能在该工作领域得到持久发展。这个理论是特质因素理论的延续，进一步强调了个人对工作环境的适应问题（见图 1-1）。

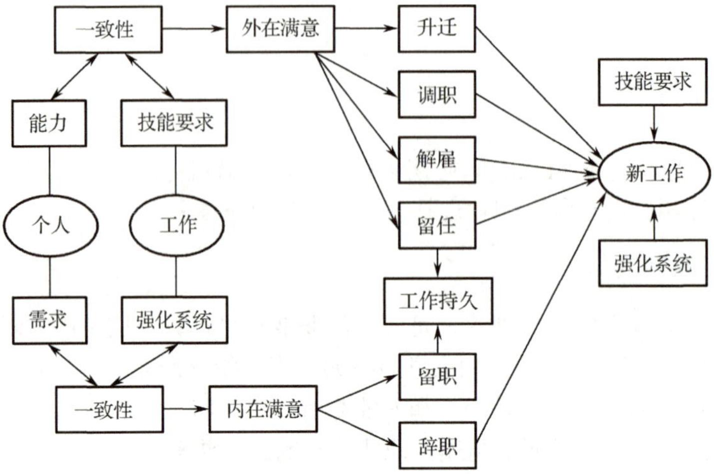

图 1-1　工作适应理论模式

视频：生涯发展理论

（四）生涯发展理论

1973 年，美国著名心理学家舒伯在职业发展理论缔造者金兹伯格（Ginzberg）理论研究和实践成果的基础上提出了生涯发展理论，将人的生涯发展过程划分为成长、探索、建立、维持和衰退 5 个阶段（见表 1-5）。

表 1-5　人的生涯发展过程

不同阶段	发展任务
成长阶段（从出生到 14 岁）	形成发展自我的概念，树立正确的工作态度，了解工作的意义
探索阶段（15～24 岁）	发展相关的技能以使职业偏好逐渐具体化、特定化，并实现职业偏好
建立阶段（25～44 岁）	在适当的职业领域稳定下来，巩固地位并力求晋升
维持阶段（45～64 岁）	维持既有成就与地位，更新知识与技能
衰退阶段（65 岁及以上）	减少在工作上的投入，计划安排退休生活

1990 年，舒伯根据个人生涯的不同角色，提出了一个更为广阔的观念：生活广度、生活空间的生涯发展阶段理论观，还加入了角色理论，并画出生涯彩虹图（见图 1-2）来表示此理论。这对于个人进行自我分析、自我了解、自我实现有着重要意义。

1. 纵贯一生的彩虹——生活广度

在生涯彩虹图中，横向层面代表的是横跨一生的生活广度。彩虹的外层显示了人生的主要发展阶段和大致估算的年龄。

2. 纵贯上下的彩虹——生活空间

在生涯彩虹图中，纵向层面代表的是纵贯上下的生活空间，由一个个职位和角色组成。

舒伯认为，人的一生当中可能扮演 6 种主要角色：子女、学生、休闲者、公民、工作者和持家者，并且各种角色是相互作用的，一个角色的成功，特别是早期角色如果发展得好，将会为其他角色提供良好的关系基础。但是，如果在一个角色上投入过多的精力，不协调与其他各角色的关系，就会导致其他角色的失败。

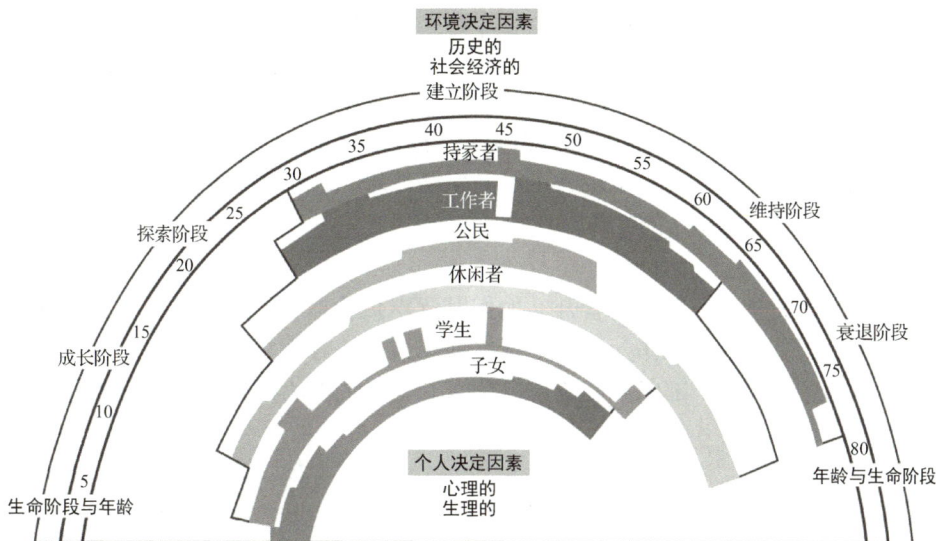

图 1-2　生涯彩虹图

二、职业锚

视频：职业锚

职业锚（Career Anchor）又称职业定位理论，是由美国著名职业指导专家埃德加·施恩提出的。"锚"是使船只停泊定位用的工具。准确的职业定位，是实现自我价值的关键。职业生涯发展是一个持续不断的探索过程，在实际工作体验中，每个人都在根据自己的天赋、能力、动机、需要、态度、价值等慢慢地形成较为明晰的与职业有关的自我概念。个人随着对自身了解的深入，就会逐步明显地形成一个占主要地位的职业锚。

职业锚是指当个人面临职业选择的时候，无论如何都不会放弃的职业中至关重要的东西或价值观，实际上就是人们选择和发展自己的职业生涯时所围绕的中心，是个人进行职业生涯决策时的核心因素，是判断人们是否成功的标准。

（一）职业锚的类型

职业锚包括 8 种类型，即创造/创业型、服务/奉献型、挑战型、自主/独立型、管理型、技术/职能型、生活型和安全/稳定型（见图 1-3）。

1. 创造/创业型

创造/创业型的人应有自主权、管理能力，能施展自己的才干。他们往往有自己独特的思想，希望用自己的能力去创建属于自己的公司、生产产品或者提供服务，愿意去冒险，去克服所要面临的困难。

图 1-3　职业锚的 8 种类型

2. 服务/奉献型

服务/奉献型的人一直追求着他们所认可的核心价值，如帮助他人、改善人们的生活环境等。他们时刻都在找寻这样的机会来实现其自身价值。

3. 挑战型

挑战型的人喜欢解决看似无法解决的棘手问题，战胜实力强劲的对手。新奇、变化是挑战型的人所追求的终极目标。

4. 自主/独立型

自主/独立型的人希望能随心所欲地安排自己的工作方式、工作习惯、生活方式等，追求的是自由自在、不受拘束或少受拘束的工作及生活环境。他们渴望能最大限度地摆脱组织约束，追求能施展个人职业能力的工作环境。

5. 管理型

管理型的人追求并致力于工作晋升，他们愿意担负管理责任，倾心于全面管理。他们会积极从事一个或几个领域的工作，以此更好地展现自己的管理协调能力，争取获得更高职位的管理权力。独立负责一个部门或者跨部门整合其他人的努力成果是管理型职业锚员工的追逐目标。

6. 技术/职能型

技术/职能型的人强调实际技术或某项职能业务工作，追求在技术领域的成长、技能的不断提高，以及应用这种技术/职能的机会。他们对自己的认可来自他们的专业水平，喜欢面对来自专业领域的挑战。技术/职能型的人具有相当明确的职业追求、需要和价值观。

7. 生活型

生活型的人认为，成功不仅指职业成功，还包括自己所处的工作环境能够允许他们平衡个人的需要、家庭的需要及职业的需要，能把各个方面整合为一个全面的整体。

8. 安全/稳定型

安全/稳定型的人追求的职业稳定性和安全性主要有两种：一是职业上的安全/稳定，他们关注是否可以在该企业的职场中获得稳定的成员资格；二是情感上的安全/稳定，以及由职场引申出来的情感上的寄托。

（二）职业锚的作用

职业锚是个人经过长期寻找所形成的职业生涯的定位。职业锚形成后，个人便会相对稳定地从事某种职业，这样必然会积累工作经验、扩大知识面，以及提升专业技能。随着个人工作经验的丰富和积累，以及个人知识面的扩展，个人的职业技能将不断增强，个人的职业竞争力也将随之增强。大学生如果能开发与利用好职业锚，将有助于其更好地实现自己的职业生涯目标。

1. 提高职业适应性

职业适应性要求个人在企业的具体职业活动中，能尽快习惯、认可各种影响因素，将工作性质、类型和条件与个人需要和价值目标融合，使自身在职业工作及生活中获得较大的满足。因此，职业适应性强的个人能在较长一段时间内稳定地从事某种职业活动，同时能保持较高的工作效率，有利于个人的全面发展。个人初入企业的职业适应过程也是其搜寻、开发职业锚的过程，将有助于其提高自身的职业适应性。

2. 发展职业角色形象

个人一旦选定某个特定职业生涯目标，就需要使自己具备从事该职业的充分条件，从而在企业内树立良好的职业角色形象。这种职业角色形象是员工个人向企业进行的自我职业素质的全面展现，是企业对个人关于职业素质的一种根本认识。它不仅包括职业精神、事业心、责任心、工作态度、职业纪律等道德方面的素质要求，还包括诸如员工个人所具有的智力、知识、技能是否胜任本职工作等能力素质的考量。个人职业锚的定位有赖于良好地发展各项职业素质要素，塑造符合职业发展的职业角色。

3. 提高自我职业决策能力

自我职业决策能力，是个人习得的用以顺利完成职业选择活动所需要的知识、技能及个性心理品质。在个人的职业发展过程中，诸如首次就业、选定职业锚、重新就业等，都要求个体具有较高的自我决策能力。决策能力高低、决策正确与否，往往影响整个职业生涯的发展。将自我决策能力运用于实际的职业决策时，需要讲求决策技术，掌握决策过程。如果个体能细化决策的步骤，将有助于其完善整个决策的过程。

三、职业生涯决策方法及应用

职业生涯决策是个人根据各种条件，并经过一系列活动以后，进行的目标决定，以及为实现目标而优选的个人行动方案。常见的职业生涯决策方法有 SWOT 法、5W1H 法、典型人物分析法等。

（一）SWOT 法

SWOT 法常用在自我和环境分析方面。其中，S（Strength）代表优势，W（Weakness）代表劣势，O（Opportunity）代表机会，T（Threat）代表威胁。S、W 是内部因素，O、T 是外部因素。通过这种对自我和环境的全面分析，可以扬长避短，发挥个人优势，弥补个人劣势，抓住外部机会，回避外部威胁，迎接挑战，完善自我、发展自我。个人 SWOT 分析如图 1-4 所示。

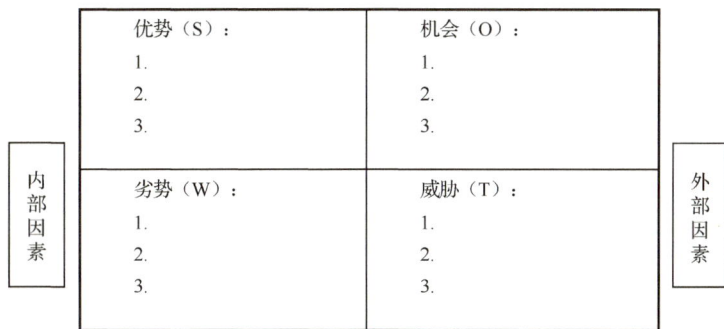

	优势（S）： 1. 2. 3.	机会（O）： 1. 2. 3.	
内部因素	劣势（W）： 1. 2. 3.	威胁（T）： 1. 2. 3.	外部因素

图 1-4 个人 SWOT 分析图

（二）5W1H 法

5W1H 法又称六何分析法，主要涉及以下 6 个问题。

——Who am I?（我是谁？）

——What will I do?（我想做什么？）

——What can I do？（我能做什么？）

——What does the situation allow me to do？（环境支持或允许我做什么？）

——What is the plan of my career and life？（我的职业与生活规划是什么？）

——How can I do it？（我应该怎样做？）

倘若回答了前 5 个问题，找到它们的最大共同点，就有了自己的职业生涯规划。可以先取出 5 张白纸、1 支铅笔、1 块橡皮。在每张纸的最上边分别写上前 5 个问题。然后，静下心来，排除干扰，按照顺序，独立地仔细思考每个问题。做完这些，简单的职业生涯规划思路也就理出来了。

（三）典型人物分析法

典型人物分析法是指寻找一个与自己背景相似的典型人物加以分析和比较，树立职业榜样，从而找出自己可能的发展方向。例如，找一些经典案例就可以；教师在课堂上讲的优秀学生的例子也可以。只要用心思考，就会对职业生涯规划大有帮助。

职业生涯规划的方法还有很多，如实地参观考察也是真实体验职业的好办法，这样可以对自己未来的工作环境有一个更直接的接触，从而进行相应的决策，或者改变自己的决定。

【思考与讨论】

1．什么是职业生涯？职业生涯的影响因素有哪些？

2．简述职业生涯规划的步骤。

3．职业发展理论包括哪几个阶段？

项目二 认识自我

【思政目标】

1. 帮助学生加强自身职业素质培养，树立正确的就业观。
2. 帮助学生探索自我职业能力，明确自己的职业方向。

【学习目标】

1. 理解职业兴趣、职业性格、职业理想、职业能力、职业价值观等相关概念。
2. 能分析自己的职业兴趣、性格和能力。
3. 能运用职业价值观探索方法探索自己的职业价值观。

【情境导入】

不要在必败的领域里和人竞争

某企业招聘了一批新人，人力资源部要对新员工进行业务培训。培训期间，学员们组织了一支篮球队，企业领导下班后，常来看他们打篮球。教官悄悄地告诉他们，在球场上要好好表现自己，领导会根据对他们每个人的印象决定他们集训后的岗位分配。

年轻的小伙子们明白，他们职业生涯中的第一次竞争已经无声地开始了。于是在认真受训之余，他们都在球场上拼命地表现自己，希望通过自己出色的技术动作、奋力拼搏的打球精神引起领导的注意。

当别人在篮球架下越战越勇时，他们当中有一个学员却越来越灰心，因为他不但是全队个子最小的，而且从小就对打篮球不感兴趣。在队友们高大灵活的身躯下，他只能当配角。每次他被别人的假动作迷惑，扑空后，观众席里就会传出阵阵笑声。有一次，他分明看到领导站在边上，边看边摇头。

他不想当别人的笑料，于是下决心苦练球技。接下来的每天，一有空闲，他就一个人抱着篮球在篮球场练习。可他发现，如果没有兴趣只有压力，是无论如何也打不好篮球的。比赛时他照样被人"盖帽"，带球时照样被人"断球"。他对自己失望了，不敢想象自己刚一上班就成了领导和同事眼中的小角色。

有一天，懊恼的他无意间看了一本书，书上有句话深深地震动了他的心：不要把你的钱投在不熟悉的领域。他想：是啊，不要在必败的领域里和人竞争。他恍然大悟：我为什么非要去打篮球呢？我并不具备打好篮球的身体素质！更重要的是，我对打篮球不感兴趣。最后，他毅然退出了篮球队。等到别人再比赛时，他成了一名观众，与普通观众不同的是，他手里多了台照相机。

没过几天，一篇名为《新员工的一天》的短文刊登在企业内刊上，还配有他们打篮球的照片。这篇文章立刻引起了学员的关注，更引起了企业领导的注意。此后，这名学员在企业内部刊物上发表了一系列文章。集训结束后，领导直接把他分配到了企业宣传部，他的职业生涯不比那些打篮球的小伙子们差。

案例分析： 个人的性格与职业息息相关，一定的职业会要求从业人员具有与之相符的性格、兴趣和才能。只有符合人职匹配理论要求，职业之路上才会少些风雨，才能走得更加顺畅。有时候，性格决定命运，也决定前途！所以，我们首先要了解自己，才有可能有效把握从业方向，最大限度地发挥个人的特长。

任务一　职业兴趣培养

◦◦➡ **任务导入**

兴趣是职业生涯选择的重要依据，可以使人集中精力去学习职业知识，去调动整个人的积极性；兴趣是保持职业稳定与成功的重要因素，可以提高人的工作效率，让枯燥的工作变得多姿多彩、趣味无穷。因此，职业兴趣对职业生涯规划有着至关重要的作用。

◦◦➡ **任务准备**

摘抄两句关于兴趣对人的影响的经典名言。

◦◦➡ **知识储备**

兴趣对个人的个性形成和发展，及其生活和活动具有巨大作用。职业兴趣是个人进行职业生涯规划时需要注意的十五大要素之一。职业兴趣是个人对待工作的态度，以及对工作的适应能力，表现为拥有职业兴趣将增加个人的工作满意度、职业稳定性和职业成就感。

◦◦➡ **任务实施**

一、什么是职业兴趣

视频：职业兴趣

爱因斯坦说过："兴趣是最好的老师。"我们在认识一个新朋友的时候也经常会问：你喜欢什么？摄影？打球？旅游？桌游？等等，这种兴趣更为接近我们常说的爱好。人们在追求兴趣的过程中经常会出现物我两忘的情况，即忘记了时间和空间。同样，当兴趣发生在工作上面时，我们也会觉得是一件非常幸福的事情，工作效率也会大大提高。

职业兴趣是人们追求或从事某种职业的个性取向。拥有职业兴趣能够增加个人的工作满意度。预测个人职业选择的最好方法就是询问这个人想做什么。职业兴趣的发展经过3个历程：有趣—乐趣—志趣。有趣代表好奇，往往是短暂的；乐趣是比较稳定的，只有感受到乐趣，人们才会主动学习这方面的知识；志趣则加入了人的社会责任感、理想信念等。

⊙⊙⊶➡ 活动与练习

主题：**职业兴趣测试**

活动：请认真回答下列问题，回忆并梳理日常生活中有关个人兴趣的一些代表性事情。请特别关注自己思考和讲述的过程。

（1）我的白日梦：请列举出你非常感兴趣的职业（摒除所有现实的考虑）。这些职业的哪些特征吸引着你？

_____

_____

（2）请回忆 3 个做某件事情时令你感到快乐（满足）的经历。请详细描述这 3 个画面，找出是什么令你感到如此快乐（满足）的。

_____

_____

（3）你最崇拜（敬佩）的人是谁？他（她）对你产生了什么影响？你最像他（她）的是什么地方？最不像他（她）的是什么地方？

_____

_____

（4）你最喜欢浏览哪些网站？这些网站中的哪些内容吸引着你？

_____

_____

（5）休闲的时候，如果只是出于兴趣的考虑，你最想做什么？这里面又是什么吸引着你？

_____

_____

（6）我们生活中都有过某些时刻，因为全神贯注于做某件事而忘了时间。什么样的事会让你如此专注？

_____

_____

（7）你的答案里有什么共同点吗？是否可以归纳出什么主题或关键词？这些主题或关键词可能和霍兰德职业兴趣的哪些类型相对应？你如何能够让这样的主题在你今后的生活中得到更充分的彰显？

_____

_____

说明：最后一个问题的回答将有助于你总结和归纳前面所有的问题，并将你在日常生活中的一些表现与本任务所讲的霍兰德职业兴趣类型挂钩。所归纳出的主题或关键词是你今后在进行职业决策时需要尽可能考虑的一些关键因素。

二、职业兴趣的影响因素

职业兴趣是以一定的素质为前提，在生涯实践过程中逐渐发生和发展起来的。它的形成与个人的个性、自身能力、实践活动、客观环境和所处的历史条件有着密切的关系。因此，职业生涯规划对兴趣的探讨不能孤立进行，应当结合个人的、家庭的和社会的因素来考虑。

（一）个人需要和个性

不管个人的兴趣是什么，都是以需要为前提和基础的，人们需要什么就会对什么产生兴趣。由于人的需要包括生理需要和社会需要或物质需要和精神需要，因此人的兴趣同样表现在这两个方面。人的生理需要或物质需要一般来说是暂时的，容易满足。而人的社会需要或精神需要却是持久的、稳定的、不断增长的，如人际交往、对文学和艺术的兴趣、对社会生活的参与是长期的、终身的，并且不断追求的。兴趣是在需要的基础上产生的，也是在需要的基础上发展起来的。

（二）个人认识和情感

兴趣与个人的认识和情感密切联系。如果个人对某项事物没有认识，就不会产生情感，因而也不会对它产生兴趣。同样，如果个人缺乏某种职业知识，或者根本不了解这种职业，那么他就不可能对这种职业感兴趣，在进行职业生涯规划时自然也想不到。相反，认识越深刻，情感越丰富，兴趣也就越浓厚。

（三）家庭环境

家庭作为基本的社会单元，对每个人的心理发展都产生着重要的影响，因此个人职业心理发展具有很强的社会化特征。家庭环境的熏陶对其职业兴趣的形成具有十分明显的导向作用。大多数人从幼年起就在家庭的环境中感受其父母的职业活动，随着年龄的增长，逐步形成自己对职业价值的认识，使得个人在选择职业时，不可避免地带有家庭教育的痕迹。家庭因素对职业取向的影响，主要体现在择业趋同性与协商性等方面。

一般情况下，个人对于家庭成员特别是长辈的职业比较熟悉，在职业生涯规划和职业选择上会受到一定的趋同性影响。同时受家庭群体职业活动的影响，个人的生涯决策或多或少地产生于家庭成员共同协商的基础上。兴趣有时也受遗传的影响，即父母的兴趣会对孩子产生直接的影响。

（四）社会因素

一方面，社会舆论对个人职业兴趣的影响主要体现在政府政策导向、传统文化、社会时尚等方面。政府就业政策的宣传是主导的影响因素，传统的就业观念和就业模式也往往会制约个人的职业选择，而社会时尚职业则始终是个人特别是青年人追求的目标。例如，当前计算机技术、文化旅游事业都得到较快发展，对这两个职业有兴趣的人也会增加得很快。

另一方面，兴趣和爱好是受社会制约的。不同的环境、职业及文化层次的人，其兴趣和爱好也不同。

●●➡ 活动与练习

主题：自我兴趣探索 —— 六岛环游

活动：如果你乘坐的轮船发生了故障，必须紧急靠岸，现有以下 6 个岛屿供你选择，并且至少要在岛屿上生活半年。不用考虑费用等问题，你最想去的是哪一个？可以按照喜欢程度选出 3 个。

A 岛：美丽浪漫的岛屿。岛上有多处美术馆、音乐厅，弥漫着浓厚的艺术文化气息。同时，岛民擅长传统的舞蹈、音乐与绘画，许多文艺界的朋友都喜欢来这里找寻灵感。

I 岛：深思冥想的岛屿。岛上人迹较少，建筑物多僻处一隅，绿野平畴，适合夜观星象。岛上有多处天文馆、科技或科学博物馆、科学图书馆等。岛上居民喜好沉思、追求真知，喜欢和来自各地的哲学家、科学家、心理学家等交换心得。

C 岛：现代岛屿。岛上建筑十分现代化，是进步的都市形态，以完善的户政管理、地政管理、金融管理见长。岛民冷静保守，处事有条不紊，善于组织规划。

R 岛：自然原始的岛屿。岛上保留有热带的原始植物，自然生态保持得很好，也有相当规模的动物园、植物园、水族馆等。岛上居民以手工见长，自己种植花果蔬菜、修缮房屋、打造器物、制作工具。

S 岛：温暖友善的岛屿。岛上居民个性温和、十分友善、乐于助人，社区均自成一个密切互动的服务网络，人们多互助合作，重视教育，弦歌不辍，充满人文气息。

E 岛：显赫富庶的岛屿。岛上居民热情豪爽，善于企业经营和贸易。岛上经济高度发达，处处是高级饭店、俱乐部、高尔夫球场等。来往者多是企业家、经理人、政治家、律师等，衣香鬓影，夜夜笙歌。

活动：

（1）把参加活动的大学生按照所选的最喜欢的岛屿分为 6 个小组，分别给岛屿起一个名字，规划一个岛屿主题公园，要求每个人说出最想在岛屿上做的事情，并制定一个半年岛屿生活规划。

你所选择的岛屿名称：_____

岛屿主题公园设计：_____

_____

你最想在岛屿上做的事情：_____

半年岛屿生活规划：_____

_____

（2）根据所选的 3 个岛屿字母，找到霍兰德职业兴趣代码。例如，所选岛屿分别是 A 岛、C 岛、I 岛，组合起来就是 ACI，对照霍兰德职业兴趣图，即可找到会使自己真正感兴趣的职业。

你最想生活的 3 个岛屿及霍兰德职业兴趣代码：_____

对应的职业及职业兴趣：_____

_____

三、霍兰德职业兴趣类型

霍兰德认为，职业选择是个人兴趣的延伸和表现；每个特定兴趣类型的人，会对相应的职业类型中的工作或学习感兴趣；个人的兴趣与工作环境之间的适配与对应，是职业满意度、职业稳定性与职业成就感的基础。现将职业兴趣包括的 6 种基本类型以六边形表示出来，如图 2-1 所示。6 个角分别代表 6 种职业兴趣类型，每种类型与其他 5 种类型之间有连线，连线距离越短，两种类型的相关系数越大；连线

视频：霍兰德的职业兴趣理论及测评

距离越长，两种类型的相关系数越小。例如，现实型与研究型、常规型的相关度最高，与艺术型、管理型的相关度较低，与社会型的相关度最低。

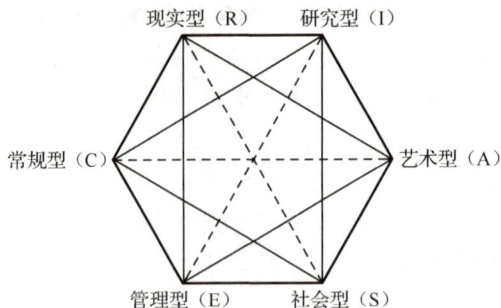

图 2-1 霍兰德职业兴趣的 6 种基本类型

霍兰德职业兴趣的 6 种基本类型的内容如下。

现实型（R）：这类人习惯于发现目标、创造目标。他们遵守纪律、喜欢安定、感情较为贫乏、洞察力不够敏锐。他们喜欢操纵工具、机器，能适应客观自然和具有明确任务的环境，重视物质的实际收益。这类人比较适合从事有明确要求和需要一定技能，能按一定程序进行的工作，如农业、机械、电子技术、采矿等行业。

研究型（I）：这类人好奇心强、强调分析和反省。他们乐于选择具有开拓性的生产环境。他们喜欢需要观察和科学分析的创造性活动与需要探索精神的工作项目，如科研、创作、计算机编程等行业。

艺术型（A）：这类人具有丰富的想象力，有理想、好激动、善于创新。他们精于利用情感、直觉与想象来开创艺术形式或创造艺术作品。他们习惯从事非系统的、自由的，要求利用感情和直觉来欣赏、领会或创造艺术形式的工作，如美工、作曲、影视、文学创作等行业。

社会型（S）：这类人乐于助人、惯于交际、容易合作、重视友谊、责任心强。他们适合要求理解、缓和他人行为的环境。他们对那些为他人直接服务、为别人谋福利、与他人建立和发展各种关系的职业一往情深，如教育、咨询、医疗等行业。

管理型（E）：这类人具有高度热忱和冒险精神。他们自信、交友广泛、精力旺盛、善于表达自己的意见。他们适合从事管理、生产销售、政治、外交等行业。

常规型（C）：这类人顺从，具有良好的自我控制能力，但缺乏想象力。他们喜欢稳定、有秩序的工作环境。他们适合从事对众多信息进行加工和整理的工作，如办事员、仓库管理员、会计等行业。

然而，大多数人并非只有一种性向（倾向性或适应性），如个人的性向中很可能同时包含着社会性向、现实性向和研究性向。霍兰德认为，这些性向越相似，相容性越强，则个人在选择职业时所面临的内在冲突和产生的犹豫就会越少。

●●➡ **活动与练习**

主题：找到自己的霍兰德职业兴趣代码

活动：请仔细阅读霍兰德职业兴趣类型，在符合自己情况的语句下面画线，并思考日常生活中有哪些与之相符的事例使自己作出这样的判断。按一、二、三的顺序选出你认为最符合自己情况的 3 种类型。这可能就是你的霍兰德职业兴趣代码。

我的霍兰德职业兴趣代码：_____

任务二　职业性格测试

●●➡ 任务导入

人们常说"性格决定命运"。将这句话放到职业活动中，更深层的意义则是什么样性格的人适合从事什么样的职业。在职业选择上，性格和职业若能相匹配，则能够提高个人的幸福感。这也是近年来众多用人单位在招聘人才时加入性格测试这个项目的原因。

●●➡ 任务准备

摘抄两句关于性格影响职业的经典名言。

●●➡ 知识储备

性格是个人在对现实的稳定态度和习惯化了的行为方式中所表现出来的个性心理特征。人的性格特点主要表现在态度、意志、情绪和理智 4 个方面。

态度主要是指人在处理各种社会关系方面表现出来的性格特征，如善于交际或行为孤僻、正直或虚伪、细致或粗心。

意志主要是指人在对自己行为的自觉调节方面表现出来的性格特征，如主动或被动、勇敢或怯懦。

情绪主要是指人产生情绪活动时在强度、稳定性、持续性、主导心境等方面表现出来的性格特征，如情绪起伏的大或小。人的基本情绪有愉快、惊奇、悲伤、厌恶、愤怒、恐惧、轻蔑、羞愧等。愉快是正面的，惊奇是中性的，悲伤、厌恶、愤怒、恐惧、轻蔑、羞愧都是负面的。在这些基本情绪中，若负面情绪占多数，则个人很容易不知不觉地进入不良情绪状态。大学生应塑造阳光心态，调动正面情绪，使自己经常处于积极的情绪当中。

理智主要是指人在认知过程中表现出来的性格特征，如幻想型或现实型。

性格的特征并不是孤立的，而是互相联系的，在个体身上结合为一体，形成个人不同于他人的"标签"。大学生了解自己的性格特征，将有利于今后的职业发展，从而形成自己的职业性格。

●●➡ 任务实施

一、什么是职业性格

职业性格是指人们从事某种职业后，因职业需求或对从业普遍要求而形成的较为固定的性格要素集合。如果个人的性格能和职业性格相匹配，那无疑是一件幸福的事情；如果个人的性格与职业性格相差甚远，那可以说是一种折磨。每种职业都对性格特征有特定的要求。

例如，驾驶员要具备注意力稳定、动作敏捷的职业性格特征；护士要具备耐心细致、热情待人的职业性格特征；艺术家要具备富有想象力、创造性等职业性格特征。

二、性格对职业的影响

性格与职业之间存在着一座"隐形桥梁"，二者的匹配度决定了桥梁的宽广度及稳固程度。也就是说，个人性格与职业类型之间的一致性决定了个人在工作上的适应程度、满足程度和成就，性格和职业之间的相符程度与事业的成功概率呈正相关关系。

一般来说，外向型性格的人适合从事社交性、活动性的职业，内向型性格的人适合从事文字性、安稳性的职业，混合型性格的人则根据偏外向或偏内向的具体情况，结合自身气质类型综合确定职业取向。不同的职业对人有不同的性格要求，要适应这个职业，就必须具备或培养这个职业所需的性格特征。例如：医生要有精益求精、一丝不苟的工作态度，有救死扶伤的人道主义品质，有高度的责任感并具有同情心；教师要热爱教育事业、富有爱心、为人师表、严于律己；工厂技术员要有创新精神、实干精神，以及吃苦耐劳、持之以恒的品质；管理者要善于交往沟通、多角度思考、关心下属等。

可以说，从事每种职业都应有一定的职业性格，好的职业性格有助于个体在相应职业中更好地完成工作。在职业实践中，职业活动的要求也会让从业者巩固或改变原有的性格特征，形成许多新的性格特征，如商业活动中，营业员可以形成主动、耐心等职业性格。现代生产要求从业者必须具有高度的组织性、计划性和毅力。所以，性格和职业是相互对应和相互作用的。

三、MBTI 性格类型理论

迄今为止，在各个领域的应用中较常见的性格评价工具是迈尔斯-布里格斯类型指标（Myers-Briggs Type Indicator，MBTI）。1920 年，瑞士精神分析家卡尔·古斯塔夫·荣格（Carl Gustav Jung）在他的《心理类型》一书中提出性格类型的概念。根据大量的观察，荣格推断不同的行为源于个人在运用心智方面具有不同的倾向。人们习惯按照各自的倾向行事，就逐渐形成了各自的行为模式。荣格提出，世界上有 3 个维度和 8 种性格类型。到了 20 世纪 50年代，美国心理学家迈尔斯（Myers）和她的母亲布里格斯（Briggs）在此基础上多发展出一个维度，并逐渐形成了 MBTI 性格类型理论。

MBTI 性格类型理论是目前国际上比较权威的、使用比较广泛的理论。它系统地把握了人的性格，也解释了为什么不同的人对不同的事物感兴趣、擅长不同的工作，并且有时不能互相理解。

MBTI 性格类型理论把人的性格分为 4 个维度，每个维度有两个方面，共计 8 个方面，内容如下。

精神关注的方向：外向（E）—内向（I）；
收集信息的方式：感觉（S）—直觉（N）；
决策方式：思维（T）—情感（F）；
行事方式：判断（J）—知觉（P）。

这 8 个方面分别回答了人们行事的不同风格。外向（E）和内向（I）：人们与世界的相互作用是怎样的。感觉（S）和直觉（N）：人们自然留意的信息方式是什么。思维（T）和情感

（F）：人们如何作决定。判断（J）和知觉（P）：人们的行事方式是什么。每个人的性格都落足于每个维度距两端的中点的这一边或那一边，人们把每个维度的两端称为"偏好"。例如，如果落在外向的那一边，那么就可以说你具有外向的偏好；如果落在内向的那一边，那么就可以说你具有内向的偏好。

在现实生活中，每个维度的两个方面都会用到，只是其中的一个方面用得更自然、更容易、更快捷、更舒适，就好像每个人都会用到左手和右手，有的人习惯用左手，有的人习惯用右手。同样，性格类型就是个人用得更自然舒适、更便利快捷的那种。

由 MBTI 的 4 个维度和每个维度的两个方面一共可以组成 16 种性格类型（见表 2-1）。

表 2-1　MBTI 性格类型理论的 16 种性格类型

性 格 类 型	可能的职业偏好	可能的工作表现
ISTJ 内向/感觉/思维/判断	会计/办公室管理 法律	注重事实和结果 提供安全结构和顺序 能保持稳定的情绪
ISTP 内向/感觉/思维/知觉	科研、机械、修理 农业 工程、科学技术	注重迅速解决问题 注重目标和行动取向 不受规律限制 着眼于眼前的经历
ESTJ 外向/感觉/思维/判断	商业管理、银行、金融 建筑、生产、教育、技术、服务	注重正确高效地做事 任务取向、注重组织结构 具有稳定性和可预知性 实现可行的目标
ESTP 外向/感觉/思维/知觉	市场销售、工程和技术 信用调查、健康 建筑、生产、娱乐	注重第一手经验 具有灵活性 及时满足需要、技术取向
ISFJ 内向/感觉/情感/判断	保健、教学/图书馆 办公室管理、个人服务、文书管理	看重有条理的任务 注重安全与隐私 结构清晰、有效率、安静、服务取向
ISFP 内向/感觉/情感/知觉	机械和维修、工厂操作 饮食服务、办公室工作、家务	善于合作、喜爱自己的工作 允许有自己的私人空间 灵活、具有审美能力、谦恭
ESFJ 外向/感觉/情感/判断	保健、接待、销售 看护孩子、家务	喜欢帮助他人 目标明确 气氛友好、善于欣赏 喜欢按实际条件办事
ESFP 外向/感觉/情感/知觉	保健、销售 管理、机械操作、办公室	注重现实、行动取向 活泼、精力充沛、适应性强、和谐 喜欢以人为本、舒适的工作环境
INFJ 内向/直觉/情感/判断	宗教、教学/图书馆 社会服务、研究和发展	关注人类的思想和心理健康 协调、安静、有组织的 有情感、喜欢有反省的时间和空间
INFP 内向/直觉/情感/知觉	咨询、教学、文学、艺术类 戏剧、科学、心理学	关注他人的价值 注重合作的氛围 允许有思考的时间和空间 灵活、安静、不官僚

续表

性 格 类 型	可能的职业偏好	可能的工作表现
ENFJ 外向/直觉/情感/判断	宗教 咨询、教学、保健	愿意为帮助他人而改变 社会化的、和谐的 有秩序、以人为本、鼓励自我表达
ENFP 外向/直觉/情感/知觉	教学、咨询、宗教 广告、销售、艺术、戏剧类	关注潜能、丰富多彩、积极参与的氛围 活泼、不受限制 善于应对变化和挑战、思想进取
INTJ 内向/直觉/思维/判断	科学、政治/法律 哲学、计算机	注重长远规划的实现 有效率、以任务为重 允许独自一人和思考 支持创造性和独立、有效率
INTP 内向/直觉/思维/知觉	科学、研究 社会服务、计算机 心理学、法律	喜欢解决复杂的问题 鼓励独立、注重隐私 灵活的、不受限制的、安静的 喜欢自我决定
ENTJ 外向/直觉/思维/判断	财务、管理 教育	结果取向的、独立的 喜欢解决复杂的问题 具有创造性 喜欢挑战
ENTP 外向/直觉/思维/知觉	管理、操作和系统分析 销售	结果取向的、独立的 喜欢解决复杂的问题 目标取向的、果断的 有效率 具有挑战性、顽强

四、职业性格的测验方法

通过进行职业性格测验，如卡特尔 16PF、九型人格性格分析等，个人可以更清晰地了解自己在工作中的行为模式、沟通风格、团队协作能力及解决问题的方式，有助于自己在职业生涯规划中作出更符合自身特点的选择，同时为提升工作效率、增强职业满意度和开展有针对性的职业发展活动提供依据。

（一）卡特尔 16PF（16 种人格因素测验）

16 种人格因素测验是美国伊利诺伊州立大学人格及能力测验研究所卡特尔（Cattell）教授编制的用于人格检测的一种问卷，称为卡特尔 16 种人格因素测验，简称 16PF。一项研究表明，1971—1978 年间被研究文献引用最多的测验中，16PF 仅次于 MMPI 排第二。在一项关于心理测验在临床上应用的调查中，16PF 排第五。卡特尔是人格特质理论的主要代表人物，对人格理论的发展作出了很大贡献。要介绍 16PF，不能不提到特质因素理论，因为 16PF 是伴随着卡特尔的人格特质因素理论而发展的，二者可谓"相辅相成"。

16PF 适用于 16 岁以上的青年和成人，现有 5 种版本：A、B 本为全版本，各有 187 个项目；C、D 本为缩减本，各有 106 个项目；E 本适用于文化水平较低的被试者，有 128 个项目。我国现在通用的是美籍华人刘永和博士在卡特尔的赞助下，与伊利诺伊州立大学人格及能力测验研究所研究员梅瑞狄斯博士合作，于 1970 年发表的中文修订本。

（二）九型人格性格分析

九型人格是近年来备受美国斯坦福大学等国际知名大学 MBA 学员推崇并成为现今最热门的课程之一，且风行欧美学术界及工商界。全球 500 强企业的管理阶层均有研习九型人格，并以此培训员工，建立团队，提高执行力。九型人格作为一个人格心理学理论虽在当前社会还未被主流心理学界认可，但是近些年美国弗吉尼亚大学威廉玛丽学院萨拉·斯科特（Sara Scott）在其博士论文中对九型人格系统进行了科学测评，其结果认定九型人格是个精确的系统。在当代商业文化下，九型人格性格分析是根据 9 种人格的性格特征而用于了解职场文化的一种测试，对于企业的前期规划、战略确定、教练指导、企业培训等方面具有很大的影响。

美国的亚力山大·汤马斯（Alexander Thomas）博士和史黛拉·翟斯（Stella Chess）博士在他们于 1977 年出版的《气质和发展》（*Temperament and Development*）一书里提到，我们可以在出生后第二至第三个月的婴儿身上辨认出 9 种不同的气质（Temperament），它们是活跃程度、规律性、主动性、适应性、感兴趣的范围、反应的强度、心理素质、分心程度、专注力范围/持久性。戴维·丹尼尔斯（David Daniels）研究发现这 9 种不同的气质刚好和九型人格相配。

九型人格不仅是一种精妙的性格分析工具，更主要的是可为个人修养、自我提升和历练提供更深入的洞察力。与其他性格分类法不同，九型人格揭示了人们内在最深层的价值观和注意力焦点，它不受表面的外在行为的变化所影响。它可以让人真正地知己知彼；可以帮助人们明白自己的个性，从而完全接纳自己的短处、活出自己的长处；可以让人明白其他不同人的个性类型，从而懂得如何与不同的人交往沟通及融洽相处，与别人建立更真挚、和谐的合作伙伴关系。

（三）CPI 心理测验

加州人格量表（CPI）主要用于测量人格。该量表包括 260 个是非题，适用于 13 岁以上的正常人，测试时间为 30 分钟。

它的基本构思源于 20 世纪 40 年代后期美国加利福尼亚大学心理学家高夫（Gough）博士的人格理论，测验涉及 18 个人格维度，每个维度都是最基础的，是人们在人际交往过程中自然形成的。

通过 CPI 测量结果，可以清楚地了解个人的性格、兴趣、专业和职业的匹配情况等，使个人在面试时应对自如。

（四）DPA 性格分析工具

DPA（Dynamics Personality Assessment）动态性格管理系统致力于优化人员状态，启动人性动力，打造自动自发的人才驱动系统，能够让人们更好地认识和了解自己，可以帮助企业领导者和高级管理人员组合不同类型和动力的员工，打造优势动力企业、团队，降低员工流失率，提升员工忠诚度，激发员工行动力。DPA 动态性格管理系统已成为世界上应用最广泛的测评工具之一。

DPA 动态性格管理系统分为三大模块：DPA-WORKS 工作管理系统，DPA-FAMILY 家庭幸福和谐系统和 DPA-PERSON 个人发展系统。

其中，DPA-WORKS 工作管理系统包含 Work Star 工作状态管理系统、Job Star 岗位标杆管理系统、Per Star 匹配状态管理系统、360 度工作认知管理系统、Sat Star 客户状态管理系统、

Agent Star 代理商状态管理系统、Team Star 团队状态管理系统、Training Star 状态优化训练系统八大模块。

DPA-FAMILY 家庭幸福和谐系统包含 Family Star 家庭互动系统、Group Star 家庭风格系统、Perfect Star 理想伴侣系统、Match Star 亲密爱人系统、360 度家庭认知管理系统、Training 幸福家庭训练系统六大模块。

DPA-PERSON 个人发展系统包含 Funder Star 创业者特质与行业分析、Manager Star 经理人测评模块、Graduate Star 大学生职业能力系统、Student Star 学生状态测评系统、School Star 高中生专业选择系统五大模块。

活动与练习

主题：职业性格分析

活动：把《红楼梦》中的人物与适合的职业进行连线。

袭人　　　　　　　　　网络写手或专栏作者

薛宝钗　　　　　　　　公关或公务员

贾宝玉　　　　　　　　企业家、职业经理

林黛玉　　　　　　　　女校校长

王熙凤　　　　　　　　护士

人物性格分析：

袭人_____

薛宝钗_____

贾宝玉_____

林黛玉_____

王熙凤_____

自我性格探析：

我的性格优点和缺点：_____

我所学习专业对应的职业和职业性格：_____

职业性格自我完善的措施：_____

任务三　职业理想确定

任务导入

理想是人的精神世界的核心，是人精神上的"钙"，没有理想精神上就会"缺钙"，就容易精神空虚甚至陷入精神荒漠，既不可能感受精神生活的饱满充实，也不可能承担时代所赋予的历史重任。追求远大理想是大学生健康成长、成就事业、开创未来的精神支柱和前进动力。

⟶ 任务准备

摘抄两句关于理想的经典名言。

⟶ 知识储备

理想就是人生的奋斗目标，是人们对未来的一种有可能实现的想象。当然，并不是任何想象都是理想。职业理想是人们在职业上依据社会要求和个人条件而确立的奋斗目标，它是人们实现个人生活理想、道德理想和社会理想的手段，并受社会理想的制约。青年时期是个人人生观、世界观、价值观形成的时期，也是个人职业理想孕育的关键时期。大学生在此阶段要特别注意职业理想的确立，为未来建功立业奠定动力基础。

⟶ 任务实施

一、什么是理想

理想是一种正确的想象，具有不同于幻想、空想和妄想的突出特点。

（一）客观必然性

理想的客观必然性是指理想作为一种想象，正确地反映客观实际，正确地反映现实与未来的关系，合乎事物变化和发展的规律，经过努力是可以实现的。

（二）社会性

理想是人类特有的一种精神现象，具有鲜明的社会性。理想的社会性是指理想不是离开社会的孤立的个人的随意想象，而是由社会制约和决定的想象。

（三）阶级性

在阶级社会，理想具有鲜明的阶级性。在阶级社会中，由于不同阶级的社会地位和经济利益的不同，追求的目标也就各不相同，所以，他们形成的理想也各不相同。人们的阶级地位和阶级利益决定了人们的理想在阶级社会中必然具有阶级的烙印。各阶级统一的理想是不存在的。

二、什么是职业理想

职业理想是指个体在一定的世界观、人生观和价值观的指导下，对自己未来所从事的工作岗位、工作部门、工作种类及事业成就大小的想象和设计。在任何情况下，每个人都应该有一个长远而又切实的职业理想。

职业理想具有实现性和可能性，追求社会对自身劳动的认可，与人们对精神生活、物质生活水平提高的向往直接相关，同具体的奋斗目标相联系。人们往往通过职业活动去追求社会理想的实现，在职业活动中体现自己的道德理想，借助职业活动取得的报酬实现物质、精神生活水平的提高，去实现自己的生活理想。职业理想对确定人生目标、促进人生目标的实现具有积极的作用；建立在能胜任、能发挥自己优势基础上的职业理想，能促成自己人生价值的实现；职业理想是人们实现职业愿望的精神支柱和力量源泉，能增强人生前进的动力。

职业理想是社会理想的具体化，是实现社会理想的桥梁。人们总是通过职业理想的实现达到改造社会、造福人类的目的。个人在社会所需要的职业岗位上发挥聪明才智，作出了有利于社会经济发展的贡献，就是为实现自己的社会理想作出努力。人们通过对自己职业理想的追求和实践，推动了社会进步。要干一番事业，就必须有正确的职业理想并为之努力。正确的职业理想保证了社会理想的实现。有正确职业理想的人，才能真正融入到自己的职业岗位中去，为社会、人民作出更大的贡献。职业理想的内涵如图 2-2 所示。

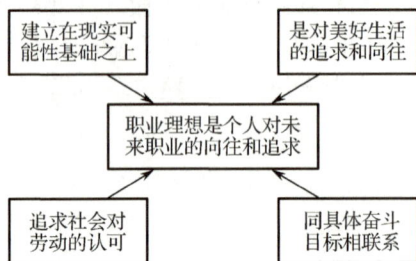

图 2-2　职业理想的内涵

三、职业理想与理想职业的区别

职业理想是指人们对未来职业和所要取得何种成就，对社会作出哪些贡献的向往和追求，包括对职业的认识、态度和职业选择；而理想职业则是实现职业的平台，它是依据职业理想、结合个人的具体情况来作出选择的。因此，职业理想不等于理想职业。

职业理想建立在个人的专业知识与能力、兴趣和职业激情的基础上，当个人的能力、职业理想与职业岗位产生最佳结合时，即达到三者的有机统一时，这个职业才是个人的理想职业。只要个人的职业理想符合社会需要，而自己又确实具备从事那种职业的职业素质，并且愿意不断地为之付出努力，那么总有一天会实现自己的职业理想；而理想职业却带有很大的幻想成分。

活动与练习

主题：了解我的职业理想

活动：通过表 2-2 的职场人士访谈步骤，了解职业理想和理想职业，作出正确的生涯决策，实施有效的求职行为，以快速地适应职业。

表 2-2　职场人士访谈步骤

步　骤	具 体 要 求	注 意 事 项
步骤 1	寻找职场人士	职场人士的选取：首选校友，可以通过系部毕业生数据库查找，选取成长经历比较有波折或者有故事的毕业生作为采访对象，也可以通过亲朋好友介绍。 对象：初入职场的毕业生；有 3 年以上工作经历，对所属行业、人际关系、企业组织管理有一定的了解，能够积极地对待工作的职场人士。 领域：与你想了解的职业密切相关的一些领域。 层次：不同层次的人，如在企业里担任管理职务的人士和普通职员

续表

步　骤	具体要求	注意事项
步骤2	预约职场人士	数量：3位，最好面谈
步骤3	访谈职场人士	访谈前期准备：充分查阅受访人及其所在的行业、单位和岗位信息及相关领域的资料。 访谈问题设计：问题的通用性、个性化与深度，可以参考访谈问题列表（见表2-3）。 关于访谈提纲：问题以少于10个为佳，可在访谈前交给受访人，也可不给。 在约定时间、地点进行访谈：时间以1~2个小时为佳，访谈地点尽量不要选在受访人的办公室，因为经常会有工作上的事情或电话打断谈话，影响访谈质量；可以在安静的会议室或环境幽雅的咖啡店进行访谈。 致谢：当面致谢或以电子邮件致谢。 疑点的反馈印证：访谈更多的职场人士，进一步补充资料
步骤4	撰写职场人士访谈报告	包括扉页、目录和正文3个部分，扉页填写受访人的真实姓名、性别、学校、院系、班级、学号、联系电话、电子邮件地址。 主体内容： （1）思路：为什么要选这个人？该企业在行业中的重要性和访谈流程设计。 （2）访谈时间、地点、方式、照片。 （3）职场人士介绍。 （4）访谈内容记录。 总结、思考与收获：包括该企业的工作性质、工作内容、所需技能、薪酬福利、发展路径、企业文化、行业前景、受访人给自己的建议及自己的收获

表2-3　访谈问题列表

职业资讯方面	生涯经验方面
1. 工作性质、任务或内容	1. 个人教育或培训背景
2. 工作环境、工作地点	2. 投入该职业的决策过程
3. 所需教育、培训背景或经验	3. 生涯发展历程
4. 所需个人资质、技能	4. 工作心得：乐趣和困难
5. 收入或薪资范围、福利	5. 对工作的看法
6. 工作时间	6. 获得成功的条件
7. 相关就业机会	7. 未来规划
8. 进修和升迁机会	8. 对后进者的建议
9. 组织文化和规范	
10. 未来发展前景	

访谈提纲：

问题1：您是如何找到这份工作的？

问题2：目前，行业内要求从事这份工作的人应该具备什么样的教育或培训背景？

问题3：您认为做好这份工作应该具备哪些知识、技能和经验？

问题4：您认为什么样的个人品质、性格和能力对做好这份工作是最重要的？

问题5：这项工作需要的个人品质、性格和能力同别的工作要求有什么不同吗？

问题6：行业内，单位对刚进入该领域工作的员工一般会提供哪些培训？

问题7：行业内，先从什么样的工作岗位做起，能学到最多知识，最有益于发展？

问题 8：从事这种工作的人在单位或行业内发展的前景怎样？

问题 9：最近这个行业和工作因为科技进步、经济的全球化发生变化了吗？

问题 10：您如何看待该单位的组织文化和该领域的工作方式在将来的变化趋势？

问题 11：男女工作者在这份工作上机会均等吗？

问题 12：平常，在工作方面，您每天都在做些什么？

问题 13：您在做这份工作时，什么是最成功的，什么最有挑战性？

问题 14：就这种工作而言，您最喜欢什么？最不喜欢什么？

问题 15：从事这份工作实现了您的人生价值吗？家庭对您现在的工作满意吗？

问题 16：在您的工作领域里初级职位和略高级别职位的薪水一般是什么水平？

问题 17：据您所知，有什么职业杂志、行业网站或其他渠道能帮助我深入了解这个领域？

问题 18：您的熟人中有谁能够成为我下次采访的对象吗？可以说是您介绍的吗？

四、正确的职业理想的确定方法

正确的职业理想能够激励人们在职业生涯中不断前进，克服困难，实现个人成长和职业上的满足。因此，它是每个人在职业规划过程中不可或缺的内在驱动力。

（一）把生活看作一个劳动过程

当个人确立依靠自己的劳动创造自己的未来时，就会使自己的职业理想建立在一个客观现实的基础上，就会努力创造条件，不断追求，使职业理想不断升华，使人生更显光彩。而学业理想是职业理想的基础。因此，当代大学生要刻苦学习，不断提高自身素质，各方面和谐发展，为今后实现自己的职业理想打下牢固的基础。

（二）热爱自己的祖国和家乡

这看似与职业理想关系不大，其实它是树立职业理想的基本思想条件。当个人从心底里建立起这两个热爱，就会把个人的职业理想与祖国的命运、父母的企盼、家乡的发展联系在一起，从而把个人的理想与平凡而伟大的职业联系在一起，进而获得不竭的发展动力，并实现自己的职业理想。

（三）在实践中检验、调适职业理想

职业理想的正确与否，不以主观感觉而定，而要经过实践的反复检验，看人与职业的适宜性而判定。但是，高校毕业生由于在从事职业活动之前，缺乏职业实践体验，难免有情绪化的冲动，使自己的职业理想发生偏差。

个体经过实践的检验，就会重新审视自己的选择是否正确，正确的应当巩固，不正确的应该进行调适，使自己追求的目标建立在既符合现实需要，又在长远发展中有可能实现的基础上。也就是说，职业理想是否正确应坚持客观标准。

如果从事的职业不符合个人已形成的职业理想，就要从现实与未来发展相结合的角度进行调适；如果从事的职业符合自己的职业理想，但人与职业不能合理匹配，自己不适应职业的要求或仍不能充分发挥个人特长，积极性和创造性不能很好地展现，也需要及时地、符合实际地调适自己的职业价值观，通过实践（包括正常的职业流动）来实现职业理想，从事恰当的职业。

任务四 职业能力评估

◦◦➡ 任务导入

在我们沉迷游戏或玩耍的时候，别人可能正在通过各种各样的方式提升自己，久而久之，我们与别人的差距会越来越大。提升个人职业能力是每个职场人士都需要关注的问题。在这个快速发展的时代，培养、提高自己的职业能力是个体保持竞争力的重要途径。

◦◦➡ 任务准备

摘抄两句关于提升能力的经典名言。

◦◦➡ 知识储备

职业能力是指劳动者运用知识、技能和经验，按照职业要求顺利进行职业活动和解决问题及完成工作任务的综合能力，也指劳动者的劳动能力（或就业能力、工作能力）。职业能力是劳动者就业、胜任职业和取得职业发展所必须具备的能力。

◦◦➡ 任务实施

一、什么是职业能力

大学生在职业生涯中要通过不断学习和训练获得职业能力，在工作中培养职业能力，在不断的实践中提高和发展职业能力。

（一）一般职业能力

一般职业能力即人们从事不同职业活动所必须拥有的基本能力，包括观察力、记忆力、想象力、注意力、思维能力等。一般职业能力通常表现为语文能力、数学能力、表达能力、交往与合作能力、自我控制能力、适应变化能力、自我反省能力、抗挫折能力、搜集和处理信息能力、审美能力、创新能力等。

（二）特殊职业能力

特殊职业能力又称专门职业能力。在职业活动中，各种职业都有自身所需要的特殊职业能力。例如，刺绣工人手和眼的灵敏、仔细、快速的协调能力；高级管理人员运筹帷幄的指挥能力；教师流畅而生动的语言表达能力。这些特殊职业能力相互之间，对于有的人是有交叉关系的，如一个人既可以是画家又可以是诗人；而对于有的人则是全异关系，如一个机械师，让他去建筑设计院搞设计，他将无所适从。

一般职业能力和特殊职业能力是不可分割的统一整体。一般职业能力是一切特殊职业能力的基础，一般职业能力的发展为特殊职业能力的发展创造了有利条件，而在特殊职业能力发展的过程中，又会促进一般职业能力的发展，只有在两者的共同作用下，才能使职业活动得以顺利进行。

◦◦➡ 活动与练习

主题：了解我的职业能力
活动：写下我的成就事件（见表2-4）。

表2-4　我的成就事件

我的成就事件
（1）
（2）
（3）
（4）
（5）
（6）
（7）
（8）

1. 请学生回忆过去曾取得的成就，或是曾做过自认为比较成功、感觉很好的事情，可以是兼职、学习成绩、商业活动、社会活动、课外活动、领导、人际关系、艺术、运动、协作、研究、社团、家庭、旅游、爱好等方面。请写出这些成功的经历，越详细越好。

2. 分析成就事件中体现出来的能力，并详细列举出来。

3. 请将以上成就事件中体现出来的能力依次进行分类，并填到相应处（见表2-5）。

表 2-5 能力分类

我做得很好	我可以做，但不是很好
我只要努力，就可以做得很好	不是我的能力之一

二、职业能力的影响因素

在这个日新月异的时代，职业能力成了衡量个人成就的重要标尺。它不仅关系到个人的职业发展，更是决定着个人在职场中能走多远的关键因素。然而，职业能力的形成并非一朝一夕之功，它受到教育背景、实践经验、个人特质、工作环境等多种因素的影响，这些因素交织在一起，共同塑造了个人的职业技能和发展潜力。

（一）教育背景

教育背景是影响职业能力的基础因素。良好的教育不仅能够提供扎实的专业知识，还能够培养出批判性思维和解决问题的能力。高等教育机构，尤其是那些享有盛誉的大学，往往能够提供更加丰富的资源和更广阔的视野，为培养个人的职业能力打下坚实的基础。

（二）实践经验

实践经验是职业能力成长不可或缺的养分。理论知识虽然重要，但没有实践的检验，它们就如同无根之木。通过实习、工作或项目参与，个人能够将所学知识应用于实际问题中，这种经验积累对于提升职业技能至关重要。实践中的挑战和困难，能够锻炼个人的适应能力和创新能力，使其在职场中更加游刃有余。

（三）个人特质

个人特质也是影响职业能力的关键因素。这包括个人的性格、态度、价值观及对工作的热情。积极主动、乐观向上的人更容易在职场上取得成功。他们对工作充满热情，愿意不断学习和进步，这种积极的心态是职业能力提升的强大动力。

（四）工作环境

一个支持性的工作环境能够激发个人的潜力，促进职业能力的发展。同事间的合作、领导的支持及良好的组织文化，都能够为个人提供成长的空间；相反，一个压抑或负面的工作环境可能会阻碍个人能力的发挥，甚至导致职业发展的停滞。

总之，职业能力的形成是一个复杂的过程，它受到教育背景、实践经验、个人特质、工作环境等多种因素的影响。倘若能够了解这些因素，并在此基础上不断提升自己，则每个人都能够在职场上找到属于自己的位置，实现自己的价值，走向卓越的职业生涯。

三、职业能力的培养方法

职业能力是指个人为了完成工作任务，从事与职业相关的活动所必备的本领。它与人的职业活动紧密相连，是个体在职业活动中能够得到发展的一种心理特征。职业能力决定着个人能否胜任工作，以及进入工作状态快慢的程度。职业能力的培养可从专业知识能力、团队合作能力和创新能力方面着手。

（一）专业知识能力的培养

专业知识能力是指需要经过有意识的、专门的学习和记忆的能力；需要不断更新，与专业或工作直接相关；知识是不能迁移的，俗话说"隔行如隔山"，每个行业都有自己的专业知识。要使自己对不同行业的适应能力增强，就必须通过多学知识，让自己的知识更加丰富、更加渊博。

专业知识能力主要通过系统的学校教育获得，这也是为什么企事业单位在招聘选拔人才时会强调学历。学历水平是个人专业知识水平的主要证明。但正式的学校教育并非获取专业知识与技能的唯一途径。除了学校课程，通过课外培训、辅导班、资格认证考试、专业会议、讲座或研讨会、自学、爱好、娱乐休闲、社会实践、社团活动、上岗培训等都可以获得专业知识与技能。高校毕业生在学校已经掌握了一些专业知识与技能，步入职场后也可以通过各种社会培训掌握更多的专业知识与技能。

●●➡ 活动与练习

主题：盘点我的专业知识与技能

活动：分析自己从下列经历中掌握的专业知识与技能，再从中找出你认为比较精通和在今后的工作中能应用或希望应用的 5 项专业知识与技能，按重要程度排序。

在学校课程中学到的：

_____

从爱好、娱乐休闲、家庭职责中学到的：

_____

通过读书、看电视、上网等方式学到的：

_____

请家人或朋友帮你再回忆一下这些年你还学到过哪些知识：

_____

目前还不具备，但希望自己拥有的专业知识与技能：

_____

最精通或最希望拥有的 5 项专业知识与技能：

_____

_____

（二）团队合作能力的培养

团队是由员工和管理层组成的一个共同体，该共同体合理利用每个成员的知识和技能协同工作，解决问题，达到共同的目标。

一个团队要具备战斗力、凝聚力，必须具备团队精神。团队精神反映了个人的素质及能力，以及个人与别人合作的精神和能力。团队是个有机的整体，作为个人，只有完全融入到这个有机整体之中，才能最大限度地体现自己的价值。团队精神的核心在于协同合作，也只有协同合作才能将团队的作用发挥到最大。

作为一个新入职的高校毕业生，可主要通过以下 9 个方面培养和提高自己的团队合作能力。

1. 尊重

尊重没有高低之分、地位之差和资历之别。平等待人，有礼有节，既尊重他人，又尽量保持自我，这是尊重的最高境界。互相尊重能为一个团队营造出和谐融洽的气氛，使团队资源形成最大限度的共享。

2. 欣赏

团队的效率在于每个成员配合的默契程度，而这种默契来自团队成员的互相欣赏和熟悉，即欣赏长处、熟悉短处，最主要的是扬长避短。

3. 宽容

雨果说过，"世界上最宽阔的是海洋，比海洋更宽阔的是天空，而比天空更宽阔的则是人的心灵"。宽容是团队合作中最好的润滑剂，它能消除分歧和斗争，使团队成员互敬互重、彼此包容、和谐相处，从而安心工作，体会到合作的快乐。

4. 信任

团队是一个相互协作的群体，它需要团队成员之间建立相互信任的关系。信任是合作的基石，没有信任，就没有合作。信任是一种激励，更是一种力量。

5. 沟通

个人身在团队之中，良好的沟通是一种必备的能力。作为团队，成员间的沟通能力是保持团队有效沟通和旺盛生命力的必要条件；作为个体，要想在团队中获得成功，沟通是最基本的要求之一。

6. 负责

负责不仅意味着对错误负责、对自己负责，更意味着对团队负责、对团队成员负责，并将这种负责精神落实到工作的每个细节之中。

7. 诚信

人无信则不立。诚信是做人的基本准则，也是作为一名团队成员所应具备的基本价值理念。

8. 奉献

只有团队中的每个个体都愿意为团队奉献自己，牺牲小我，这个团队才是一个最具竞争力的团队；而只有身处一个最具竞争力的团队之中，个体的价值才能得到最大限度的体现。

9. 齐心

"皮之不存，毛将焉附"。团队精神不反对个性张扬，但个性必须与团队的行动一致。团队成员要有整体意识、全局观念，要考虑到整个团队的需要，并不遗余力地为整个团队的目标而共同努力。

（三）创新能力的培养

当今世界日新月异，市场竞争激烈、产品生命周期短、技术突飞猛进，不创新，就会灭亡。创新是企业生存的根本，是发展的动力、成功的保障，更是企业实现跨越式发展的第一步。企业的创新，依赖作为企业团队成员的个人的创新能力。创新能力是人的能力中最重要、最宝贵、层次最高的一种能力，也是所有职业能力中对企业或者所就业的团队最具影响力的一种能力。

高校毕业生应该发挥自己精力充沛、思维活跃、充满探索精神的优势，努力突破思维定式和思维惯性，开拓创新，为所服务企业或单位的发展贡献自己的力量。

●●━➤ 活动与练习

主题：职业能力自测

活动：请根据自己的实际情况，回答下列每个问题。在第一个括号里填"强"，在第二个括号里填"弱"。

第一组

1. 善于表达自己的观点（   ）（   ）
2. 阅读速度快，并能抓住中心内容（   ）（   ）
3. 能清楚地向别人解释难懂的概念（   ）（   ）
4. 对文章的字、词、段落的理解、分析和综合的能力（   ）（   ）
5. 掌握词汇量的程度（   ）（   ）
6. 你读书期间的语文成绩（   ）（   ）

总计次数（   ）（   ）

第二组

1. 目测能力（如测量长、宽、高等）（   ）（   ）
2. 解应用题的速度（   ）（   ）
3. 笔算能力（   ）（   ）
4. 心算能力（   ）（   ）
5. 使用工具（如计算器、算盘等）的计算能力（   ）（   ）
6. 你读书期间的数学成绩（   ）（   ）

总计次数（   ）（   ）

第三组

1. 作图能力（   ）（   ）
2. 画三维立体图形（   ）（   ）
3. 看几何图形的立体感（   ）（   ）
4. 想象盒子展开后的平面形状（   ）（   ）

5. 想象立体物体的能力（　　）（　　）

6. 玩拼板游戏（　　）（　　）

总计次数（　　）（　　）

第四组

1. 发现相似图形中的细微差异（　　）（　　）

2. 识别物体的形状差异（　　）（　　）

3. 注意到多数人所忽视的物体的细节部分（　　）（　　）

4. 检查物体的细节（　　）（　　）

5. 观察图案是否正确（　　）（　　）

6. 善于改正计算中的错误（　　）（　　）

总计次数（　　）（　　）

第五组

1. 快速而正确地抄写资料（如姓名、日期、电话号码等）（　　）（　　）

2. 发现错别字（　　）（　　）

3. 发现计算错误（　　）（　　）

4. 发现图表中的细小错误（　　）（　　）

5. 在图书馆很快地查找编码卡片（　　）（　　）

6. 持久工作的能力（如较长时间地抄写资料）（　　）（　　）

总计次数（　　）（　　）

第六组

1. 操作机器的能力（　　）（　　）

2. 玩电子游戏或瞄准打靶（　　）（　　）

3. 运动中身体的协调性和灵活性（　　）（　　）

4. 打球（如篮球、排球、乒乓球、羽毛球等）的姿势与水平（　　）（　　）

5. 手指的协调性（如打字、珠算等）（　　）（　　）

6. 身体平衡的能力（如走平衡木等）（　　）（　　）

总计次数（　　）（　　）

第七组

1. 灵巧地使用手工工具（如榔头、锤子等）（　　）（　　）

2. 灵巧地使用很小的工具（如镊子、缝衣针等）（　　）（　　）

3. 弹乐器时手指的灵活度（　　）（　　）

4. 动手做一件小手工艺品（　　）（　　）

5. 很快地削水果（如苹果、梨子等）（　　）（　　）

6. 修理、装配、拆卸、编织、缝补之类的活动（　　）（　　）

总计次数（　　）（　　）

第八组

1. 善于在陌生的场合发表自己的意见（　　）（　　）

2. 去新场所并结交新朋友（　　）（　　）

3. 你的口头表达能力（　　）（　　）

4. 善于与人友好交往并协同工作（　　）（　　）

5. 善于帮助别人（　　）（　　）

6. 擅长做别人的思想工作（　　）（　　）

总计次数（　　）（　　）

第九组

1. 善于组织集体活动（　　）（　　）

2. 在集体活动或学习中，经常关心他人的情况（　　）（　　）

3. 在日常生活中能经常动脑筋、出点子（　　）（　　）

4. 冷静、果断地处理突然发生的事情（　　）（　　）

5. 在工作中你认为自己的工作能力（　　）（　　）

6. 善于解决与朋友、同事之间的矛盾（　　）（　　）

总计次数（　　）（　　）

请将每组回答的"强""弱"的总次数填入表2-6中。

表2-6　职业能力自测汇总

组　　别	相应的职业能力	强（次数）	弱（次数）
第一组	语言能力		
第二组	数理能力		
第三组	空间判断能力		
第四组	察觉细节能力		
第五组	书写能力		
第六组	运动协调能力		
第七组	动手能力		
第八组	社会交往能力		
第九组	组织管理能力		

职业能力自测结果。

在"强（次数）"栏中找出两个数字最大的组，这两个组所反映的就是你在职业能力上最强的两个方面，然后你可以对照下面的分析，看到你最适宜从事的职业有哪些；反之，你也可在"弱（次数）"栏中找出两个数字最大的组，这两个组所反映的职业能力对你来说最弱，你不宜从事要求这两方面职业能力强的职业。

第一组：语言能力。你具有对词、句子、段落、篇章的理解能力，以及善于清楚而正确地表达自己的观点和向别人介绍信息的能力。你最适宜从事的职业有：外销员、商务师、导游、演员、导演、编辑、播音员、节目主持人、教师、律师、审判员等。

第二组：数理能力。你能迅速而准确地运算，并同时具有进行推理、解决应用问题的能力。你最适宜从事的职业有：会计、银行职员、保险公司职员、税务员、审计员、统计员、自然科学家、计算机工程师等。

第三组：空间判断能力。你具有对立体图形及平面图形与立体图形之间关系的理解能力，包括能看懂几何图形，有对立体图形的3个面的理解力，能识别物体在空间运动中的联系，能解决几何问题。你最适宜从事的职业有：技术员、工程师、服装设计师、艺术家、家具设计师、建筑师、摄影师、家电维修专家、自然科学家、军官、司机等。

第四组：察觉细节能力。你对物体或图形的有关细节具有正确的知觉能力，能区别和比较图形的明暗、线的宽度和长度，可以看出其细微的差别。你最适宜从事的职业有：技术员、工程师、电工、房管员、咨询师、运动员、教练员、导演、图书馆员、会计、银行职员、保险公司职员、审计员、统计员、编辑、播音员、自然科学家、计算机工程师等。

第五组：书写能力。你具有对词、印刷品、账目、表格等细微部分正确感知的能力，善于发现错字和正确地校对数字的能力。你最适宜从事的职业有：教师、公务员、社会科学家、秘书、打字员、编辑、银行职员、咨询师、经理、记者、作家等。

第六组：运动协调能力。你的眼、手、脚、身体能够迅速、协调运动，手能跟随眼所看到的东西迅速行动，具有正确控制的能力。你最适宜从事的职业有：运动员、教练员、演员、工人、农民、服装设计师、家具设计师、美容师、电工、司机、服务员、导游、医生、护士、药剂师、导演、警察、战士等。

第七组：动手能力。你的手、手指、手腕能够迅速而准确地活动和操作小的物体，在拿取、放置、调换、翻转物体时手和腕能自由活动。你最适宜从事的职业有：医生、护士、药剂师、运动员、教练员、自然科学家、工人、农民、技术员、工程师、服装设计师、家具设计师、艺术家、美容师、售货员、服务员、保育员、摄影师、演员、导演、战士等。

第八组：社会交往能力。你善于进行人与人之间的相互交往、相互联系、相互帮助、相互作用和影响，具有协同工作或建立良好的人际关系的能力。你最适宜从事的职业有：采购员、推销员、公共关系人员、外销员、商务师、编辑、调度员、经理、服务员、房管员、导游、咨询师、银行信贷员、税务员、审计员、保险公司职员、演员、导演、教师、社会科学家、公务员、秘书、警察、律师等。

第九组：组织管理能力。你擅长组织和安排各种活动，具有协调人际关系的能力。你最适宜从事的职业有：调度员、导游、教练员、导演、教师、经理、公务员、商务师、保育员、咨询师、税务员、秘书、警察、律师等。

任务五 职业价值观探索

┉➡ 任务导入

很多人在面对职业选择的时候会感到难以抉择，或者因为错误的选择对工作充满了厌倦，这是因为人的价值观体系的影响。俗话说"人各有志"，这个"志"表现在职业选择上就是职业价值观，它对个人的职业生涯目标和择业动机起着决定性的作用。

┉➡ 任务准备

摘抄两句关于价值观的经典名言。

┉➡ 知识储备

职业价值观是个人人生目标和人生态度在职业选择方面的具体表现，也是个人对职业的认识态度，以及他对职业生涯目标的追求和向往。理想、信念、世界观对于职业的影响集中体现在职业价值观上。

●●➡ **任务实施**

一、什么是职业价值观

每种职业都有自己的特性，不同的人对职业意义的认识不同，对职业的好坏有着不同的评价和取向。职业价值观就是个人对职业生涯目标和职业态度有什么追求和向往。

（一）职业价值观的分类

根据不同的划分标准，人们对职业价值观的种类划分也不同。美国心理学家洛特克（Rokeach）于 1973 年在其所著《人类价值观的本质》一书中提出 13 种价值观：成就感，审美追求，挑战，健康，收入与财富，独立性，爱、家庭、人际关系，道德感，欢乐，权力，安全感，自我成长，社会交往。我国学者阚雅玲将职业价值观分为以下 12 类。

1. 收入与财富
工作能够明显有效地改变自己的财务状况，将薪酬作为选择工作的重要依据。工作的目的或动力主要来源于对收入与财富的追求，并以此提高生活质量，显示自己的身份价值和社会地位。

2. 兴趣特长
以自己的兴趣和特长作为选择职业最重要的因素，能够扬长避短、趋利避害、择我所爱、爱我所选，可以从工作中得到乐趣、获得成就感。很多时候，人们会拒绝做自己不喜欢、不擅长的工作。

3. 权力地位
有较高的权力欲望，希望通过工作能够影响或控制他人，习惯使他人照着自己的意思去行动；认为有较高的权力地位会受到他人尊重，从中可以得到较强的成就感和满足感。

4. 自由独立
强调在工作中能有弹性，不想受太多的约束，可以充分支配和掌握自己的时间和行动，自由度高，不想与太多人发生工作关系，既不想治人也不想治于人。

5. 自我成长
认为工作能够给予自己受培训和锻炼的机会，使自己的经验与阅历能够在一定的时间内得以丰富和提高。

6. 自我实现
在乎工作能够提供平台和机会，使自己的专业和能力得以全面运用和施展，实现自身价值。

7. 人际关系
将工作单位的人际关系看得非常重要，渴望能够在一个和谐、友好甚至被关爱的环境中工作。

8. 身心健康
注重工作能够免于危险、过度劳累，免于焦虑、紧张和恐惧，使自己的身心健康不受影响。

9. 环境舒适

注重工作环境舒适宜人。

10. 工作稳定

注重工作相对稳定，不必担心经常出现裁员和辞退现象，免于经常奔波找工作。

11. 社会需要

希望能够根据组织和社会的需要响应某个号召，为集体和社会作出贡献。

12. 追求新意

希望工作的内容经常变换，使工作和生活显得丰富多彩并充满挑战性，不单调枯燥。

（二）职业价值观的特点

1. 多样性

根据择业动机不同，职业价值观主要可分为以下几种类型：追求自身价值实现；追求或展示自己的兴趣和特长；追求收入与财富；追求稳定的环境；追求自由、独立等。总之，随着市场经济和社会转型的加剧，传统的职业价值观念在改变，一个完整统一的价值规范在职业选择领域也难存在。据研究者调查，在职业选择（多项）上，57%的大学生优先考虑的因素是"个人理想和价值的实现"，另外分别有35%和29%的大学生选择"工作环境"和"个人收入水平"；分别有51%和43%的大学生以"社会承认度"和"自己是否喜欢所从事的职业"来衡量事业是否成功，18%的大学生认为"安贫乐道是无奈的选择和懦弱无能的表现"。这说明了职业价值观的多样性特点。

2. 现实性

很多高校毕业生把第一份甚至第二份工作看作短期过渡的谋生手段，即先就业再择业、创业的职业发展模式正在逐渐形成。而高校教育者和社会政策主导者也在大力提倡先就业再择业的模式，这并非有什么理论化或科学化的根据，说到底就是现实的需要。在一个供大于求或劳动力市场竞争激烈的情况下，要解决的最现实的问题就是找到一份铁饭碗，先有饭吃，再去想办法吃多、吃好。这种职业价值观使得当代大学生在职业选择上改变了以往"干一行、爱一行"的态度，就业过程从"一步到位"转向"逐步到位"。这说明了职业价值观的现实性特点。

3. 变化性

马斯洛提出人有5个层次的需求：生理需求、安全需求、归属需求、尊重需求和自我实现的需求。只有当低层次的需求得到基本满足之后，个人才能关注并致力于下一个层次的需求。或者说，个人由于所处的生涯发展阶段、家庭和社会环境的不同，其需求也会发生变化，从而导致职业价值观发生变化。例如，刚毕业的大学生，大多希望把高收入作为自己的首要目标，因为在这个年龄段，会面临购房、结婚等现实问题；等工作十几年以后，有不少人会意识到，仅是为了收入而工作是件很痛苦的事，这时在进行职业选择时，高收入就不一定排在第一位了。因此可以看出，当人们的需求发生变化时，在职业领域的价值观也会发生改变。这说明了职业价值观的变化性特点。

（三）职业价值观的探索原因

探索是一个不断循环、不断持续的过程，通过发现自我、认识自我、辨析自我，达到明确自己人生与外界的相互关系和追求的过程。探索自己职业价值观就是探索自我价值观在职业生涯中的体现。

1. 探索职业价值观有助于明确自己的职业生涯目标

个人越清楚自己的价值观，即了解自己的工作和生活中想要寻找什么，什么对自己来说是最重要的，他的职业生涯目标也就越清晰。很多成功人士在他们职业生涯阶段的初期就很清楚自己"要的是什么"。

2. 探索职业价值观有助于坚持自己的职业生涯目标

价值观表明个人对自己人生目标的终极追求，是个人对自己生命愿景的坚守与追寻。不断地反思自己的职业价值观能够帮助自己找到行动动力和生命意义，个人也就容易坚守自己人生的本质，对自己工作中"要的是什么"能够明确。虽然不同阶段职业价值观可能会发生变化，但是本质是不会变的。

●●●➡ 活动与练习

主题：探索自己的价值观

活动：根据每个题目对你的重要性程度，按 0（不重要）～100（非常重要）分打分，把分数写在每道题目后面的横线上。

1. 一份令人快乐、满意的工作：_____
2. 高收入的工作：_____
3. 幸福、美满的婚姻：_____
4. 认识新的朋友：_____
5. 参加社会活动：_____
6. 自己的政治信仰：_____
7. 参加体育活动：_____
8. 智力开发：_____
9. 具有挑战机会的职业：_____
10. 好车、衣服、房子：_____
11. 与家人共度好时光：_____
12. 有几个亲密的朋友：_____
13. 自愿为一些非营利性组织工作，如癌症协会等：_____
14. 安静地思考、祈祷等：_____
15. 健康、平衡的饮食：_____
16. 教育读物、电视、自我提高计划等：_____

将上述 16 道题目的得分按照标明的题号填入表 2-7 中适当的位置，然后纵向汇总每两项的得分。

表 2-7　题目得分

事业		财务		家庭		社会		社区		精神		身体		智力	
1		2		3		4		5		6		7		8	
9		10		11		12		13		14		15		16	

哪项得分高，说明你比较看重哪个维度，反映的就是你的价值观。如果 8 个项目得分比较接近，说明你在生活中是一个比较追求平衡的人。

二、正确对待职业价值观

正确对待职业价值观，意味着认识到工作不仅仅是谋生的手段，它还涉及个人成长、社会贡献和道德实践。以下几个关键点有助于个人正确对待职业价值观。

1. 自我认知

了解自己的兴趣、能力和价值观是选择职业的基础。这有助于找到与个人价值观相匹配的工作，从而在工作中获得满足感和幸福感。

2. 职业道德

坚守职业道德，如诚实、公正、责任感和尊重他人，这些原则对于建立良好的职业声誉和长期成功至关重要。

3. 终身学习

在职业生涯中不断学习和提升自己，以适应不断变化的工作环境和技术进步。

4. 平衡工作与生活

确保工作不会损害个人的健康、家庭和社会生活。寻找工作与个人生活之间的平衡，以提高整体生活质量。

5. 社会责任感

认识到自己的工作对社会产生的影响，努力作出积极的贡献。

6. 团队合作

与同事合作，共同实现目标。在团队中发挥自己的作用，同时尊重和支持他人的贡献。

7. 适应变化

在职业生涯中，适应性是一个关键的能力。面对行业变动、职位调整或技术更新，能够灵活地调整自己的职业规划和技能。

8. 追求卓越

不断追求工作中的高标准，不满足于平庸，努力实现个人和组织的最佳表现。

9. 公平交易

在工作中坚持公平原则，不论是对待客户、供应商还是同事，都应保持透明和公正的交易行为。

10. 反思与自我提升

定期反思自己的职业道路，识别改进的领域，设定新的目标，并采取行动以实现这些目标。

正确对待职业价值观不仅有助于个人的职业发展，还能促进整个社会的和谐与进步。通过不断地自我提升和为社会作出贡献，每个人都可以在职业生涯中找到存在的意义和满足感。

◦◦◦➡ 活动与练习

主题：了解身边人的价值观

活动：请回顾一下你在生活中的重大决策，以及在进行决策之前一些重要之人（如父母、师长、领导、朋友）与自己的不同意见。

思考：在这些意见背后，是否体现着不同的价值观？请试着把这些价值观写下来。

_____

_____

_____

三、职业价值观的探索方法

探索职业价值观是一个深入了解自我的过程，它可以帮助个人找到与自己内在信念和目标相符的工作。以下几种方法有助于个人探索自己的职业价值观。

1. 自我反思

自我反思即反思自己的经历、价值观、人生目标等，思考自己真正想要的是什么，从而明确自己的职业价值观。

2. 职业咨询

职业咨询即寻求职业咨询师的帮助，通过职业测试、职业测评等方式，了解自己的职业兴趣、职业能力、职业价值观等，从而找到适合自己的职业方向。

3. 职业调查

职业调查即通过调查了解不同职业的工作内容、工作环境、职业发展等方面的情况，从而找到符合自己职业价值观的职业。

4. 职业体验

职业体验即通过实习、兼职等方式体验不同的职业，了解职业的工作内容、工作环境、职业发展等，从而找到符合自己职业价值观的职业。

5. 他人评价

他人评价即向身边的人、职业达人、专业人士等咨询，了解他们对特定职业的评价，从而对自己是否适合从事该职业进行判断。

通过这些方法，可以更清晰地了解自己的职业价值观，从而选择更符合自己内在期望的职业。

【思考与讨论】

1. 什么是职业兴趣？其影响因素有哪些？
2. 什么是职业性格？性格对职业有什么影响？
3. 什么是职业理想？如何确立正确的职业理想？
4. 什么是职业能力？其影响因素有哪些？
5. 什么是职业价值观？探索职业价值观的方法有哪些？

项目三　了解职业

【思政目标】

1. 树立学生积极的就业观、择业观，面对恶劣的环境不消极、不逃避。
2. 培养学生艰苦奋斗、求实创新的精神。

【学习目标】

1. 了解有前景的十大行业。
2. 了解社会整体环境和企业环境。
3. 掌握搜集与分析职业信息的途径。
4. 掌握探索工作世界的方法。

【情境导入】

职场现状调研报告

根据前程无忧发布的《2022 新生代员工职场现状调研报告》（以下简称《报告》），新生代员工中，有 49% 对职场现状比较满意，42.3% 觉得一般，仅有 8.7% 对职场整体状况不太满意。满意度是工作客观条件和从业者主观感受的总和，综合体现了从业者对工作的获得感程度。从行业来看，来自计算机/互联网/通信/电子行业的职场人对工作满意度最高（21%）。

在参与调研的新一代职场青年中，九成受访者目前正处于在职状态，处于离职、灵活就业、创业状态的人员占比 8.7%。《报告》显示，在职的新生代员工中，有 29.3% 在主动寻找新的工作机会，其中，物流/运输行业所占比例（40%）显著高于平均水平（29.3%）；还有 36.3% 的员工处于被动求职状态，随时考虑其他合适的机会。

有调研显示，"80 后"的第一份工作平均 3 年半一换，"90 后"则是 19 个月，"95 后"更是缩减到 7 个月。《报告》显示，在入职 1 年以内的新生代员工中，已有 65% 拥有两段及以上的工作经历，35% 仅经历过 1 份工作。由此可见，随着时代的发展，职场人第一份工作的平均在职时间呈现出代际显著递减趋势。

从应届生的就业情况来看，根据前程无忧发布的《应届生调研报告》，2021 届应届生整体离职率为 22.5%，较 2020 届上升 3.6 个百分点。同时，应届生履约率、转正率较上届均小幅下降。《报告》显示，国企新生代员工在入职 1 年以内的离职率（2.8%）明显低于民企（3.5%）和外企（8.5%）。

案例分析：全球化浪潮已经深刻地影响了中国的经济、政治、文化、社会生活的各个方面，改变了每个人的工作方式、生活方式，乃至生存方式。大学生通过分析环境对个人职业发展的要求，并对各种影响因素加以衡量、评估和作出反应，才能做到在复杂的环境中扬长避短、趋利避害，从而在职场的竞争中立于不败之地。

任务一　职业世界概述

☞ 任务导入

随着时代的发展，人们的就业方式不断发生变化，一个个新职业应运而生的同时，也有一些旧职业消失在日常生活中。职业结构的变迁映射着社会的新发展，也反映出人们就业观念的改变。社会发展的巨轮，正是由一个个不同的从业者努力向前推动的，而天生具备创新活力的新兴职业将为社会进步注入新动力。

☞ 任务准备

列举两个行业的特点和变化趋势。

☞ 知识储备

职业世界是个人实现其生涯理想的外部平台，帮助个人实现其理想，是职业生涯中很关键的一部分内容。对职业世界的探索要趁早，并先对职业世界有个大致的了解，然后对心仪的行业进行深入了解，这对大学生的职业生涯规划很有帮助。

☞ 任务实施

一、什么是职业

（一）职业的概念

职业是指人们从事的相对稳定的、有收入的、专门类别的工作。职业是某种精细的、专门的社会分工，能反映个人的社会身份、社会地位、知识、能力、素质水平等。换言之，所谓职业，就是以维持生计、分担社会角色、实现自我和发挥个性为目的，持续进行的劳动或工作。因此，职业的定义应包含以下5个要素。

1. 维持生计

人类是为了解决最基本的需求即衣食住行而工作的。也就是说，拥有了职业，才会拥有合理的报酬，由此维持生计。

2. 分担社会角色

"人类是社会性动物"，人通过职业而归属到某个组织里，分担特定的社会角色。只有每个人忠诚地履行其所承担的责任时，社会才能得以维系并发展。

3. 实现自我

人们通过职业可以发挥自己的聪明才干，使实现自我变为可能。

4. 持续性的活动

职业并不是一时的，是周期性的。即使没有明确的周期，职业也是一种持续进行的活动。

5. 伴随着劳动行为

职业一定伴随着劳动行为。这里的劳动既可以是脑力劳动，也可以是体力劳动。从这个意义上说，没有劳动行为的利益分摊和投机等都不能叫作职业。

（二）职业分类

职业分类是指根据一定的规则、标准及方法，按照职业的性质和特点，把一般特征和本质特征相同或相似的社会职业归纳到一定类别中去的过程。

2022 年版《中华人民共和国职业分类大典》把我国职业划分为由大到小、由粗到细的 4 个层次：大类（8 个）、中类（79 个）、小类（450 个）、细类（1639 个）。其中，细类为最小类别，即职业。8 个大类分别如下。

第一大类：党的机关、国家机关、群众团体和社会组织、企事业单位负责人，其中包括 6 个中类、16 个小类、25 个细类；

第二大类：专业技术人员，其中包括 11 个中类、125 个小类、492 个细类；

第三大类：办事人员和有关人员，其中包括 4 个中类、12 个小类、36 个细类；

第四大类：社会生产服务和生活服务人员，其中包括 15 个中类、96 个小类、356 个细类；

第五大类：农、林、牧、渔业生产及辅助人员，其中包括 6 个中类、24 个小类、54 个细类；

第六大类：生产制造及有关人员，其中包括 32 个中类、172 个小类、671 个细类；

第七大类：军队人员，其中包括 4 个中类、4 个小类、4 个细类；

第八大类：不便分类的其他从业人员，其中包括 1 个中类、1 个小类、1 个细类。

●●➡ 活动与练习

主题：了解职业分类、职业现状和发展趋势

活动：

1. 根据所学专业培养目标，确定一个你将来要从事的职业，根据《中华人民共和国职业分类大典》查询该职业的相关内容并填入相应位置。

职业名称：＿＿＿＿＿＿＿＿＿＿＿＿＿＿＿＿＿＿＿＿＿＿＿＿＿＿＿＿＿＿＿

职业编码：＿＿＿＿＿＿＿＿＿＿＿＿＿＿＿＿＿＿＿＿＿＿＿＿＿＿＿＿＿＿＿

所在分类：＿＿＿＿＿＿＿＿＿＿＿＿＿＿＿＿＿＿＿＿＿＿＿＿＿＿＿＿＿＿＿

工种序号及名称：＿＿＿＿＿＿＿＿＿＿＿＿＿＿＿＿＿＿＿＿＿＿＿＿＿＿＿＿

2. 根据上述选定的职业，分组搜集资料，分析你所在地区产业、行业与职业现状及发展趋势。

_____

_____

_____

_____

二、职业世界的变化趋势

职业世界的变化是持续不断的，其受到技术进步、全球化、社会需求、人口结构变化等多种因素的影响。以下是职业世界呈现的主要变化趋势。

1. 数字化和自动化

随着人工智能、机器学习、大数据分析和自动化技术的发展，许多行业的工作方式正在发生根本性变化。这些技术提高了工作效率，但也可能导致某些岗位消失。

2. 远程工作兴起

互联网和通信技术的进步使得远程工作成为可能。新冠疫情期间，远程工作变得更加普遍，许多企业发现这种工作模式可以提高工作效率并减少成本。

3. 职业灵活性

越来越多的人选择自由职业、兼职或临时工作，而不是传统的全职工作。这为工作和生活的平衡提供了更多选择，但也带来了职业安全感的下降。

4. 终身学习和技能更新

随着职业生涯的延长和技术的快速发展，个人需要不断学习新技能以保持竞争力。这意味着教育和培训成了一个持续的过程。

5. 多元化和包容性

企业和组织越来越重视创建一个多元化和包容性的工作环境，这不仅体现在招聘上，也体现在企业文化和领导风格上。

6. 绿色经济和可持续发展

环境保护和气候变化问题推动了绿色经济的发展，创造了新的就业机会，如可再生能源、节能建筑和可持续农业等领域。

7. 健康与福祉

随着对健康和福祉的关注增加，相关行业（包括医疗保健、养老护理、心理健康服务和健身行业）的需求也在增长。

8. 创业精神

创业精神被广泛鼓励，许多人选择创立自己的企业或成为独立顾问，这要求其具备创新思维和风险管理能力。

9. 国际化和全球竞争

全球化使得跨国工作和国际合作变得更加常见，多种语言能力和文化适应能力成为重要的职业技能。

10. 网络安全和隐私保护

随着网络攻击和数据泄露事件的增加，网络安全成为一个重要领域，对专业人才的需求不断增大。

这些变化要求个人和企业不断适应新的工作环境，更新技能和知识，以及采用新的方式思考和管理职业生涯。同时，这也为那些能够抓住机遇的人提供了新的职业机会和发展前景。

三、有前景的十大行业

随着全球经济的不断发展和技术的迅速进步，某些行业展现出了特别的增长潜力和前景。以下是目前被普遍认为较有前景的十大行业。

（一）互联网科技行业

互联网科技行业一直是当今时代最热门、最具发展潜力的行业之一。随着 5G、物联网、人工智能等新技术的不断涌现，互联网科技行业将迎来更加广阔的发展空间。互联网科技行业包括软件开发、网络安全、数据挖掘、人工智能等领域，这些领域都有着巨大的市场需求和增长潜力。

（二）生物医药行业

随着人们健康意识的不断提高，生物医药行业也迎来了巨大的发展机遇。生物医药行业包括药品研发、医疗器械、医疗服务等领域。在生物医药行业，基因编辑、免疫疗法等新技术也在不断涌现，为这个行业带来了更多的发展机遇和挑战。

（三）新能源行业

随着环保意识的不断提高，新能源行业也迎来了巨大的发展机遇。新能源行业包括太阳能、风能、地热能、核能等领域的开发和应用。新能源行业需要的人才要掌握相关技术，也要具备市场分析和商业策划的能力。

（四）金融行业

金融行业是一个永远都不会过时的行业。随着经济的发展和人们财富的增长，金融行业的市场需求也在不断增长。金融行业包括银行、保险、证券、投资等领域。金融行业需要的人才要具备丰富的金融知识和经验，也要具备一定的管理能力和领导能力。

（五）教育行业

教育行业也是一个永远都不会过时的行业。随着人们对教育的重视程度不断提高，教育行业的市场需求也在不断增长。教育行业包括高等教育、职业培训等领域。教育行业需要的人才要具备丰富的教育背景和经验，也要具备一定的创新能力和领导能力。

（六）新媒体行业

随着社交媒体的普及和人们信息消费习惯的改变，新媒体行业也迎来了巨大的发展机遇。新媒体行业包括自媒体、短视频、直播等领域。新媒体行业需要的人才要具备丰富的创意和营销能力，也要具备一定的技术和数据分析能力。

（七）旅游休闲娱乐行业

随着人们生活水平的提高和消费观念的转变，旅游休闲娱乐行业也迎来了巨大的发展机遇。旅游休闲娱乐行业包括旅游景点开发、旅行社、酒店、影院等领域。旅游休闲娱乐行业需要的人才要具备丰富的经验和资源整合能力，也要具备一定的创新能力和团队合作能力。

（八）环保行业

随着人们环保意识的不断提高，环保行业也迎来了巨大的发展机遇。环保行业包括垃圾分类处理、污水处理、绿色建筑等领域。环保行业需要的人才要具备丰富的环保知识和经验，也要具备一定的管理能力和商业策划能力。

（九）智能制造行业

智能制造是未来制造业的发展方向之一。随着科技的进步和应用，智能制造行业的需求也在不断增长。智能制造行业包括自动化生产、机器人技术、工业互联网等领域。智能制造行业需要的人才要具备相关的专业知识和技能，也要具备一定的创新能力和管理能力。

（十）高端服务行业

随着经济的发展和生活水平的提高，高端服务行业的需求也在不断增长。高端服务行业包括金融咨询、法律服务、医疗服务、教育培训等领域，这些领域都有着高端客户和高附加值的特点。高端服务行业需要的人才要具备丰富的专业知识和技能，也要具备一定的创新能力和团队合作能力。

任务二　职业环境分析

●●➡ 任务导入

中国当前正处于快速发展的重要时期，充满着人才发展的机遇，但对大学生来说，人才竞争激烈，就业环境不是很乐观。所以当代大学生要更好地了解职业环境，做好自己的职业生涯规划、把握好职业方向。

●●➡ 任务准备

列举两家不同企业的企业环境。

●●➡ 知识储备

职业环境，就是某职业在社会大环境中的发展状况、技术含量、社会地位、未来发展趋势等。进行职业环境分析的要求是，通过职业环境分析弄清职业环境对职业发展的要求、影响及作用，从而对各种影响因素加以衡量、评估并作出反应。

◦◦◦➡ **任务实施**

一、社会整体环境分析

社会环境对个人职业生涯乃至人生发展都有着重大影响。大学生要通过对社会大环境（包括国际、国内及所在地区 3 个层次）的分析，来了解和认清国际、国内和自己所在地区的政治、经济、科技、社会文化等环境，以更好地寻求各种发展机会及途径。

（一）政治环境

政治环境是社会环境中较为重要的因素之一。政治制度、法律法规、政府政策等都对社会的发展和稳定产生着重要影响。中国是一个社会主义国家，拥有独特的政治制度。政府的政策对社会的各个方面产生了深远影响。

（二）经济环境

经济环境是社会环境中最为重要的因素之一。经济的发展水平和质量直接关系到人民的生活状况和社会稳定。中国是世界第二大经济体，经济发展迅速。

首先，中国的经济增长呈现出高速度和稳定性。近年来，国内生产总值持续增加，人民生活水平不断提高。尤其是一些大城市和经济特区，经济发展更加迅猛。

其次，中国经济正在从传统的制造业向创新和服务业转型。大力发展高科技产业、互联网经济等新兴产业，成为经济增长的新动力。

最后，中国的改革开放政策吸引了大量外商投资，促进了国际贸易与合作。中国已成为全球最大的制造业基地和最大的出口国之一。

（三）科技环境

随着科技的日新月异，人们的生活方式和工作方式也发生了巨大的变化。人工智能、大数据、物联网等新兴技术的不断涌现，为人们提供了更多的发展机遇。然而，科技环境也带来了一些问题，如信息泛滥、网络安全等。因此，在科技的推动下，应加强科技创新和人才培养，提高我国的科技水平和竞争力。

（四）社会文化环境

社会文化环境是指一个社会团体所持有的价值观念、行为规范、习俗、传统等方面的因素。它对个人的行为和思维方式产生重要影响。在我国，社会文化丰富多元。

首先，中国传统文化深厚悠长。儒家思想、道家思想、佛教等对中国社会产生了深远影响，并形成了中国特有的价值观念和行为规范。尊老敬老、孝顺父母、勤劳节俭等是中国文化中的重要价值观。

其次，中国是一个多民族国家。不同的民族拥有不同的文化传统和风俗习惯，这对社会文化的多样性产生了积极作用。

最后，全球化的影响也在改变中国的社会文化。外来文化的输入和传播使得中国的社会文化更加开放和多元。

⚬⚬⟹ 活动与练习

主题：分析社会环境对职业的影响

活动：个人不可避免地要受到所处社会环境的影响，它不但影响个人的职业，而且影响个人生活的方方面面。你已经了解社会环境的变化趋势及社会环境的变化怎样影响自己的职业选择和职业发展。为了更清楚地认识社会环境对职业选择和职业发展的影响，请你来回答下列问题。

1. 你所在地区的经济发展形势怎样？这个地区给你提供了怎样的发展机会？

_____

_____

2. 你感兴趣的行业是处于发展上升时期，还是处于衰落时期？这个行业会为你提供哪些发展机会？机会有多大？

_____

_____

3. 社会可能出现哪些新兴的行业？哪些新兴的行业比较适合你的发展？

_____

_____

4. 社会上还有哪些地方、哪些行业和哪些企业有更好的发展机会？

_____

_____

5. 还有哪些重要的社会因素会影响你的职业选择和职业发展？

_____

_____

二、企业环境分析

企业环境对个人的职业生涯有直接的影响，所有的职场人士都处于企业的小环境之中，个人的成长与企业的发展息息相关。企业环境对高校毕业生职业发展的正面影响主要体现在职业激励上。如果企业文化与社会价值取向保持一致，企业组织的成员彼此间有良好的人际关系，领导善于沟通且富有宽容气度，那么个人就会充满集体的归属感并获得极大的发展空间。大学生通过对企业环境进行分析，可以及时了解企业的实际发展状况及前景，把个人的成长与企业的发展联系在一起，并融入企业之中，实现职业生涯目标。

（一）企业文化

企业文化基本分为3种：第一种是权威型，这样的企业要求员工恪尽职守、尊重权威、遵守规则，一般会制定较严格和详细的职位要求及工作标准，一般要求员工具有很强的专业教育背景和责任心；第二种是创新型，这样的企业希望员工打破原有的观念和规则，提出创新的产品设计及管理方法，企业虽然需要员工拥有一定的专业背景，但是更注重员工的创新能力；第三种是和谐型，这样的企业重视员工关系、注重员工的发展，要求员工之间互相尊重，企业对员工专业教育背景的要求稍低一些，更强调团队合作精神。

企业文化是全体员工在长期的生产经营活动中形成并共同遵循的最高目标、价值标准、基本信念和行为规范。企业文化是影响企业经营效益的重要因素，其往往会左右一个员工的职业生涯。如果个人的价值观与企业文化有冲突，就难以适应企业文化，最终在组织中无法立足。先进的企业文化能促进员工的发展，如鼓励员工参与管理的企业文化会比实行独裁专制的企业文化能为员工提供更多的发展机会；落后的企业文化则会限制个人的进步，如渴望发展、追求挑战的员工难以在论资排辈的企业文化中受到重用。所以，企业文化是个人在制定职业生涯规划时要考虑的重要因素。

（二）企业制度

企业员工的职业发展归根结底要靠企业的管理制度如合理的培训制度、晋升制度、绩效考核制度、奖惩制度、薪酬制度等来保障。企业价值观、企业经营哲学也只有渗透到制度中，才能使制度得到切实贯彻和执行。在没有制度或制度不合理、不到位的企业中，员工的职业发展就难以实现。

企业制度涉及的范围比较广，包括管理制度、用人制度、培训制度等。大学生要尽可能地多了解这些信息，了解企业在组织结构上的特征与发展变化趋势，分析这种安排对自己的未来发展可能带来什么样的影响，特别要注意企业用人制度如何，能否提供教育培训机会，提供的条件是什么；自己将来有没有可能在该企业担任更高级的职务或担负更大的责任；个人待遇提升的空间有多大，是基于能力还是基于工作年限；企业的标准工作时间怎样，是固定的还是可以变通的；企业提供的薪酬和福利待遇与行业内的其他公司比较如何。

（三）企业实力

企业实力主要包括财力、生产能力、技术水平、管理水平、销售能力等。在激烈的市场竞争中，不一定是最大、最强的企业才能生存，而是适者生存，即只有适应环境变化、适应发展趋势的企业才能生存。

（四）领导魅力

企业的文化和管理风格与其领导的素质及价值观有直接的关系，企业经营哲学往往就是企业家的价值观。企业主要领导的抱负及能力是企业发展的关键因素。优秀的管理者善于倾听员工的心声，贯彻以人为本的思想，恰当地引导和激励员工，从而促进企业的良性循环。

企业内部除了有正式组织，还有非正式组织。非正式组织是为了满足员工某些心理需求而自发形成的不具有组织结构特点的人际关系群体。其领导一般具有较强的权威性和感召力。其成员由于彼此间情趣相投或有共同的价值取向而自发、自愿、自然形成。其特点是组织结构一般比较松散，没有正式的组织结构，成员不固定，容易受偶然因素的影响，具有很大的不确定性。非正式组织虽然没有固定的正式结构、明确的组织界限、严格的规章制度，但对个人的思想和行为有着很大影响，也会影响组织管理。企业可以通过建立良性的企业组织文化，创造一种和谐的人际关系，引导非正式组织作出积极的贡献，提高企业员工的凝聚力。

三、搜集与分析职业信息的途径

作为当代大学生，通常可以利用互联网资源、参加招聘会和职业讲座、进行实地调研等途径来获取职业信息。在搜集到职业信息后，需要进行信息的分析和筛选，以便更好地了解就业前景、薪资待遇、技能要求等方面的信息，从而为自己的职业生涯规划提供更为准确、全面的参考，增强就业的竞争力。

（一）利用互联网资源

互联网是大学生获取职业信息的重要途径之一。首先，可以通过搜索引擎查找相关的职业网站和招聘网站，如智联招聘、前程无忧等，这些网站提供了大量的职位信息和招聘信息。其次，可以关注一些专业性的社交平台，如 Linkedin 等，这些平台上有许多行业内的专业人士，他们的动态和经验分享对大学生来说是非常有价值的。最后，可以参加一些行业论坛和社群，与行业内的人士进行交流，了解行业的最新动态和发展趋势。

（二）参加招聘会和职业讲座

招聘会和职业讲座是大学生获取职业信息的重要途径之一。大学生可以通过学校的招聘会和职业讲座来了解不同行业的就业前景和招聘需求。在招聘会上，大学生可以与企业的招聘人员进行面对面的交流，了解企业的文化和岗位要求。在职业讲座上，大学生可以聆听业界专家的讲解，了解行业的发展趋势和技能要求。通过参加这些活动，大学生可以与行业内的人士建立联系，获取更多的职业信息。

（三）进行实地调研

实地调研是大学生获取职业信息的一种有效方式。大学生可以选择一些自己感兴趣的行业或企业，亲自前往实地进行调研。在实地调研中，大学生可以与企业的员工进行交流，了解企业的文化和工作环境。此外，大学生还可以观察企业的运营状况和员工的工作状态，从而更好地了解该行业的工作内容和要求。通过实地调研，大学生可以获得更直观、更真实的职业信息。

在搜集到大量的职业信息后，大学生需要进行信息的分析和筛选。首先，大学生可以对不同行业的就业前景进行比较，了解哪些行业的就业机会更多、更稳定。其次，大学生可以对不同企业的薪资待遇进行比较，了解哪些企业的薪资水平更高。最后，大学生可以分析不同岗位的技能要求和发展空间，选择与自己专业和兴趣相匹配的职业方向。通过对信息的分析，大学生可以更好地了解职业市场的需求和趋势，为自己的职业规划提供参考。

通过以上途径搜集和分析职业信息，有助于个人更好地了解自己的职业兴趣、能力定位和职业发展的可能性，从而作出更加明智和符合自身期望的职业决策。

任务三　职业探索

●●➡ 任务导入

很多大学生不知道如何进行工作世界的探索，其中一个很重要的原因就是工作世界的信息浩如烟海，根本搞不清应该从哪儿入手。因此，大学生要学会探索工作世界的方法，结合个人的实际情况分析总结，形成个人的预期职业库。这样在以后的求职过程中就会事半功倍。

任务准备

列举两个毕业生创建自己预期职业库的过程案例。

知识储备

职业库是包含了各个行业与职业的全部信息内容的资料库。一般按照行业类别或者职业类别，对每个职业进行具体分析。当代大学生可以从浩如烟海的职业信息中确认自己的职业探索范围，根据个人兴趣、性格、职业价值观等筛选出适合自己的职业工作岗位，从而形成自己预期的职业库。

任务实施

一、形成自己预期的职业库的必要性

个人可以先通过对工作世界的探索，帮助自己初步形成一个探索的范围。接着，通过自己的兴趣、性格、专业等因素寻找到与自己相适应的职业。最后，结合自身能力和价值观对得到的职业清单进行筛选，便可形成自己预期的职业库。

例如，大学生小刘期待毕业后从事商业方面的工作，但是因其对社会还不太了解，在具体选择什么工作时难以作决定。性格探索结果显示他适合做人力资源管理者、咨询顾问、教师等；兴趣探索结果显示他可以做社工、教师、培训人员等；能力探索结果显示他可以做教育、销售、客户服务等工作；价值观探索结果显示他期待做服务、自由职业、护理等工作。从小刘进行职业探索得出的各种选择中可以看到，教师、教育工作出现的频次最高；社工、客户服务、服务、护理等虽然名称不同但都明显体现了他乐于帮助他人的特点。所以，最适合小刘的职业首先需要具有与人打交道、帮助他人的特点，其次要有沟通性、商业性等特点，由此他可以列出或搜索一些符合这些特点的职业，如培训、咨询顾问、客户服务等，进行详细调查。

在进行决策时，太多的信息容易让人迷失，反而拿不定主意；而过少的信息又起不到让当事人了解客观事实的作用。所以，在形成预期职业库的时候，要使库的大小根据自己的情况有适当的平衡，通常 5～10 个职业是比较适中的。在信息探索过程中，抛开自己固有的想法，保持开放的心态，就容易获得客观的信息。

活动与练习

主题：职业倾向测评

活动：测试你适合从事什么职业。进行以下职业倾向的测评（在每道题的题后括号内填"是"或"否"）。

测评题：

第一部分

1. 墙上的画挂不正，我看着不舒服，总想设法将它扶正。（　　）

2. 洗衣机、电视机出了故障时，我喜欢自己动手摆弄、修理。（　　）

3. 我做事情时总是力求精益求精。（　　）

4. 我对一件服装的评价是看它的设计而不关心是否流行。（　　）

5. 我能控制经济收支，很少有"月初松、月底空"的现象。（　　）

6. 我书写整齐清楚，很少写错。（　　）

7. 我不喜欢读长篇大作，喜欢读议论文、小品或散文。（　　）

8. 闲暇时间我爱做智力测验、智力游戏这一类题目。（　　）

第二部分

1. 我不喜欢做那些零散、琐碎的事情。（　　）

2. 我喜欢与年龄较小的人在一起，不喜欢与年龄较大的人在一起。（　　）

3. 我心目中的另一半应具有与众不同的见解和活跃的思想。（　　）

4. 对于别人求助于我的事情，总尽力帮忙解决。（　　）

5. 我做事情考虑较多的是速度和数量，而不是在精雕细琢上下功夫。（　　）

6. 我喜欢"新鲜"这个概念，如新环境、新旅游点、新同学等。（　　）

7. 我不喜欢寂寞，希望与大家在一起。（　　）

8. 我喜欢改变某些生活习惯，以使自己有一些充裕的时间。（　　）

测评标准：填"是"加1分，填"否"加0分。

测评分析：

第一部分得分小于第二部分得分：你肯钻研，很谨慎、理性，适合的职业有律师、医生、工程师、编辑、会计师等。

第一部分得分大于第二部分得分：你善于与人交往，思想较活跃，适合的职业有服务员、艺人、采购员、推销员、记者等。

第一部分得分约等于第二部分得分：你善于沟通且有耐心，适合的职业有美容师、美发师、护士、教师、秘书等。

二、探索工作世界的方法

探索工作世界的方法多种多样，包括自我评估、职业规划、实习实践、网络社交、职业咨询等。通过这些方法，求职者可以更好地了解自己、找到适合自己的职业方向，并在实践中不断提升自己的职业技能和求职能力。在选择方法时，求职者需要根据自己的实际情况和需求进行选择，以便更好地实现职业生涯目标。

（一）自我评估

自我评估是探索工作世界的第一步，也是非常重要的一步。求职者需要了解自己的兴趣、优势和劣势，以便找到适合自己的职业方向。求职者可以通过自我反思、心理测试、职业咨询等方式进行自我评估。

（二）职业规划

在自我评估的基础上，求职者需要制定职业规划，明确自己的职业生涯目标和发展方向。职业规划需要考虑自己的专业背景、技能和兴趣，也要考虑市场趋势和行业前景。制定职业规划有助于求职者明确自己的职业发展方向，并为之努力。

（三）实习实践

实习实践是求职者积累工作经验和提升职业技能的重要途径之一。通过实习实践，求职者可以了解行业背景、企业文化和职位要求，也可以锻炼自己的沟通能力和团队协作能力。在选择实习实践机会时，求职者需要了解行业趋势和企业文化，以便更好地融入工作环境。

（四）网络社交

求职者可以通过社交媒体、招聘网站、行业论坛等途径，结交同行、了解行业动态、获取招聘信息；也可以通过社交媒体建立个人品牌，展示自己的专业技能和经验，提高自己的求职竞争力。

（五）职业咨询

职业咨询是寻求他人建议和指导的重要途径之一。求职者可以寻求家人、朋友、职业导师或专业咨询机构的建议，了解行业趋势、市场行情、企业文化等信息。职业咨询有助于求职者更好地了解自己和职业市场，制定更合理的职业规划。

【思考与讨论】

1. 分析政治、经济、科技、社会文化等环境对职业的影响。
2. 在搜集到职业信息后，如何进行信息的分析和筛选？
3. 探索工作世界的方法有哪些？

项目四　职业生涯规划

【思政目标】...

1. 确立正确的职业生涯目标，制定合理的职业生涯规划。
2. 塑造良好的职业素养和积极健康的职业观。

【学习目标】...

1. 能确立职业生涯目标。
2. 了解职业决策。
3. 了解修正职业生涯规划的必要性，掌握修正职业生涯规划的时机、原则和要点。
4. 熟悉职业生涯规划书的内容，能撰写职业生涯规划书。

【情境导入】...

小雷的人生目标

小雷大学毕业之前，什么事都挺顺当。在之后的 10 年里，每次谈及他将来的人生目标时得到的答案总是不相同。下面记录的是小雷每次谈及人生目标的原话。

18 岁，高中毕业典礼上：我发誓要当李嘉诚第二！我要当中国首富！

20 岁，在春节同学聚会上：我想创立自己的公司，30 岁时拥有资产 2000 万元。

23 岁，第一职业是在某工厂当技术员，第二职业是炒股：我正在为离开这家工厂而奋斗，因为在这里工作太没前途了。我将全力炒股，3 年内用 5 万元炒到 300 万元。

25 岁，炒股失意而情场得意，开始准备结婚：我希望 1 年后能有 10 万元，让我风风光光地结婚。

26 岁，在不太风光的结婚典礼上：我想生一个胖小子，不久的将来当个车间主任就行，别的不想了。

28 岁，所在的工厂效益下滑，偏偏正是妻子怀胎十月的时候：我希望这次下岗名单里千万不要有我的名字。

案例分析：很多人都有过远大的理想，但是往往由于没有对理想做好合理的规划，随着时光的流逝，那些远大的理想变得遥不可及，难以实现。小雷的职业生涯轨迹并不是个例，我们身边有不少人都重复着这样的轨迹。从这个例子中可以看出，小雷缺乏职业生涯规划方面必要的知识和能力。虽然在不同的年龄段，他都能说出自己的人生目标，但这些人生目标的设定并没有结合自己的实际情况，而且他不懂得适应、利用和改变环境。

任务一　设定职业生涯目标

⟶ 任务导入

著名演说家和作家托尼·罗宾斯（Tony Robbins）说过"设定目标是将愿景清晰化的第一步"，人没有目标就会失去方向，一切努力就会变得不连贯，也就是说一个成功的人生一定有目标。明确的职业生涯目标可以帮助自己更有针对性地提升能力和素质，提高职业发展的效率，进而更好地应对职业发展中的挑战和困难，实现职业的可持续发展。

⟶ 任务准备

摘抄两句关于确立职业生涯目标的经典名言。

⟶ 知识储备

职业生涯目标是指个人在选定的职业领域内在未来时间点上所要达到的具体目标，是人在职业领域理想的具体化。确立职业生涯目标是个人职业生涯规划的首要内容。整个职业生涯规划就是围绕着一系列的大小目标展开的，没有目标就构不成规划。因此，确立职业生涯目标是制定职业生涯规划的关键。

⟶ 任务实施

一、确立自己的职业生涯目标

个人职业上的成败，在很大程度上取决于是否确立了适当的职业生涯目标。有了职业生涯目标之后，个人便可以采取切实可行的措施，不断增强自身的职业竞争力和素质，从而在激烈的竞争环境中脱颖而出，抓住成功的机会，最终实现自己的职业理想。

（一）职业生涯目标的分类

职业生涯目标包括人生目标、长期目标、中期目标和短期目标。它们分别与人生规划、长期规划、中期规划和短期规划相对应。大学生首先要根据个人的兴趣、性格、能力、价值观及社会的发展趋势确立自己的人生目标和长期目标，然后把人生目标和长期目标进行分化，最后根据个人的经历和所处的组织环境制定相应的中期目标和短期目标。

视频：职业生涯目标的分类

1. 人生目标

人生目标是对整个人生进行规划时所确立的目标，时限可长达40年左右，即人一生希望最终能过上什么样的生活，成为什么样的人。例如，成为有数亿元资产的公司董事，或是拥有稳定的收入和幸福的家庭，等等。

2. 长期目标

长期目标是在制定 5～10 年的长期规划时设定的较长远的目标。例如，规划 30 岁时成为一家中型公司的部门经理，40 岁时成为一家大型公司的副总经理，等等。长期目标的特征有以下 6 点。

（1）目标是自己认真选择的，和组织、社会的发展需求相结合。

（2）目标很符合自己的兴趣、价值观，能为自己的选择感到骄傲。

（3）目标能用明确的语言定性说明。

（4）有实现的可能，并有更大的挑战性。

（5）目标与志向相吻合，能够立志通过努力实现理想。

（6）目标与人生目标相融为一，能指导自己为创造美好未来坚持不懈。

3. 中期目标

中期目标是在进行中期规划时设定的目标，一般为 2～5 年内的目标与任务。例如，规划到不同业务部门做经理，从大型公司部门经理到小公司做总经理，等等。中期目标的特征有以下 6 点。

（1）目标是结合自己的志愿、组织的环境及要求制定的，与长期目标相一致。

（2）目标基本符合自己的兴趣、价值观，使人充满信心，且愿意公之于众。

（3）目标切合实际，并且未来的发展有所创新，有一定的挑战性。

（4）目标能用明确的语言定量与定性说明。

（5）目标有比较明确的执行时间，可根据外部环境变化适当调整。

（6）目标可以发挥自己的能动性，实现的可能性非常大。

4. 短期目标

短期目标是做 1 年以内的短期规划时设定的较近的具体目标。例如，1 年内需要掌握哪些业务知识，等等。短期目标的特征有以下 6 点。

（1）目标表述清晰、明确。

（2）目标对于本人具有意义，与自我价值观和中长期目标一致，有可能暂时不能完全满足自己的兴趣要求，但可"以迂为直"。

（3）目标切合实际，并非幻想。

（4）有明确的具体完成时间。

（5）有明确的努力方向，通过努力能达到适合环境需要的能力，实现起来完全有把握。

（6）目标精练。

（二）制定职业生涯目标的指导原则

"现代管理学之父"彼得·德鲁克（Peter Drucker）在目标管理理论中提出，目标的确定需要遵循 SMART 原则。所谓 SMART 原则，即制定的目标应该是具体的（Specific）、可衡量的（Measurable）、可实现的（Attainable）、相关的（Relevant）和有时限的（Time-based）。

1. 具体的

具体的是指目标应该具体明确，不要用笼统的语言，不要含混不清。职业规划必须明确、清晰、具体才具有可行性，要做到这一点需要先弄清 5W2H。

What——做什么？

Why——为什么做？它们和我的长期目标与价值观一致吗？

When——什么时候完成？

Who——我来做，谁还可以帮助我做？他们是否帮助我？

Where——在哪里做？那里的环境如何？

How——如何做？分几个步骤和阶段？

How Much——做多少？用多少资源？这些资源从哪里获得？能得到吗？

很多时候，制定的目标没有实现，可能不是因为执行目标的力度不够，而是因为目标制定得太含糊，不够明确具体。只有用明确具体的语言，清楚地说明要达到的效果，才是一个恰当的目标。

2. 可衡量的

可衡量的是指目标可量化、可测量、有一定的评定标准，尤其针对目标的结果而言。"具体的"可能还含有感性的成分，而"可衡量的"却要求是理性的数据，拒绝"大概""差不多""快了"之类的模糊修辞语。因此，面对职业规划，大学生不需要任何自我欺骗和借口，因为数据、事实会说明一切。例如，你做的是销售工作，整天忙得不得了，到了月底一合计却没有多少销售额。你说你很努力，但是数据显示，你并没有比其他人更努力。用数据说话，做到了就是做到了，没做到就是没做到，这是做销售员要懂得的一个道理。再如，现在很多保险公司都有免费咨询服务，公司要求提供优质服务，但是什么是优质服务，必须有个可衡量的评定标准：接听电话，什么是接好电话？如对接听速度的要求是，通常电话响 3 声之内接起，以免打电话的人等得太久；收到客户的邮件反馈，多长时间回复才算优质服务，当天回复还是两个工作日内回复，这都需要一个可衡量的标准。这样做一是可以提高工作效率，二是可以给客户一个明确的答复，不必耗费不确定的时间等待。

3. 可实现的

可实现的是指目标应该是可以实现的，但要有一定的挑战性。可实现但又具有一定挑战性的目标需要依照本身的能力条件来制定；需要依据内外部的可用资源；需要依据当前发展和未来可能的情势；需要区分阶段按步实施。

大学生可以制定一个较高的职业生涯目标，但不是制定一个虚无的、无法实现的目标。要清楚"只要我想得到，就一定做得到"这句话的前提就是"你的目标是可达成的"。例如，倘若一个刚参加销售工作的新人，业务流程还没熟悉，就整天鼓吹"我这个月要完成几十万元的销售额"，要知道老销售员一个月可能还没有做到这个数额，这样只能显得其狂妄自大，并导致其他同事的疏远，盲目自大并不等于自信。但是反过来，倘若第一个月设定销售额要达到 5 万元，第二个月达到 8 万元，这样设定的目标就是可以实现的可达成目标。当然，这里的可达成目标会随着能力水平的提升而不断增加，但是无论什么目标，都要根据自己的现实水平和能力合理制定，这样不但自己会获得成就感，同事也会因觉得你靠谱而愿意和你组建团队。

4. 相关的

相关的是指目标应与其他目标平衡相关。其具体是指个人目标与所在用人单位、部门目标相连接；个人目标与家庭目标和期望相连接；长、中、短期目标相连接；个人发展、经济事业、兴趣爱好与和谐关系四大目标系统平衡关联；目标之间彼此不冲突。

5. 有时限的

有时限的是指确立的目标应该有明确的时间限制。没有时间限制的目标是没有意义的。首先要设置目标整体完成的时间期限；然后，在目标执行过程中，还要设定中间检核点，并强调行动速度与反应时间；最后依不同期间制定阶段性目标（如年、月、周、日目标）。

规定一个有效的时限，可以给大学生带来一定的压力，同时能够提高工作效率、提升大学生的执行力和行动力。从另一种角度来说，有时限的也是给自己制定的一个限制，是一种自信的表现。秦朝末年，项羽运筹巨鹿之战，破釜沉舟，让军队只携带三日口粮，"三日"便是一个明确的时限，于是行军神速，最终成就了中国历史上以少胜多的著名一战。

在 SMART 原则被普遍运用的今天，大学生在职业规划中所做的，不应只是简单地了解它，而应是在实际的规划执行中运用它。运用的时候，每个原则都不是单一的，这 5 个原则是互补的、综合的，任何一个目标都是 5 个原则的综合体，不仅要具体、可衡量，还要可实现、相关和有时限。理论学习是容易掌握的，但是最重要的还是实践。

（三）制定职业生涯目标的步骤

借鉴耶鲁大学目标制定的 7 个步骤，职业生涯目标的制定可按照下面的 7 个步骤来具体实施。

1. 拟出期望达到的目标

大学生首先需要草拟一个或多个自己期望的具体目标，可大可小。这些目标小到今日或明日要完成某项任务、买到某件衣服，大到要学会某项技能、晋升到某个岗位、要去哪个国家旅游，甚至将来要买多大的房子、买哪个牌子的车子等，并记录在纸上或者电子设备上。唯一的要求是目标要符合 SMART 原则。

2. 列出实现目标的好处

许下一个期望一定是有它的理由的，这个理由便是个人愿意为之倾力倾心的动力和强心剂。例如，学会了某国语言，日后工作中与该国客户沟通时就会更加便利、去该国旅行时也不用担心语言不通；加强了自己的专业知识和技能学习，这样就可以提升自己的职场竞争力等。

3. 列出可能遇到的问题与阻碍，并找出相应的解决办法

这一步容易被忽略，但实际上它对于目标的顺利达成很重要。所谓"有备无患"，即制定目标时应该具备风险意识，也就是针对目标实现过程中可能出现的问题与障碍制定应急方案。可以把实现目标的过程中可能或一定会面临的问题与障碍一条条地列出来，并列出原因，如可能是时间不够用、钱不够花、精力有限等；然后进一步分析，假如这些问题真的出现了，那么有没有相应的解决途径与办法，把找到的解决途径与办法列出来。这样一方面提前打了预防针，避免面对突如其来的问题时不知所措；另一方面方便自己有个清楚的认知，并据此对目标进行适当的筛选与舍弃。

4. 列出实现目标所需要的知识、技能与获得途径

实现目标所需的资源首先是自身的知识与技能。例如，小张大学毕业后想从事企业人力资源管理的工作，那么他就需要学习人力资源管理的相关知识与技能，包括人力资源规划的技能、人才测评的技能、培训课程组织与开发的技能、绩效考核的技能，等等。要想顺利找到相应岗位，他还需考取人力资源管理师的职业资格证书。获取知识与技能的途径可以是到培训机构接受相关专业知识与技能的培训，也可以是到相关院校通过自考、成人高考等方式取得相关学历。

5. 列出为达成目标所必需的合作对象和外部资源

仅凭个人的能力有时候很难达到一定的高度，这时就需要敢于并善于寻求他人的帮助。每个人都不可能是全能的，学会合作才是成功的重要秘诀。能够搜索到可以合作的对象并合

作成功，也是一项非常重要的能力。正如同应届毕业生写论文需查阅大量相关文献资料，除了借助人力，有时候完成一些目标也需要一定的信息资源和物质资源，如相关书籍、新闻资讯或资金与物质上的支持等。

6. 把目标层层分解

针对已有目标，要学会分解目标，即将一个大目标层层分解，直到分解成许多个细小的可操作的小目标，再一个小目标、一个小目标地去实现，这样才更容易坚持下去，更容易成功。例如，一位资深音乐人对新音乐人的指导："如果你的目标是 5 年后有一张唱片在市场上发行，那么第四年一定要跟一家唱片公司签上合约。而第三年一定要有一个完整的作品，可以拿给很多唱片公司听。第二年一定要有优质的作品开始录音。而第一年就一定要把准备录音的作品全部编曲，排练就位，准备好。第六个月就要把那些没有完成的作品修饰好，并亲自逐一筛选。第一个月要把目前这几首曲子完工。第一个星期就要列出整个清单，排出哪些曲子需要修改，哪些需要完工。那么下个星期一你要做什么就明晰了。"

7. 确定达成目标的期限

懒是人的天性，要冲破天性的束缚，就务必要用强加的理性钥匙去打开它。

对抗拖延症最好的办法就是制定严格的截止日期。可依据目标完成的任务难度、工作量等情况来设定目标的完成期限。有了时间限制，就可以通过多种方式提醒自己，如设定闹钟、寻求好友监督、贴个便利贴在日常最醒目的地方提醒自己等。在此基础上还可以为自己制定一些惩罚项目，迫使自己今日事今日毕。当然，最重要的还是对自己心中的目标要坚定。

●●➡ 活动与练习

主题：确定职业生涯目标

活动：依据前面对自己的探索，结合 SMART 原则分析的结果，分别描述自己的人生目标、长期目标和中期目标。

我的人生目标：＿＿＿＿＿＿＿＿＿＿＿＿＿＿＿＿＿＿＿＿＿＿＿＿＿＿＿

＿＿＿＿＿＿＿＿＿＿＿＿＿＿＿＿＿＿＿＿＿＿＿＿＿＿＿＿＿＿＿＿＿＿＿

＿＿＿＿＿＿＿＿＿＿＿＿＿＿＿＿＿＿＿＿＿＿＿＿＿＿＿＿＿＿＿＿＿＿＿

我的长期目标（5～10 年）：＿＿＿＿＿＿＿＿＿＿＿＿＿＿＿＿＿＿＿＿＿＿

＿＿＿＿＿＿＿＿＿＿＿＿＿＿＿＿＿＿＿＿＿＿＿＿＿＿＿＿＿＿＿＿＿＿＿

＿＿＿＿＿＿＿＿＿＿＿＿＿＿＿＿＿＿＿＿＿＿＿＿＿＿＿＿＿＿＿＿＿＿＿

我的中期目标（2～5 年）：＿＿＿＿＿＿＿＿＿＿＿＿＿＿＿＿＿＿＿＿＿＿＿

＿＿＿＿＿＿＿＿＿＿＿＿＿＿＿＿＿＿＿＿＿＿＿＿＿＿＿＿＿＿＿＿＿＿＿

＿＿＿＿＿＿＿＿＿＿＿＿＿＿＿＿＿＿＿＿＿＿＿＿＿＿＿＿＿＿＿＿＿＿＿

二、职业决策

职业决策是指在自我价值观的指导下，以个人的需要和利益为出发点，对职业生涯的设计与对职业生涯目标进行全方位思考、作出有利于职业发展的决定。职业决策是一个复杂的认知过程，个人通过分析自我及职业环境的信息，慎重考虑各种可供选择职业的前景，最后作出决定。

（一）职业决策的原则

在进行职业决策时，必须对个人的自身特征，包括个人的人格、兴趣、能力、价值观等有一个比较清晰的了解。一般来说，职业决策的内容包括对职业的评价、意向，对就业所持的态度，以及从社会现有职业中选择其一的过程。职业决策是一个选择与放弃的历程。每种职业选择都有其优点和缺点，都有不同的机遇和挑战；职业决策也是有风险的，每种选择都不能简单地用对错来衡量，这种不确定性也增加了决策的难度，如何选择取决于个人的决策能力和努力。尽管在职业决策过程中，不同的人职业价值观不同，所要达到的目标也不同，但是在职业选择的过程中，都应遵循以下基本的择业原则。

1. 选择自己感兴趣的职业

获得诺贝尔物理学奖的华人丁肇中说："兴趣比天才重要。"实践证明：在影响个人职业生涯规划与发展的众多主观因素中，兴趣就像一双无形的手，所起的作用非常大。兴趣是一个好的老师，是动力，也是成功之母。无数事实证明，兴趣和职业深深地结合，可以铸就个人辉煌的职业生涯。

2. 选择能发挥个人优势的职业

在面临职业选择时，要根据自己的综合素质情况，侧重某个特长或优势来选择职业，以利于在职业岗位上出色地完成本职工作。如果不能根据自己的特点选择适合自己的职业，而是把收入、工作地点看得过重，最终可能会被淘汰。

由于个人的能力类型有所不同，同样的能力对不同的人而言也会有强势和弱势之分。同时，不同的职业由于其工作性质、内容和环境的差异，对从业者的能力要求也不尽相同。所以在进行职业决策时，应充分考虑如何发挥个人具有相对优势的能力。尺有所短，寸有所长。个人即使兴趣广泛，掌握多种技能，但在短暂的一生中也无法穷尽所有的专业和技能。就像有些人善于与人打交道，有些人则更适于管理物品。因此，在进行职业选择时，只有扬长避短，选择能最大限度地发挥自身潜力的职业，才会有所成就。

3. 选择自己能胜任的职业

1973 年，美国心理学家麦克利兰（McClelland）首次提出"职业胜任"这个概念，指出职业胜任是指能将某个工作中有卓越成就者与普通者区分开来的深层次的个人特征，它可以是动机、特质、自我形象、态度或价值观、某领域知识、认知或行为技能等任何可以被可靠测量或计数的并且能显著区分"优秀"与"一般绩效"的个体特征。因此，在职业选择中，应考虑工作的实际需要，以及自己的学识水平、身体素质、个性特点、能力倾向等是否符合职业要求，不能盲目攀比，就高不就低。

选择力所能及的工作，做起来会感到得心应手、驾轻就熟、心情舒畅，而且能充分发挥自己的积极性和创造性。而对于不能胜任的工作，就很难把它做好，并且很快就会产生自卑感，认为自己是无用之人，由此产生的结果必然是妄自菲薄、自谴自贱。这是一种非常痛苦的感觉，使人感到巨大的压力和恐慌，从此失去快乐和自信，变得厌世和绝望。倘若内心承受极大的压力，甚至会患上慢性疲劳综合征、抑郁症等危害身心健康的疾病。

4. 尽量选择与专业对口的职业

专业对口是指求职者已具有的专业知识和技能与所要从事的职业有直接或较近的联系。尽管当今社会人们不再择一职而定终身，但人们不得不承认这样一个事实，专业是职业的前奏，一般情况下，个人所选择的专业性质基本决定了其未来职业的性质。这是因为，个人在决定学习某个专业之前，或在学习专业知识与技能的过程中，对所定的专业大都具有一定的兴趣和了解。

为了珍惜自己已获得的专业知识，学以致用，并在此基础上充分施展才能，更多的人在选择职业时，十分看重工作本身所能给予他们的满足程度、专长的运用程度，以及从中所能获得的成就感和有利于个体发展的长远机会。他们认为，选择专业对口的职业，才会感到有足够的信心和心理准备，否则学非所用，不能发挥专业优势。

用人单位也希望招到专业对口的人才，这样就不用花费太多的时间和经费进行培训，使其可尽快上岗。当然，这里所说的专业对口，是指专业的基本对口。因为在实际择业时，要想做到完全对口是比较困难的。总之，择己所长，才能在职业岗位上大显身手。

（二）职业决策的内容

职业决策的内容有很多，大到人生价值与职业理想，小到职业岗位与就业方向。在综合考虑影响职业选择的众多因素的基础上，在个人的职业生涯发展过程中，职业决策有以下几项主要内容。

（1）选择何种行业。俗话说"隔行如隔山"，即便是同样的岗位，在不同的行业也有不同的具体要求。

（2）选择行业中的何种工作。行业是个人职业发展的平台，选定了行业背景后，还需要确定具体的职业定位、岗位等。

（3）如何获得特定的工作机会。如要获得心仪的工作机会，就需要具备与该工作机会相对应的求职策略。

（4）选择工作地域。个人对工作地域的倾向往往是很难改变的，会在很大程度上直接影响到职业决策。

（5）选择工作组织与工作取向。个人的工作作风在一定程度上需要适应组织的工作氛围，又要保持个人的风格和特色。

（6）选择职业生涯升迁目标阶梯。职业决策应包括对职业生涯升迁目标阶梯的设计。

任务二 修正职业生涯规划

◦◦➡ 任务导入

在人生的不同发展阶段，由于社会环境的巨大变化和一些不确定因素的存在，大学生与原来制定的职业生涯目标与规划会有所偏差，这时就需要对职业生涯目标与规划进行评估和适当的调整，以更好地符合自身发展和社会发展的需要。

俗话说"计划跟不上变化"，当环境变化或者时空变化时，要使职业生涯规划行之有效，就必须对职业生涯规划进行修正。

◦◦➡ 任务准备

列举两份需要修改的职业生涯规划并指出其存在的问题。

◦◦➡ 知识储备

影响职业生涯规划的因素有很多，有的变化因素可以预测，有的变化因素则难以预测。要使职业生涯规划行之有效，就需不断地对职业生涯规划进行评估和修正，调整的内容包括发展目标、发展阶梯和发展措施，调整的依据是内外部环境的变化。

◦◦➡ 任务实施

一、修正职业生涯规划的必要性

成功的职业生涯规划制定者需要时时审视内外部环境的变化，并且调整自己的前进步伐。目标的存在只是为了给前进指示一个方向，而制定者是目标的创造者，可以在不同时间、不同环境下更改它，使之更符合自己的理想。

制定规划是为了发展，调整规划也是为了发展。在职业生涯的每个阶段，为适应社会变化，必须经常思考"我要怎么做""我的下一个工作要做什么""当我做现在的工作时，将为下一个工作做什么准备"等问题，主动去修正职业生涯规划。修正职业生涯规划并非轻易放弃自己的追求，而是让自己的职业生涯规划更适应社会、更适合自己。万万不可因为外界的变化而丧失信心、怨天尤人、自暴自弃。

科学进步的重要标志是新技术、新工艺在生产中的广泛应用和推广。人们的就业岗位或因新技术、新工艺运用推广，或因设备更新，或因其任务、职责的变化而对从业者的要求发生变化。每次变化，都会引起一些人不适应正在从事的职业而流动。而他们对新职业也要有一个适应的过程，如果适应不了就会继续改变其职业方向。

在职业生涯发展的各个阶段，从业者应经常称一称自己的"斤两"，并分析所追求的目标及人生价值实现的情况。工作一段时间，就必须反省：自己喜欢的工作到底是什么？自己的专长是什么？工作、家庭对自己的重要性是什么？有哪些工作机会可供选择？与工作有关的其他考虑呢？存在的威胁是什么？

许多不成功的职业生涯规划都源于对自己及外界变化分析的忽视。修正职业生涯规划的实质就是要通过对以往成长经验的反省，检视自己的价值，以适应变化。

二、修正职业生涯规划的时机与原则

修正职业生涯规划的最佳时期通常有两个：一是大学毕业前夕，有了求职实践，可根据新的就职信息和供需实际，在求职过程中进行修正；二是工作 3 年左右时，有了从业实践，根据从业过程对自身条件的检验，以及周围环境和自身素质的变化，及时予以修正。两次修正，既可以是对近期目标即具体岗位的修正，也可以是对远期目标或职业生涯发展路线的修正。

在工作 3 年左右时修正职业生涯规划的原因主要有 3 个：一是高校毕业生初次择业，往往难以一次找到十分适合自己的职业；二是在校时制定的职业生涯规划，毕竟是从学生的角度看社会，自己确立的职业发展目标还缺乏实践检验；三是已有从业经历，对社会、对人生有了切身体验，有了更深刻的认识。因此，在工作两三年后，应重新审视自己，及时调整发展方向，对今后几年的职业生涯发展具有重要意义。

修正职业生涯规划时应遵循以下原则：一是整体性原则。职业生涯规划作为一个计划性很强的事项安排，其本身具有整体性、系统性、程序性等特点，这就要求个人在修正过程中适当把握整体性原则。也就是说，在修正时，要充分考虑前后几个阶段及总体实施情况，尽量避免"牵一发而动全身"，以免影响整个职业生涯规划的实施进程。二是适度原则。职业生涯规划本身是一项系统工程，因此对评估结果要本着严谨的态度，修正也要慎之又慎，避免"过犹不及"，特别是"大刀阔斧"地修正。三是有效原则。每次修正的过程，都是对职业生涯目标、实施策略的调整，要防止"完"而不"善"，做无用功。个人的职业精力是有限的，如把大量的时间放在修正职业生涯规划上，恐怕会"青春不再""白了少年头"。

三、修正职业生涯规划的要点

修正职业生涯规划是个体在生涯发展过程中根据新的信息、经验及个人或环境变化对原有职业规划进行调整的活动。这个过程的要点包括重新剖析自我、重新评估职业生涯机会、修正职业生涯目标及修订落实计划。

（一）重新剖析自我

重新剖析自我即掌握个人条件的变化及其在职业实践中检验的结果，加深对自己的认识，检验自己的职业素质是否适合所从事的职业，弄清"我能干什么"。在此基础上选择更适合自己的职业方向，修正自己的职业生涯规划，从而为自己的长期发展奠定基础。

（二）重新评估职业生涯机会

在从业过程中，内外部环境变化会给个人的职业生涯带来机遇和挑战。对此，自己要认真地进行重新评估，如分析当前经济社会发展趋势是什么，目前所从事的职业在未来社会中的地位将如何，社会发展对自身发展的影响有多大，自己所在企业的内外部环境和个人的人际关系怎么样等。弄清了这些问题后，大学生就会明白什么是可以干的，什么是不能干的。

（三）修正职业生涯目标

基于对自身现状的评估，可以修正远期目标或阶段目标。

（四）修订落实计划

制定措施创造条件，制订一个新的自我提升发展计划，进一步明确"我应该怎么办"。每过一段时间，个人就要审视内在和外在环境的变化并且及时修正自己原定的职业生涯规划。修正并非放弃，而是与时俱进。当个人的职业生涯并非一帆风顺时，修正的过程往往可以使个人的多方面能力得到提高。

四、职业生涯规划成功的标准与评价

职业生涯规划成功的标准与评价可以从多个角度进行考量，包括职业生涯目标、职业技能、职业收入水平、职业声誉和地位、对社会的贡献等方面。

1. 职业生涯目标

职业生涯规划成功的首要标准是个人的职业生涯目标实现。个人的职业生涯目标可以是个人职业发展、收入水平、工作性质等方面的目标。如果个人能够通过工作实现自己的职业生涯目标，那么就可以认为他在职业方面是成功的。

2. 职业技能

职业生涯规划成功也可以体现在个人的职业技能提升上。通过不断学习和实践，个人在职业技能方面不断提高和进步，能够更好地胜任自己的工作，这也是职业成功的一个重要标志。

3. 职业收入水平

职业收入水平是评价职业生涯规划成功的一个重要指标。个人能够在工作中获得较高的收入水平，说明他在工作中具备一定的竞争力和价值，也代表着他的职业发展状况较好。

4. 职业声誉和地位

职业声誉和地位是评价职业生涯规划成功的重要因素。如果个人在行业中拥有良好的声誉和地位，那么就可以认为他在职业方面是成功的。

5. 对社会的贡献

职业生涯规划成功还可以从个人对社会的贡献来评价。如果个人在工作中能够为社会作出积极的贡献，如促进社会进步、帮助弱势群体等，那么就可以认为他在职业方面是成功的。

任务三　撰写职业生涯规划书

视频：撰写职业生涯规划书

任务导入

有了职业方向和目标，也选择了合适的道路，还需要制订行动计划，并坚决地执行计划，否则，职业生涯规划只是空想，职业生涯目标永远无法达成。为自己撰写一份书面的职业生涯规划书，是管理自我人生的一个重要手段。

任务准备

列举两份比较优秀的职业生涯规划书。

知识储备

语言精练、用词恰当、条理清晰，是撰写职业生涯规划书最基本的写作要求之一。除此之外，还应密切注意整篇规划书的结构和重心。职业生涯规划书一般包含对职业规划的认识、对自我的分析、对所学专业的认识、对职业方向的探索，以及确定职业生涯目标并制订行动计划这 5 个方面的内容。

任务实施

一、撰写职业生涯规划书的注意事项

在撰写职业生涯规划书时，不仅要注意其撰写原则及重点要素，还要确定该职业生涯规划书的可行性。

（一）职业生涯规划书的撰写原则

职业生涯规划书的撰写必须遵循一些必要的原则，以保证其具备实用价值。

1. 可行性

只有在实际中可操作的职业生涯规划书才具有价值。这就要求在撰写前期，要对相关领域进行尽可能多的信息搜集，多进行现实调查，加深对实际状况的了解和理解。

2. 客观性

职业生涯规划书中的内容必须实事求是、毫无虚构。其中不仅要包含对自身优势的分析，还要对不足之处进行透彻的剖析。

3. 预见性

职业生涯规划书中对目标行业未来的发展趋势要有自己的理解和预判。

4. 个性化

职业生涯规划书一定是根据自身实际状况而量身定做出来的，而别人的成功路径和模式并不适合自己。

（二）职业生涯规划书的重点要素

1. 自我理解

自我理解包含两部分：对自己性格、兴趣、价值观的剖析，以及对自己知识、技能、经历、天赋等方面的分析。这是形成职业定位的基本要素。

2. 对外界环境的理解

对外界环境的理解主要指目标工作领域、目标岗位所涉及的行业发展信息、未来前景、相关企业的发展状况、岗位的基本职责和职能要求等。可以通过寻找实习机会或非正式采访相关业内人士来获取这方面的信息，并对此进行整理、归纳，形成自己对该领域发展现状和未来趋势的理解。这是形成职业定位的重要内容。

3. 综合内外，形成定位

综合内外，形成定位即结合以上内容，将自我理解、自身商业价值的客观评估，以及对目标行业趋势、就业机会等三大系统进行综合分析，逐步将职业定位锁定在具体行业中的具体职位，形成职业定位，如广告行业策划总监或快速消费品行业市场总监等。切忌笼统地将目标设定为"我可以做市场""我能做销售"等模糊的定位。

4. 设定具体目标

设定具体目标是指在有了清晰的职业定位后，根据自己的职业定位找到合适的发展切入点，也就是说要找到起步的地方。没人能一步实现最终的职业生涯目标，都需要循序渐进，一步步地向终极目标靠近。那么，接下来就要围绕终极目标设计发展通道，也就是把目标的实现具体化，形成发展通道，如软件行业售前顾问（产品经理）、高级售前顾问（高级产品经理）、售前顾问部经理等。

5. 行动方案

有了职业生涯目标和路线后，就需要制订切实可行的行动实施方案。此时可以根据自己的发展路线，将职业生涯目标进一步细化，制定分阶段目标，同时设定好时间节点，并将每个阶段应完成的任务清晰地罗列出来。如此一步步细化下来便能得到一套完整的行动方案。此外，结合自己的实施方案及发展现状，还需要制定配套的学习方案来补充相关知识，培养专业技能，积累心理资本等，对内生涯进行"查漏补缺"，并进一步提高自身商业价值，如此才能让外生涯也得到改善和提升，最终实现终极目标。

（三）职业生涯规划书的可行性判断

在完成以上内容后，还需要有一个自我评估、自我检测的环节。用什么标准来判断和衡量自己的这份职业生涯规划书的可行性呢？标准有三：初步鉴定前期分析是否有可行性；职业定位是否有充分理由；行动方案是否有可操作性。

具体来说，当个人的职业生涯规划书出炉后，首先必须通过实践来检验其可行性有多大，有问题就要及时进行调整。关于职业定位的检验，可通过对自身认知的不断加深，对人才市场、行业信息等的不断了解，在之后的工作实践中来总结、分析、检视自己的职业定位是否合理、合适，如有问题，可尽早进行修正。行动方案是否可行，只要亲自去尝试操作和实践一番，立马就会有答案，而非空发感想。在制作职业生涯规划书时，最好能请专家从旁指点，获得更多的、详细的就业信息，并对方案进行专业的、科学的可行性评估，以增强该方案的实际操作性。

职业生涯规划书的制作并不抽象和复杂，关键在于个人要通过制作这个方案加深自我认知，以及对外界环境、职场环境有一个清晰的认识和理解。同时，还需要在不断实践与探索中去修正和完善个人的职业生涯规划书，尽早明确发展思路，这样才不会在工作时感到迷茫，也不会经历一点考验就停下来。

二、职业生涯规划书的内容

职业生涯规划书是对个人未来职业发展和人生目标的系统规划与设计，主要包括以下 7 部分内容，实际使用时可以根据个人情况进行修正。

1. 文前

这部分包括标题、目录、姓名及基本信息介绍、规划期限、撰写日期等信息。

2. 自我分析

这部分涉及个人的性格特点、优势和劣势，改变性格中的劣势，以及对职业价值观的理解。此外，还包括自我认知，如应注意和学习的技能，以及 360 度全面评估。

3. 职业分析

这部分包括对内外部环境的分析，确定职业生涯目标和路径，以及社会环境分析和自我评估。

4. 职业定位

根据上述分析，确立个人的职业生涯目标，并设定具体的短期、中期和长期目标。

5. 计划实施

这部分包括如何实现这些职业生涯目标的具体步骤和方法，以及如何通过学习和实践来实现这些目标。

6. 评估与调整

这部分包括评估实现职业生涯目标的可能性和所需时间，预测可能的挑战和解决方案，以及在必要时进行规划和调整。

7. 附录

这部分可以包含相关的图表或其他支持材料。

➡ 知识拓展

职业生涯规划书（示例）

扉页：

姓名（性别）：_____

学院：_____

专业（班级）：_____

联系电话：_____

邮箱：_____

目录：

目录

一、••••••（页码）

二、••••••（页码）

三、••••••（页码）

四、••••••（页码）

五、••••••（页码）

结语••••••（页码）

正文：

引言（略）

一、自我分析

结合相关职业生涯规划测评指标，本人对自己进行了全方位、多角度的分析。

1. 职业兴趣——喜欢干什么

我的职业生涯规划测评报告显示，适合我的职业有……我的具体情况是……

2. 职业能力——能够干什么

我的职业生涯规划测评报告显示，××能力较好，××能力较弱。我的具体情况是……

3. 性格类型——适合干什么

我的职业生涯规划测评报告显示，我的具体情况是……

4. 职业价值观——最看重什么

我的职业生涯规划测评报告显示，前三项是××取向（×分）、××取向（×分）和××取向（×分）。我的具体情况是……

5. 胜任能力——优势、劣势分别是什么（见表 4-1）

表 4-1　胜任能力

我的优势	我的劣势

自我分析小结：

_____

二、职业分析

参考职业生涯规划测评报告建议，并通过××等途径和方法，本人对影响职业选择的相关外部环境进行了较为系统的分析。

1. 家庭环境分析

例如经济状况、家人期望、家族文化等，以及它们对本人的影响。

2. 学校环境分析

例如学校特色、专业学习、实践经验等。

3. 社会环境分析

例如就业形势、就业政策、竞争对手等。

4. 职业环境分析

◆ 行业分析：（如××行业现状及发展趋势，人业匹配分析）

◆ 职业分析：（如××职业的工作内容、工作要求、发展前景，人岗匹配分析）

◆ 企业分析：（如××单位类型、企业文化、发展前景、发展阶段、产品服务、员工素质、工作氛围等，人企匹配分析）

◆ 地域分析：（如××工作城市的发展前景、文化特色、气候条件、人际关系等，人城匹配分析）

职业分析小结：

_____

三、职业定位

综合第一部分（自我分析）及第二部分（职业分析）的主要内容，得出本人职业定位的 SWOT 分析结果（见表 4-2）。

表 4-2　SWOT 分析结果

内部因素	优势（S）	劣势（W）
外部因素	机会（O）	威胁（T）

结论（见表 4-3）：

表 4-3 职业定位结论

职业生涯目标	将来从事（××行业的）××职业
职业发展策略	进入××类型的组织（到××地区发展）
职业发展路径	走技术路线（管理路线等）
具体路径	××员—初级××—中级××—高级××

1. 2024—2025 年
◆ 成果目标：
◆ 学历目标：
◆ 职务目标：
◆ 能力目标：
◆ 经济目标：

2. 2026—2027 年
◆ 成果目标：
◆ 学历目标：
◆ 职务目标：
◆ 能力目标：
◆ 经济目标：

3. 2028—2030 年
◆ 成果目标：
◆ 学历目标：
◆ 职务目标：
◆ 能力目标：
◆ 经济目标：

4. 2031—2035 年
◆ 成果目标：
◆ 学历目标：
◆ 职务目标：
◆ 能力目标：
◆ 经济目标：

综上可概括为以下 3 个方面。

（1）事业方面：不求平步青云，只求能不断实现自我提升。通过团队的努力和自己的付出，能闯出一片属于自己的天地，靠自己能影响一批人。

（2）家庭方面：彻底改变贫困落后的现状，建立起和谐、幸福、美满的家庭。为全家人买好各种保险，让父母、妻儿过上好日子。

（3）生活方面：在吃好的同时，要让全家人吃得健康、开心……花××万元（用作首付）买一套房子、一辆轿车。规划用一部分钱来理财，如购买债券、股票等。

四、计划实施（见表4-4）

表4-4　计划实施一览表

计划名称	时间跨度	总目标	分目标	计划内容	策略和措施	备注
短期计划（大学期间职业生涯规划）	20××—20××年	如大学毕业时要达到……	如大一要达到……大二要达到……或在××方面要达到……	如专业学习、职业技能培养、职业素质提升、职业实践计划等	如大一以适应大学生活为主，大二以专业学习和掌握职业技能为主……或为了实现××目标，我要……	大学生职业生涯规划的重点
中期计划（毕业后5年职业生涯规划）	20××—20××年	如毕业后第五年要达到……	如毕业后第一年要达到……第二年要达到……或在××方面要达到……	如职场适应、三脉积累（知脉、人脉、钱脉）、岗位转换及升迁等	略	大学生职业生涯规划的重点
长期计划（毕业后10年或10年以上职业生涯规划）	20××—20××年	如退休后要达到……	如毕业后第十年要达到……第二十年要达到……或在××方面要达到……	如事业发展，工作、生活关系，健康，心灵成长，子女教育，慈善等	略	方向性规划

详细执行计划如下。

本人现就读于大学×年级，我对自己在大学期间的职业生涯规划是……

五、评估与调整

职业生涯规划是一个动态的过程，必须根据实施结果的情况及相应变化进行及时的评估与调整。

1. 评估的内容

职业生涯目标评估（是否需要重新选择职业？）假如一直……那么我将……

职业路径评估（是否需要调整发展方向？）当出现……的时候，我就……

实施策略评估（是否需要改变行动策略？）如果……我就……

其他因素评估（对身体、家庭、经济状况，以及对机遇、意外情况的及时评估）

2. 评估的时间

一般情况下，我会定期（半年或一年）评估规划；当出现特殊情况时，我会随时评估并进行相应的调整。

3. 调整的原则

附录：

◦◦➡ 活动与练习

主题：为自己制作一份职业生涯规划书

活动：

1. 我的霍兰德职业兴趣类型
符合我自身情况的描述：

_____

根据我的兴趣选出的与我的霍兰德职业兴趣类型相对应（或近似）的职业，填写表4-5。

表4-5 职业兴趣匹配表

职　　业	霍兰德职业兴趣代码（3个字母）
（1）	
（2）	
（3）	
（4）	
（5）	
（6）	
（7）	
（8）	
（9）	
（10）	

2. 我的 MBTI 偏好类型
符合我自身情况的描述：

_____

_____

_____

根据我的 MBTI 偏好类型，选出我感兴趣的职业：
（1）_____
（2）_____
（3）_____
（4）_____
（5）_____
（6）_____
（7）_____
（8）_____
（9）_____
（10）_____
在兴趣和人格探索中都出现过的职业：

_____

_____

_____

注意：这些职业都值得你去深入地进行研究。你的职业探索最好首先集中在这些职业上，了解这些职业的要求和工作环境等细节。根据目前你对自己的兴趣和个性的了解，考虑一下你将会如何从事这份工作。

3. 我的价值观

我最重要的 5 项价值观，并请具体说明它们的含义：

（1）_____

（2）_____

（3）_____

（4）_____

（5）_____

4. 我的技能

我最擅长并愿意在未来职业中运用的技能。

（1）我最重要的 5 项自我管理技能（形容词）：

① _____

② _____

③ _____

④ _____

⑤ _____

（2）我最重要的 5 项可迁移技能（动词）：

① _____

② _____

③ _____

④ _____

⑤ _____

（3）我最重要的 5 项专业技能（名词）：

① _____

② _____

③ _____

④ _____

⑤ _____

5. 继续探索的职业清单

重阅前面所列出的所有职业，结合价值观和技能，列出那些想继续探索的职业（可以是上面出现过的，也可以是未出现过但符合上面共同特点的职业）。

_____

_____

_____

_____

注意：在选择你想继续探索的职业时，请不要在未对它进行任何了解前就轻易地将它排除。在这张清单上，你需要有足够的职业供自己探索，但也要有一定的目标。也就是说，最好不少于 5 个、不多于 10 个。将你的精力集中在上面的这些职业上。

作为职业探索的一部分，下一步我打算：

（1）搜集、研究与特定领域的职业有关的书面信息。

（2）采访有关人士，对我感兴趣的职业领域有进一步的了解。

（3）从职业咨询师或其他老师那里寻求更多的帮助。

（4）通过选修课程来检测自己对某个相关职业领域的兴趣。

（5）通过参加社团活动来检测自己对某个相关职业领域的兴趣。

（6）通过业余兼职、实习或做志愿者等方式来检测自己对某个相关职业领域的兴趣。

6. 目标确立与行动计划

（1）我的长期目标：

_____

（2）为了做到这一点，我还需要以下信息和帮助：

_____

_____

_____

_____

（3）为了实现这个目标，在这1个月内我应该做的事：

_____

_____

_____

_____

【思考与讨论】

1. 在进行职业决策的过程中，应遵循哪些原则？

2. 修正职业生涯规划时，应遵循哪些原则？

3. 职业生涯规划书包括哪几部分内容？

就 业 指 导

项目五 就 业 准 备

【思政目标】

1. 建立学生进行职业决策的自信心，增强其抗压能力及心理自我调节能力。
2. 了解学生的就业形势，树立正确的就业观，为就业做准备。

【学习目标】

1. 了解就业观的概念和大学生就业观的误区。
2. 能够做好就业前的心理准备。
3. 掌握就业信息的搜集渠道及处理方法。
4. 能够掌握撰写求职信的注意事项。
5. 能够掌握个人简历的类型及其制作注意事项。

【情境导入】

早起的鸟儿有虫吃

小郭来自农村，刚进大学时，看到学长、学姐和高年级的老乡们为找工作辛苦奔波，便暗暗为自己的将来担忧。从大二开始，小郭就有意识地搜集就业方面的资料，了解相关就业政策。有一天，一个即将毕业参加工作的学长将一些用人单位的资料、发布就业信息的报纸及刊物，以及一些大学生就业指导方面的书籍送给了小郭，他如获至宝，利用课余时间仔细阅读了这些资料，对有关求职方面的信息有了初步了解。他还细心地把用人单位的通信地址、网址和联系方式用小本抄录下来，以备将来派上用场。

从那以后，只要有机会，小郭便会主动向已毕业的校友、老乡和老师了解就业信息动态，并分门别类地整理所搜集到的用人单位需求信息。毕业之际，小郭不慌不忙，按自己的计划开始行动了。他先给分布在广东、浙江等地的校友和老乡们打电话，请他们帮忙提供单位最新的需求信息；然后在辅导员和亲戚那儿留下了自己的自荐材料；最后通过学校就业指导中心，以及网络、报纸等媒体，了解了政府部门和学校即将安排举行的各类招聘会信息。并且，他对所有搜集的信息进行了分析比较，知道自己不善交际，便屏蔽掉一些与业务相关的工作，着重选择一些技术岗位，挑选了一些用人单位一一发求职信、简历。春节前，各种渠道的信息开始反馈回来。有几家用人单位有意接收他，他们对小郭如此熟悉用人单位的情况惊讶不已，他们认为，就凭这一点，也愿意聘用他，并且要求小郭尽快去实习。小郭真没想到，自己的求职之路就这样顺利地走出了第一步。

案例分析：天赐良机不可失，坐失良机更可悲，机会只留给有准备的人。大学生就业无疑是人生中的一大机遇与挑战，只有做好万全准备的人才能抓住。面对目前严峻的就业形势，高校毕业生除了需要掌握好自身专业课程的理论知识、行业相关知识，还需要做一些就业准备工作。首先要做好心态上的转变，其次要培养个人技能、搜集就业信息。现在，你准备好了吗？

任务一 思想准备——树立正确的就业观

◦◦➡ 任务导入

大学生就业问题一直是社会关注的焦点。随着高等教育的普及和大学生数量的增多，就业市场的竞争变得异常激烈。面对如此严峻的就业形势，高校毕业生应该正视现实，放平心态，对自己进行正确的社会定位，对自己的能力有清醒的认识，树立正确的就业观，更好地融入就业市场。

◦◦➡ 任务准备

摘抄两句关于树立正确就业观的经典名言。

◦◦➡ 知识储备

观念就是人们在长期的生活和生产实践当中形成的对事物总体的、综合的认识。就业观包括对工作本身、工作环境、职业发展等方面的认知和价值取向，是个人价值观在职业领域的体现，对个人的职业决策和职业发展具有重要影响。

◦◦➡ 任务实施

一、什么是就业观

就业观是指人们对某个特定职业的根本看法和态度，也是社会对从事某种专业工作的人员较为恒定的角色认定。就业观是作为职业人所具有的意识，是人们对职业劳动的认识、评价、情感、态度等心理成分的综合反映，也是职业道德、职业操守、职业行为等职业要素的总和，是支配和调控全部职业行为和职业活动的调节器。

就业观由维持生活、完善个性和服务社会 3 个要素构成。三者的地位和比例不同，构成不同的就业观，包括职业地位观、职业待遇观、职业苦乐观等。

（一）职业地位观

持有这种职业观的人希望获得较高的社会地位，看重别人的尊重和自己的名声，因此在工作中会努力争取机会锻炼、表现自己，对有益于提升自己社会地位的工作积极、专注和用心。在这种情况下，个体会重视学习、努力提升自己，并且一般会目标明确、重视利用资源。但是，如果过于追求名声，则在追逐名利的过程中，思维会变狭隘，造成自己的原则在现实中只能妥协。

（二）职业待遇观

重视收入的人追求殷实富足的生活，利润意识强，因此有较强的工作动力，不介意工作强度、工作环境等因素，但是有可能因为缺乏长远的眼光而急功近利。一些高校毕业生在职业决策上常常存在这样的思想误区，对薪酬、职位、地域等工作条件的要求过高，导致职业定位存在偏差。有的高校毕业生对一、二线城市的期望过高，而忽略中小城市，存在"扎堆"现象。同时，许多高校毕业生的职业生涯规划意识较为薄弱，加大了就业的难度。

（三）职业苦乐观

希望在工作中得到自我价值提升的人，往往希望工作不断出现新的、具有一定难度的任务，以刺激其能力的发挥，因此在工作中会苦中作乐，把完成高难度的任务当作一种成就，并且能力提升或晋升的速度会很快，自信心和效能感也会逐渐增强。但是，如果过于重视工作内容的挑战性，就可能对工作内容比较挑剔，一般的、简单的、常规的工作不会引起他的重视，所以可能会出现怠慢的现象，这样不利于职场新人最初的发展。

二、大学生就业观的误区

大学生就业难问题是多种因素共同作用的结果。对大学生就业观的误区进行分析，能够帮助大学生进一步认清自己，准确定位。转变大学生的消极就业观，可以提升大学生对择业的信心，增加其对就业的物质与精神投入，最终推动大学生就业难问题的解决。

（一）高学历等于高就业率

有些高校毕业生因为求职不顺利，或对未来职业发展没有清晰的目标，于是主动放弃求职，一门心思准备考研，希望通过考研增加找到好工作的砝码。但事实也许并非如此，在现实的就业市场上，研究生毕业后工作难找的现象并不鲜见。

若希望继续提升自己的学科知识，考研是个不错的选择，但并不是找到理想工作的根本保障，只是人为地推迟了找工作的时间。

（二）一味追求热门行业

热门行业往往意味着较多的就业机会和较高的薪酬水平，但这也可能导致竞争更加激烈。

不是所有热门行业都适合每个人，选择与自己的兴趣和能力相匹配的行业更为重要。

例如，近年来，"考公热"愈演愈烈，有人将公务员考试比喻为千军万马过独木桥的"中国第一考"。随着高校毕业生人数越来越多，就业压力越来越大，大量高校毕业生将目光投向政府机关，加入公务员考试的竞争队伍。在求职过程中，谋求稳定是可以理解的，但考公未必对所有人来讲都是最佳选择。

面对越来越多的应届毕业生和不断变化的经济形势、就业环境，部分高校毕业生深陷就业难的焦虑之中。其实，缓解就业焦虑的好方法就是提早做好职业生涯规划。

（三）慢就业

很多大学生毕业后不就业，也不继续深造，而是选择暂时游学、支教、在家陪父母或创业考察等，形成了"慢就业"现象。当今高校毕业生中，有些人拥有富足的家庭条件，拥有较长的择业时间。这就使得一些人在求职时从之前的"先就业再择业"趋向于"不将就"，更多地去考虑工作单位、工作岗位是否让自己"舒心"。

但毕业后一味追求"慢"，或将导致新的问题。首先，过长时间的观望容易造成心理上的焦虑和恐慌，既没有在"空窗期"内提升自我、寻找机会，也不愿找份工作从头做起，最终"高不成低不就"。其次，"慢就业"变成"逃避就业"。有调查发现，部分应届毕业生也存在以"不愿吃苦""拒绝低薪"为由的逃避就业现象。

学生群体容易形成效仿氛围，只要身边的同学没就业，就有"安全感"。殊不知，自己与先一步进入职场的同学已经开始拉开差距，而且这种差距只会越拉越大。因此，还是需要赶紧行动起来，集中精力做好职业生涯规划，快速探索未来工作中自己所需要的技能和素质。当然，可以因为一些原因短暂"慢就业"，但那只是为自己尽快辨明下一步前行方向做准备。找到自己的目标和方向后，唯有不断行动才能使目标得以实现。

（四）广撒网，乱投简历

为数不少的高校毕业生在求职时，为了增加成功率，不管用人单位和岗位是否适合自己，一律采取广撒网的方式投递简历，出现盲目跟风现象。积极求职、消极规划，这种情况的出现主要是由于个人缺乏自主就业目标，出现就业迷茫，因而从众跟风。他们一看到一些知名企业或热门岗位的招聘信息，不论自身职业理想是否与之相一致，条件是否符合其需求，都一窝蜂地前去应聘。

他们对为什么选择当前的单位、未来职业发展方向没有自己明确的想法，甚至连面试单位的情况、岗位的要求都不十分清楚，只是看到身边人都投递了简历，自己也想碰碰运气。对于这样的求职者，面试官常常是要打一个问号的。求职者即使侥幸过关，也往往因为离自己的专业和目标相差甚远而离去。

高校毕业生需要做的，不是盲目乱投简历，而是保持理性，在知己知彼的基础上，有的放矢。知己，就是客观认识和评估自己的优缺点和个人能力，明确自己想做什么、能做什么；知彼，就是要对面临的就业形势和职业环境有清醒的认识，并深入了解应聘单位和具体岗位，审视求职岗位和自己的职业发展规划是否吻合，这样才能有效提高求职应聘的成功率，实现求职者和用人单位的双赢。

（五）期望过高

不少高校毕业生在求职的过程中，很容易出现好高骛远的心态。他们不是找不到工作，而是认为自己应该是干大事的料，看不上基层岗位的忙忙碌碌，更看不上每月几千元的微薄收入。

大学生对未来工作有着很多的理想与期待，这是很好的，但好工作不能靠想象，要根据当前的就业形势、自身能力等进行权衡，切勿"眼高手低"。哪怕是一个不那么如意的工作，也能带来一些积极的"副作用"，那就是丰富阅历、增益其所不能。

高校毕业生如果一开始就对就业期望值过高，既不实际，又人为增加了求职难度，有时还会错过就业的黄金时期。因此，高校毕业生应避免理想主义，矫正浮躁的心态，根据自身的总体水平现状，及时调整就业期望值，抓住眼前的机遇，从小处做起，有规划地发展职业进程，实现自己的理想。

三、大学生正确的就业观的树立方法

职业无高低贵贱之分，不论从事的是何种工作，都应该全身心地热爱，全身心地投入，对本职工作保持积极乐观的态度和高度负责的精神，而不应该以对本职工作没兴趣为借口得过且过，也不应该以本职工作的经济效益低为托词，消极怠工。美国一位著名的思想家说过，你在这个位置，就应该热爱这个位置，因为这里就是你发展的起点。对一个喜欢自己的工作并认为它很有价值的人来说，工作是他生活中十分愉快的部分，只要对自己的工作发自内心地热爱，即使在平凡的岗位上也能创造出奇迹。

（一）树立高尚的职业理想

高尚的职业理想应当是把个人的志向和国家利益、社会需求有机地结合起来，勇敢地走出个人的小天地。如果仅仅从个人的角度考虑问题，就非常容易走进死胡同。随着高等教育的大众化、普及化，大学生不再是从前的"天之骄子"，接受过高等教育的大学生已成为社会的普通劳动者，从事普通劳动者所从事的工作。社会中的各行各业都需要职业院校毕业的技术技能型人才。因此，在任何岗位上，只要是通过诚实劳动为社会创造价值，实现自己的价值，就是现代社会所倡导的。

（二）树立良好的敬业精神

对即将踏入社会的高校毕业生来说，树立敬业精神是准备进入社会的思想成熟的标志之一。个人是否具有敬业精神，直接关系到今后的职业生涯能否顺利、能否成才、事业能否发展等一系列问题。具有敬业精神已成为当今社会对高校毕业生综合素质的新要求。因此，热爱本职工作，忠于职守，对社会和人民负责，保证工作质量，对技术精益求精，团结协作、公平竞争的良好敬业精神将是准备就业的必要条件。

（三）树立勇于面对竞争的观念

在我国社会主义市场经济体制下，就业实行的是在国家政策指导下自主就业的方式。大学生就业制度改革的一个重要特点，就是把社会主义市场经济的重要思想即竞争引入大学生的就业之中，建立起公平的人才竞争环境。物竞天择，适者生存，竞争获胜，是市场经济下的游戏规则。因此，竞争意识是现代人必备的素质之一。面对就业竞争的现实，高校毕业生应当摆脱被动依赖、消极等待的状况，敢于竞争，树立"爱拼才会赢"的观念，做好多方面的竞争准备。

1. 要树立强烈的竞争意识

人才市场上的供求关系总会存在不平衡之处，同一职业往往有较多的求职者期望获得，如果没有主动竞争的思想准备和积极参与应聘的行为，是难以顺利就业的。

2. 要培养雄厚的竞争实力

竞争实力是个人综合素质的体现，包括思想品德素质、专业素质、文化素质、身心素质等。竞争实力是个人在学习生活的过程中逐渐培养和塑造的结果。在公开、公正、公平的竞争原则下，竞争实力就是个人实现择业理想的资本。

3. 要坚持正确的竞争原则

高校毕业生在就业竞争面前，要保持自己的人格尊严，诚实守信，凭自身的竞争实力并运用恰当的竞争技巧去赢得用人单位的青睐。

4. 要保持良好的竞争心态

有竞争就有风险，参与竞争就难免受到挫折。对处在就业竞争中的高校毕业生来说，尤其要注意提高个人遭受挫折后的心理承受能力，要把挫折看成锻炼意志、增强能力的好机会。要保持良好的竞争心态，主动摆脱受挫后的颓丧情绪，认真分析失败的原因，调整自己的心态和就业目标，鼓足勇气，争取新的机会，不能因此而灰心丧气、一蹶不振。

（四）树立先就业再择业后创业的思想

要打破一步到位、从一而终的就业观。市场经济配置人力资源的特征是人才流动，高校毕业生也不必急于在短时间内找到一个固定的"铁饭碗"，要树立不断进取的职业流动观念，并学会在流动中发现机会、抓住机会、把握机会。

从现阶段的就业形势看，国家宏观政策是鼓励大学生自主创业；社会主义市场经济体制的建立和市场经济的发展，为广大高校毕业生的自主创业提供了良好的社会环境。条条大路通罗马，要学会挖掘创业潜能，摆脱依赖心态。创业，这饱含机遇与挑战的字眼，是无数高校毕业生心中的梦想。自主创业给具有创造力、活力的高校毕业生提供了就业和深造以外的"创新之路"。

（五）树立到基层等去的观念

在大城市、主要机关提供的就业机会日趋饱和的情况下，全国的几十万个行政村，加上基层社区，以及其他的基层所提供的就业岗位为高校毕业生提供了不可小觑的就业机会，为他们施展才华、实现理想创造了条件。村民委员会主任、书记，乡镇以上的国家各级公务人员，农村种植业、养殖业、家庭农场的主办人，乡镇企业、区街工业、个体企业的管理和技术人员等，无一不为高校毕业生提供了发挥特长、大展拳脚的广阔空间。当代大学生应积极响应国家和社会的号召，到基层去、到西部去、到生产第一线去、到祖国和人民最需要的地方去，接受锻炼、接受挑战。"宝剑锋从磨砺出，梅花香自苦寒来。"没有艰苦的锻炼，没有基层工作经验和能力的积累，是很难有大的作为和前途的。高校毕业生到基层，特别是行政村，不仅有利于农村的经济建设，也有利于锻炼自己。

（六）树立发挥专业所长，但也注重综合素质的观念

高校毕业生在择业时首先要考虑所学的专业，根据专业特点谋求职业，以做到专业特点与职业要求相匹配，发挥专业优势；也不能忽略综合素质和个人能力。大多数用人单位招聘人才的标准是，注重求职者的个人能力和综合素质，至于专业是否完全对口并不过分计较。一味强

调专业对口，会使不少人在激烈的竞争中失去很多机会。一个具有开拓精神的求职者，应看重行业的发展前景，并及时修正自己的择业方向，勇于选择与自己所学专业相近或相关的职业。学校教育不仅仅要教授专业知识和技能，更要培养学生的综合素质和个人能力。

活动与练习

主题：自身能力水平与现实需求对比

活动：对照经济社会发展对技能人才的需求，自我审视一下，你目前自身的能力水平与现实需求是否有差距，差距都体现在哪些方面。

任务二　心理准备——培养良好的心理素质

任务导入

人的一生难免会遇到失败和挫折，有的人能积极面对、努力解决，有的人却自暴自弃，这取决于个人的心理素质。心理素质会在很大程度上影响个人能力和水平的发挥。因此，培养良好的心理素质有非常重要的作用。

任务准备

摘抄两句关于心态决定成败的经典名言。

知识储备

心理素质是以生理素质为基础，在教育与环境影响下，经过主体实践训练所形成的性格品质与心理能力的综合体现。因此，心理素质是可以通过后天培养形成的。大学生在平时的学习和生活中，要有意识地去提升自己的心理素质，以面对复杂多变的就业环境。

任务实施

一、什么是心理素质

心理素质是指个体在面对生活中的各种压力、挑战和困难时，所表现出来的心理稳定性、适应性和应对能力。它包括个体的情绪管理能力、抗压能力、自我调节能力、自信心、恢复力等方面。具备良好心理素质的个体通常能够更好地处理压力情境，保持情绪平衡，进行合理的决策，并从逆境中迅速恢复。

活动与练习

主题：心理素质测评

活动：下列 10 道题中，每道题都有 4 个选择答案：1. 对；2. 接近；3. 很少；4. 否。在符合实际情况的括号内填上你选择的答案。

测评题：

1. 在急需决策的时候，你是否在想：让我再考虑考虑？（　　）

2. 你是否为自己的优柔寡断找借口：是得慎重考虑，怎能轻易下结论呢？（　　）

3. 你是否为避免冒犯某个或某几个有实力的朋友而有意回避一些关键性的问题，甚至表现得曲意逢迎呢？（　　）

4. 你已经有了很多写报告用的参考资料，但是否仍责令下属部门继续提供？（　　）

5. 你处理往来函件时，是否读完就扔进文件筐，不采取任何措施？（　　）

6. 你是否无论遇到什么紧急任务，都先处理琐碎的日常事务？（　　）

7. 你非得在巨大的压力下才肯承担重任吗？（　　）

8. 你是否无力抵御或预防妨碍你完成重要任务的干扰与危机？（　　）

9. 你在决定重要的行动计划时常忽视其后果吗？（　　）

10. 当你需要作出可能不得人心的决策时，是否找借口逃避而不敢面对？（　　）

测评标准：填"对"得 4 分；填"接近"得 3 分；填"很少"得 2 分；填"否"得 1 分。

测评分析：

1. 36～40 分：心理素质差，必须正视这个方面的不足，争取在短时间内有所改变。

2. 26～35 分：心理素质较差，必须接受训练和长期锻炼，彻底改变拖沓、效率低的缺点。

3. 16～25 分：心理素质良好，大多数情况下具有成熟稳重和深思熟虑的表现，但要注意在低分的项目上加以改进。

4. 10～15 分：具有优秀的心理素质和坚忍不拔的毅力。

二、大学生常见的心理问题

大学生在学习和生活中可能会遇到一系列心理问题，这些问题通常与学业压力、人际关系、自我认同，以及未来规划的不确定性有关。大学生常见的心理问题包括自负或自卑、畏惧挫折、盲目从众、攀比嫉妒、焦虑抑郁、依赖心理、犹豫不决等。

（一）自负或自卑

不少高校毕业生由于欠缺自我评价能力和缺乏自我评价的客观反馈，常常导致自我评价不准确，表现为，脱离社会，对社会客观环境缺乏正确认识；过于依赖自我感觉，而对自我缺乏理性的认识和评价。

自我评价过高容易产生自负心理，这种情况在学习成绩好、工作能力和社交能力较强的同学中较为普遍。他们择业时往往以个人的主观择业标准去衡量社会需要，忽视现实对一个高校毕业生综合素质的要求，高估自己的知识和能力水平，期望值过高，容易脱离实际，以幻想代替现实，使择业目标和现实产生极大的反差，在求职就业过程中自傲清高、挑三拣四、自命不凡。

同时，在日趋激烈的人才竞争中，面对就业市场的困境和艰难，一些高校毕业生因为自己所在学校知名度不高、所学专业属于冷门行业，或者自己在班级的综合排名靠后等，产生了一种自卑心理。自卑是个人对自己的不满、鄙视等否定的情感，是对个体的得失、荣辱表现得过于强烈的一种心理，常表现为缺乏正确的自我认识，自惭形秽，缺乏信心和勇气。过度自卑，还会导致精神不振、消极厌世，甚至走向极端。这些自卑心理严重影响到个人的求职就业，使其不敢正面对待就业问题，同时阻碍其聪明才智和创造力的正常发挥。由于缺乏自尊心、自信心，他们看不到自己的优势和优点，不敢主动向用人单位推销自己，不敢主动参与就业竞争，陷入不战自败的困境中。例如：在参加用人单位的面试时，他们常常面红耳赤，语无伦次，答非所问，把面试前准备的"台词"忘得一干二净；或者由于谨小慎微，唯恐一句话说错、一个问题回答不好会影响自己在面试官心目中的形象，不敢放开说话，不能把自己的优势和特点表现出来。所以，无论是自负还是自卑心理，都易使个人失去许多就业机会。

（二）畏惧挫折

由于事先对严峻的就业形势缺乏充分的认识和应有的心理准备，一些高校毕业生在求职中遭遇几次失败后，往往盲目自卑，对自己的能力产生极大的怀疑。因而他们害怕面试，甚至采取逃避的态度，应聘时过分担心自己某方面的能力或经验不足，表现得过分谦虚，不敢自荐，以致与就业机会失之交臂。部分高校毕业生因习惯于校园中的生活，对环境的适应能力差，在求职中一旦遇到挫折或不顺就怨天尤人，感到无能为力，失去信心，出现不思进取、情绪低落、情感淡漠、意志麻木等心态。当再次遇到机会的时候，他们既心灰意冷又担心失败，从而失去重振旗鼓、再次进取的勇气，失去很多机会。其实"失败乃成功之母"，求职失败以后，只要吸取教训，更勇敢地面对市场竞争，寻找机遇、把握机遇，机遇就会光顾。

（三）盲目从众

从众心理是人们日常生活中的一种常见现象，不少高校毕业生求职就业时会出现这种情况。他们缺乏对自身的理性认识，不能全面分析自身条件和性格特点，不能客观分析社会的需要，因而在就业时产生了随波逐流的盲从心理，而没有"量体裁衣"的求职意识，不懂得只有适合自己的、能够发挥自身特长的岗位才是最好的，在求职就业时瞻前顾后、勇气不足、人云亦云、毫无主见。他们对于自己的优劣势、特长知之甚少；对所选单位、工作岗位一无所知，盲目追求高待遇；热衷于热门职业，热门职业的应聘人数越多，他们对热门职业的渴求越大。有的大学生看到别人都去大城市或经济发达地区就业，自己就跟着效仿。有的大学生受社会功利主义的影响，就业时名利心理过重，把就业目光投到相对稳定、待遇优厚的行业而不考虑自己的主客观条件，以至于在激烈的竞争中失败，造成心理落差，把自己限制在狭窄的求职道路上，从而错失就业机会。

（四）攀比嫉妒

很多新时代高校毕业生存在很强的竞争意识，但由此带来的负面影响也不容忽视。例如，许多高校毕业生为进入同一家较为著名的公司产生激烈的竞争，而由于自身的就业能力不足导致嫉妒心理产生。在寻找工作单位时，许多大学生都会和自己周围的同学进行比较，往往是越优秀的同学攀比嫉妒心理越重。在这种心理的作用下，即使有些用人单位非常适合自身发展，但因某个方面比不上自己同学的就业单位，就彷徨放弃，事后却后悔不已。

有些大学生甚至极端地认为自己在就业上的一次次失败与自己的同学有很大关系，是那些比自己条件好的同学抢了自己的饭碗，进而对同学产生嫉妒心理。嫉妒，在就业过程中有可能导致恶性竞争或恶意伤害，所以要引导这种嫉妒心理向积极的方向转化。

（五）焦虑抑郁

不少高校毕业生在就业过程中易出现情绪异常，较多地表现为焦虑不安甚至抑郁等消极的情绪状态。焦虑是因心理冲突或个人遭受挫折，以及可能要遭受挫折而产生的一种紧张、恐惧的情绪状态。焦虑心理产生的因素主要有 3 个方面：第一，缺乏对纷繁复杂的现实社会的理性认识，产生了步入社会前的恐惧心理；第二，缺乏充分的就业准备，对就业、考研、考公的选择不定，产生了顾此失彼的彷徨心理；第三，缺失就业方向和方法，始终不能顺利就业，因就业挫折产生就业恐慌心理。过度的焦虑会对高校毕业生择业、就业产生消极影响，不仅会抑制个人的正常思维，而且会使个人的注意力难以集中，记忆力明显减退，从而影响个人正常的学习和生活。严峻的就业形势、毕业生缺乏自信和足够的承受压力的能力、恋爱困扰、家庭背景等都会造成高校毕业生就业前情绪异常。有调查研究表明，大学生毕业前夕焦虑抑郁现象普遍存在，尤其是一些来自边远地区，或性格内向、有生理缺陷、学习成绩欠佳者，女生表现得更为突出。这种焦虑抑郁等情绪问题使他们精神负担沉重，紧张烦躁，严重地影响了其正常的生活和就业。

（六）依赖心理

依赖心理是指在就业中缺乏独立意识和自主承担责任的意识。形成依赖心理主要是由于个人独立决策能力不强，缺乏进取精神。依赖心理往往表现为，不主动出击，消极逃避就业市场，抱着"等、靠、要"的依赖思想，依赖家人通融社会关系，试图通过关系就业；依赖老师、学校送工作上门，总念着"车到山前必有路""天上也会掉馅饼"，试图坐等就业；即便有选择就业岗位的机会，也要向千里之外的家长寻求决策帮助，拿不定主意，以致贻误就业时机。在面对就业问题时，不少高校毕业生没有完全意识到自己是就业主体，缺乏独立意识，不把立足点放在自身努力上，忽视自身素质的培养与提高。这种倾向与其自身成长经历的局限性是分不开的。大学生毕竟只经历了十几年的学习生涯，一直生活在学校里，缺乏求职就业的经验，仅拥有较为简单的与家人、同学、老师的社会关系。在突然要面对重大的人生选择时，难免产生一定程度的依赖心理。如果不设法消除这种依赖心理，使自己的心态趋于成熟与独立，那么对大学生就业而言是十分有害的。

（七）犹豫不决

目前，找到工作难，找到如意的工作更难。部分高校毕业生在就业过程中存在各种矛盾心理：希望自主就业，却觉得风险太大；胸怀远大理想，却不愿正视眼前现实；注重专业能力的发展，却爱慕虚荣、互相攀比；重事业、重利益，想追求丰厚薪水，却不愿意承受过大的压力。他们在双向选择时，瞻前顾后，这山望着那山高，该拍板时不敢拍板，即使下了一个决定，也忐忑不安，顾虑重重。这类大学生缺乏对自己的清醒认识，对利害得失过分注重，很容易在一次次的徘徊、犹豫中错失就业良机。

三、大学生就业前的心理准备

大学生毕业临近时的择业心理准备是一个关键的过渡阶段，涉及从学术环境向职业世界的转变。在这个过程中，大学生需要对自己的职业兴趣、能力和目标有清晰的认识，同时准备好应对就业市场的竞争和不确定性所带来的挑战。

（一）客观地认识自我

1. 自我认知

面对就业中的各种矛盾和问题，首先要正确地认识自我。可利用合适的测验工具，对自己的气质、性格、兴趣等职业特征进行测验，通过测验分析，明确自己的个性特点、优劣势，以及自己适合做什么工作，找到适合自己的职业方向。

2. 参照对比

在有了正确的自我认知后，还要将自己与社会上的其他人比较。一是通过与自己条件相当、情况类似的人进行比较来认识自己；二是通过他人对自己的评价和态度来认识自己，看看别人眼中的自己是怎样的；三是通过参加社会活动，从活动的结果认识自己，如参加社会实践、毕业实习等，从客观上寻找评价的参照尺度来认识自己。

（二）就业期望值适度

1. 降低就业的期望值

这里的期望值由工作薪酬、工种前景、用人单位规模、工作地域等要素构成。高校毕业生就业时期望谋求到理想职业当然可以理解，但要使期望变为现实，必须认清形势，正确把握就业期望值。要认真考虑所学专业和方向，了解社会对该专业的需求情况，根据自己的职业特征、家庭情况等确定就业期望值。在就业时要以自己所长择社会所需，千万不要因为把各要素想得太高、太好或想一步到位而错失就业的机会，要始终树立"先就业再择业"的观念。

2. 树立正确的就业观

就业观是高校毕业生人生价值观的重要成分，与个人的世界观、道德意识和心理认知水平相互影响、相互制约。部分高校毕业生就业过程中出现的急功近利、求闲怕苦等心理误区，会在一定程度上影响他们的职业发展，制约他们认知水平的提高。因此，要正确处理国家、集体和个人发展之间的关系，把个人职业发展与社会需求有机地结合起来，树立自尊、自强、自立、自爱意识，发扬艰苦创业精神，在正确的就业观指导下促进自身综合素质的提高。

（三）增强自身就业力

自身就业力的高低直接影响着高校毕业生就业的质量。就业力就是就业竞争力，包括工作能力、适应能力、求职能力等。其中，工作能力的基本要求就是对专业能力的要求，同时具备适应环境和社会的能力。大学校园与社会毕竟有差距，甘于从底层做起，吸取经验，关键依靠的就是适应能力。除此之外，还应有一定的求职能力，包括个人素养、前期准备工作等。但这些都不是一朝一夕"临时抱佛脚"就可以换来的，而是长年累月地锻炼出来的。现在，高校毕业生就业困难与就业力缺失不无关系，需要从各个环节加强对自己的工作能力、适应能力和求职能力的培养，以实现顺利就业。

（四）进行恰当的心理训练

1. 自我反省

面对矛盾和冲突时不要冲动，要冷静、理智地进行思考，进行自我剖析，正确地认识自我和评价自我。一方面，客观地分析就业环境，可以把面临的情况搞清楚；另一方面，思考自我，找到自己的准确位置，可以用榜样的力量或英雄的事迹激励自己，与各种不良情绪进行斗争，坚信未来是美好的，相信自己的实力，自我激励，增强自信心。

2. 心理测验

通过心理测验，了解自己的心理特点和问题，从而有针对性地调节情绪，克服心理弱点，发挥优势。例如，高校毕业生可以进行智力测验、人格测验、职业心理测验、能力测验，根据测验结果来选择自己的职业或调整自己的情绪，使之达到良好的状态。

3. 自我慰藉

自我慰藉又称自我安慰。在遇到挫折和困难的时候，要学会说服自己，适当让步，或者用"退一步海阔天空""亡羊而补牢，未为迟也"等话语来安慰自己，以消除烦恼。

4. 转移注意力

消除烦恼的另一个办法是把注意力从消极情绪转移到积极情绪上来，如找人聊天，及时疏导，排遣郁闷。高校毕业生有一个优势，就是身边有一群拥有相似经历和目标的同学，可以借助他们来转移注意力。另外，当一个意念存在脑海里而影响睡眠的时候，不妨试着把纠缠自己的想法写下来，然后寻找解决办法。

5. 咨询专家

人的心理出现矛盾，特别是有较大的心理负担后，内心冲突激烈，往往自我调节难以奏效，这时外来力量的帮助就显得非常重要。高校毕业生可以求助于心理咨询专家，帮助自己消除就业挫折带来的焦虑、烦恼、抑郁等不良情绪。

6. 运用松弛训练法

松弛训练法是一种通过练习，如呼吸松弛练习、想象松弛练习、自我暗示松弛练习等学会在心理上和身体上放松自己的方法。松弛训练可以帮助个人迅速减轻或消除各种不良的身心反应，如焦虑、恐惧、紧张、失眠等症状。

任务三　信息准备——了解就业信息

●●➡ 任务导入

近年来，随着网络的迅速扩容，网络招聘行业步入高速发展期。巨大的网络空间为求职者提供了更多的信息和机会，也为欺诈提供了温床，如职位信息与实际不符、个人信息泄露，甚至存在传销陷阱等。并且，网络招聘诈骗的"套路"不断翻新。他们有的通过骗取个人信息后倒卖获利，有的借招聘之名窃取劳动成果，有的让求职者点击有病毒的链接盗刷其银行卡等。在巨大的利益驱使下，一些网络招聘甚至已经形成欺诈产业链，对普通求职者来说已经防不胜防，高校毕业生更要提高警惕，防止上当。

ᴏᴏ➡ 任务准备

列举两则大学生求职成功和失败的案例。

ᴏᴏ➡ 知识储备

对就业信息的了解程度直接影响大学生的就业效率和质量。因此，只有掌握就业信息的搜集渠道，并学会对就业信息进行有效处理，消除信息差，才能在就业过程中少走弯路，从容应对。

ᴏᴏ➡ 任务实施

一、什么是就业信息

就业信息是指求职者事先不知道的，经过加工处理，能被求职者接受并具有一定价值的有关就业的资料和情报。就业信息可分为广义就业信息和狭义就业信息，或称为宏观就业信息和微观就业信息。

就业信息在求职就业过程中的作用十分重要，它是求职的基础，是通向用人单位的桥梁，是就业决策的重要依据，更是顺利就业的可靠保证。有效的就业信息可以帮助求职者做到以下几点。

（1）牢牢把握就业机遇。

（2）不断调整就业或创业的目标。

（3）及时调整个人需求与社会需求之间的平衡。

（4）增强学习的目标性和主动性。

二、就业信息的搜集渠道

就业信息的搜集渠道多种多样，对大学生来说，了解和利用这些渠道是寻找合适工作机会的关键。

（一）各学校就业主管部门

各学校就业主管部门每年都会编制、上报就业计划，搜集、发布毕业生基本信息和学生就业信息，与毕业生就业所涉及的上级主管部门、人才交流机构保持着密切联系，是用人单位选择毕业生时所依赖的窗口。这些部门所提供信息的准确性、权威性、可信度非一般就业渠道可比，而且及时、专业对口性强、成功率高，是毕业生最主要的就业信息源之一。

ᴏᴏ➡ 知识拓展

国家大学生就业服务平台是由教育部主管、教育部学生服务与素质发展中心（原全国高等学校学生信息咨询与就业指导中心）运营的服务于高校毕业生及用人单位的公共就业服务平台。平台开通时主要涵盖专场招聘会、双选自助厅、招聘导航台、重点对接区、创业新天地、职业训练营、资讯直通车、服务立交桥、就业气象站等功能模块，融信息共享、远程见面、咨询指导、教育培训、经验交流、弱势帮扶、研究监测、政策发布与辅助管理功能为一体，为相关组织和个人提供全方位、高水平、个性化的深度就业服务。

（二）各级就业主管部门和就业指导机构

教育部每年都要制定大学生就业的有关方针、政策，各省、自治区、直辖市的主管部门也要相应地制定本地区的大学生就业实施方案，地域针对性较强。对那些有明确就业地点要求的大学生来说，这种渠道的就业信息尤为重要。

（三）各级、各类双向选择会及供需见面会

全国各地都会定期或不定期地举办规模不等、形式多样的人才交流会，为各类专业人才的合理流动和大学生的求职就业提供场所。各地举办的主要面向本地区用人单位和大学生的供需见面会都会在较短的时间内汇集众多用人单位的需求信息。在人才交流会上，大学生和用人单位直接见面，不仅可以直接获取许多信息，还可以当场签订协议，既简便又高效。

（四）有关新闻媒体

大学生就业作为社会普遍关注的热点问题，引起了新闻界的普遍重视，有关新闻媒体常报道就业政策、热门话题、讲座招聘广告等。《中国大学生就业》等杂志、各地人才市场报及各网络媒体上的就业信息值得关注。

（五）各种社会关系

本专业的教师在科研协作、兼职教学中与对口单位有着广泛的接触，校友大多在对口单位工作，对所在单位的情况了如指掌，可以获得许多具体、准确的信息，往往更清楚大学生适合到什么单位就业。此外，亲友与社会的方方面面都有一些联系，也可以提供一些就业信息。

（六）社会实践、毕业实习或业余兼职

大学生可以通过社会实践、毕业实习或业余兼职等活动，加强与有关单位的联系，增进了解，便于直接掌握就业信息。

（七）直接与用人单位联系

开始可以给自己认为合适的用人单位写自荐信，确定目标后，进行电话预约，然后登门拜访。这种"毛遂自荐"的方式也不失为获取就业信息、成功就业的有效途径之一。

（八）互联网

通过互联网获取就业信息是信息时代大学生搜集信息的一种高效、快捷、便利的途径，而且随着人才市场化、信息化运作的进程不断加快，网络的普及程度不断提高，网上求职、网上招聘已经成为一种时尚。目前，我国几乎所有的省、市和高校都建立起了毕业生就业信息网站，毕业生既可以从中查询到职业需求信息，又可以将个人求职材料诸如专业、特长、个人情况、在校的学习成绩与毕业成绩等传到网站，供用人单位在招聘时参考选择。

●●●➡ **活动与练习**

主题：搜集就业信息

活动：针对上述 8 种就业信息搜集渠道，以及每种渠道的特点，结合自身实际情况进行排序，选择 2~3 种信息搜集方式进行尝试。对比搜集结果，确定哪种信息搜集方式更能满足自身需要。

三、就业信息的处理方法

处理就业信息是求职过程中的一个关键步骤，要求求职者对接收到的就业信息进行分析、筛选、鉴别和利用。有效处理就业信息不仅能够节省时间和精力，还能帮助求职者保持清晰的头脑，使其作出明智的职业选择。

（一）就业信息分析

对就业信息的分析包括定性分析、定量分析和定时分析。定性分析是指对信息进行质的分析，如对就业信息中应聘条件、岗位特点、招聘对象的分析。定量分析是指从数量关系上对就业信息进行分析，如对某个职业岗位所需人数与应聘人数之间关系的分析。定时分析是指对一定时间内就业信息的发布趋势进行分析。

（二）就业信息筛选

对搜集到的需求信息，高校毕业生应结合自身实际情况加以筛选处理，去粗取精，去伪存真，进行有目的、有针对性的排列、整理和分析。对就业信息进行筛选时主要处理信息的真实性、时效性和价值性。对信息的真实性进行处理，就是要排除那些虚假信息；对信息的时效性进行处理，就是要排除那些过期无效的信息；对信息的价值性进行处理，就是要认真分析它们对于自己所具有的不同价值。例如，某些岗位信息符合自己的职业方向、兴趣爱好、发展要求等，那么这类信息就比较有价值；反之，就是无价值的就业信息。对就业信息进行筛选要坚持以下 3 个原则。

1. 求真

求真就是要了解信息的真实程度。外界的信息可谓真假难辨，有的纯粹是子虚乌有、空穴来风；有的则仅仅是用人单位出于宣传的目的，而非真心实意地想录用新人，这样的招聘广告含有大量的水分；有的则是一些单位尤其是一些非法机构发布的具有欺骗性、欺诈性的聘用信息，常通过收取报名费、中介费、面试费等方式来达到骗取求职者钱财的目的。由于信息的虚假常会导致求职者的决策失误，给就业带来多方面的麻烦和损失，因此，求职者一定要对那些值得怀疑、可信度低的用人信息多加以了解、考察、分析和核实，及早将虚假的或带有欺骗性的信息排除在外。

2. 求新

求新就是自己掌握的就业信息要具有时效性。一般而言，就业信息具有一定的有效期，越是最近发布的信息，越具有较高的使用价值，单位招聘计划、相关就业政策等尤其如此。

过时的信息、政策常会干扰或误导求职者的求职活动。因此，对求职者来说，及时获取一条新的职位信息，就多了一分成功的把握。

3. 求专

求专就是要有的放矢，缩小范围，从所有接触的信息中找到适合自己具体情况的有效信息。对个人的求职进程而言，就业信息并非数量越多越有益处，因为人们接触的信息往往同时包括高相关的、低相关的、无关的及错误的 4 类。如果无关的或错误的信息过多，反而会成为就业决策中的负担或额外的干扰源，会对决策造成消极影响。高校毕业生应当格外关注那些与自己的专业、性格、兴趣、能力和特长相符的就业信息，因为它们更适合自己的发展，成为自己未来职业的可能性更大。

▶ 活动与练习

主题：筛选招聘信息

活动：通过互联网查找企业招聘信息。

1. 至少以 3 家企业为调研对象（最好和本专业相关），获取企业基本信息（如所属行业、发展概况、发展前景、企业文化）；了解企业用工情况（如用工需求、岗位设置、岗位用工标准、岗位职责）。

2. 信息筛选完成后，请填写表 5-1。

表 5-1　企业基本信息和用工情况

企业基本信息	所属行业	发展概况	发展前景	企业文化
企业用工情况	用工需求	岗位设置	岗位用工标准	岗位职责

（三）就业信息鉴别

进行就业信息鉴别的目的主要是辨别其真伪、权威性、适用性等，鉴别的对象主要是前一阶段加工整理出的就业信息。要想弄清信息的真伪，就需要知道其来源于何处、是由谁提供的、提供者的依据是什么等。要想辨别信息是否具有权威性，就需要了解其来源与质量，掌握信息提供者的背景，比较同类信息的深度。要鉴别信息是否具有适用性，就需要首先了解自身的需求和特征。

（四）就业信息利用

就业信息利用主要体现在以下 3 个方面：一是及时运用有价值的信息去选择适合自己的工作；二是根据就业信息的要求及时调整自己的知识、技能结构，提高自己的工作能力，弥补原来的不足；三是及时输出对他人有用的信息，因为有些信息不一定对自己有用，可是对他人却十分有用，遇到这种情况，千万不要抓着这些信息不放手。

任务四　求职材料准备——准备求职信和个人简历

➡ 任务导入

　　高校毕业生在求职时，为了便于用人单位了解自己，并与用人单位取得联系，必须准备一份介绍自己的书面材料。这种能说明本人有关情况的个人材料，就是求职材料。

　　求职材料非常重要，是毕业生与用人单位之间交流信息的载体。对高校毕业生来说，可以通过求职材料向用人单位介绍自己的情况和求职意向，表达对用人单位所提供的职位感兴趣的原因和努力工作的决心。这是争取就业机会的重要步骤，是通往就业之路的"敲门砖"。

➡ 任务准备

　　列举两份优秀的个人简历。

➡ 知识储备

　　求职材料一般包括求职信、个人简历、就业推荐表、学习成绩表、学历证书、技能等级证书、获奖证书等。高校毕业生的求职材料应从多个角度准确、全面地反映自己的专业水平、组织能力、领导能力和综合素质。通过求职材料，用人单位可了解到求职者的身份、能力、综合素质等基本情况，以判断和评价求职者的学习成绩、工作潜力，从而确定能否给求职者提供面试的机会。

➡ 任务实施

视频：求职信

一、求职信的写作

　　求职信是求职者在个人简历的基础上向用人单位简明扼要地介绍个人专业水平、职业技能、职业规划、对谋求岗位的认知等信息的文书。

（一）求职信的类型

求职信按其针对对象可以分为以下两种。

1. 有目的地向用人单位进行自我介绍的求职信

　　这种求职信是在已经知道了某个单位招聘人才的情况下写的，具有高度的针对性。在求职信中，称呼和内容都要针对特定单位的特定人，主要表述自己的主观愿望和特长，以吸引对方的注意，取得面试机会。

2. 广泛适用的求职信

　　这种求职信不分职业、单位和对象，没有求职的具体目标，带有一定的盲目性，成功率相对较低。它主要向用人单位介绍自己的概况，让用人单位了解自己并对自己感兴趣，普遍使用在供需见面会和人才市场招聘会上。

（二）求职信的内容和书写格式

求职信通常由标题、称谓、正文、结尾、署名和日期、附件等内容构成。其书写格式如下。

1. 标题

求职信的标题通常只有文种名称，即在第一行正中间写上"求职信"3个字。

2. 称谓

称谓是对收信人的称呼，写在第二行，要顶格写单位名称或个人姓名，在称谓后附上冒号。求职信的称呼要比日常书信所用称呼正规。通常，写给国家机关、事业单位时，可用"尊敬的××处长（或科长等）"称呼；写给外资企业时，可用"尊敬的××董事长（或总经理等）"称呼；如果写给一般性企业，可用"尊敬的××厂长（或经理等）"称呼；若写给学校，则可用"尊敬的××教授（或校长、老师等）"称呼。

3. 正文

求职信的正文是核心内容，要另起一行，空两格后书写。正文内容较多，要分段写。

（1）求职的原因。首先简要介绍自己的基本情况，如姓名、年龄、性别、学校、专业等。接着要直截了当地说明从何种渠道得到有关信息及写此信的目的。这段是正文的开端，也是求职的开始，介绍有关情况时要简明扼要，对所应聘职务的态度要明朗。为了吸引收信者读下去，开头要有吸引力。

（2）对所谋求职务的看法及对自己能力的客观评价。这是求职信的重点。要着重介绍自己应聘的有利条件，特别突出自己的优势和"闪光点"，以使对方信服。语言要中肯、恰到好处。态度要谦虚诚恳、不卑不亢，达到见字如见其人的效果。要给对方留下深刻印象，进而使其相信求职者有能力胜任此项工作。

4. 结尾

求职信的结尾应该包含两部分内容：盼回复和祝福语。例如，先写"期盼得到您的回复""静候佳音"等；然后另起一行，空两格，写祝福语。又如，先写"此致"，然后另起一行，顶格写"敬礼"。不必过多寒暄，以免"画蛇添足"。

5. 署名和日期

求职者的姓名和成文日期写在信的最后，位于信的右下方，成文日期写在姓名下面。

6. 附件

有说服力的附件是鉴定求职者的凭证，是求职信不可忽视的组成部分。附件无须太多，但必须有分量，足以证明自己的才华和能力，如自己的外语等级证书复印件（或扫描件）、计算机等级证书复印件（或扫描件）、获奖证书复印件（或扫描件）等。若有附件，要在信的结尾注明。

（三）撰写求职信的注意事项

1. 篇幅尽量简短

只有篇幅简短、重点突出的求职信才会引起用人单位的注意，才能收到良好的效果。

2. 突出个性

面对不同的用人单位和不同的职位，应使求职信在内容侧重点上有所不同，必须有明确的针对性，切忌千篇一律，没有自己的特色。只有突出自己的个性，并很好地找到招聘岗位要求和自身条件的匹配点的求职信，才能被招聘者注意到。

3. 实事求是

要不卑不亢。适度的谦虚会让人产生好感，但过分的谦虚则容易给人留下缺乏自信的印象；与此相反，虚假浮夸的表述很容易被招聘者识破。因此，陈述要客观真实，适度修饰。由于文化上的差异，一般对外资企业需要充分地展示自己的能力，充满自信，而对国家机关及国有企事业单位则应适当内敛，着重介绍自己的知识和能力，语言要适度含蓄。

4. 语句流畅通顺，文字通俗易懂

求职信一般要求打印，做到文字工整、美观，语句流畅通顺，文字通俗易懂，不要出现错别字，切忌用华丽的辞藻进行堆砌，少讲大话、空话和套话。

5. 尽量不要谈薪酬

如果没有被要求，不宜在求职信中谈论薪酬待遇。如果招聘者要求自己提出薪酬要求，那么就适度地说明，如不低于×××等，或者参照行业薪酬标准的中等水平，并且注明这是可以协商的。

6. 仔细检查

写完求职信后要认真阅读修改，也可请周围的人帮助修改，避免出现有歧义的表述、重点不突出或表述层次不清等疏漏，使求职信能更准确地表达自己的意愿。

7. 可以写中、英文两种版本的求职信

现在有很多用人单位非常重视求职者的英语水平。因此，写中、英文两种版本的求职信，可以使自己的英语水平得到展示和提高。如果用人单位是中外合资企业或外资企业，那么中、英文两种版本的求职信就更有必要了。

●●➡ 知识拓展

求　职　信（示例）

尊敬的领导：

　　您好！

　　首先，非常感谢您在百忙之中抽空审阅我的求职信，给予我毛遂自荐的机会。我叫×××，毕业于××大学××专业。普通的院校、普通的我却拥有一颗不甘平凡的心。

　　我，自信乐观，敢于迎接挑战。虽然我只是一名普通的本科毕业生，但是年轻是我的本钱，拼搏是我的天性，努力是我的责任，我坚信成功定会成为必然。

　　经过大学×年的锤炼，在面对未来事业的选择时，我对自己有了更清晰的认识。由于我在大学中锻炼了较好的学习能力，加上"努力做到最好"的天性使然，×年中，我在各科考试中均名列前茅，与学校三等奖学金有着不解之缘。

　　在大学×年中，我也练就了较好的实验操作技能，能够独立操作各种仪器。但我并没有满足，因为我知道，在大学是学习与积累的过程。为了更好地适应日后的工作，我还不断地充实自己，参加了大学英语四级考试，并顺利通过。

　　听闻贵校招聘本专业的教师，我冒昧地投出自己的求职信。×年的寒窗苦读给予了我扎实的理论知识、丰富的实验操作技能及良好的表达能力。大学×年教会了我什么叫"学无止境"。我相信，不断努力刻苦学习一定能使我胜任这份高尚的职业，通过我的言传身教，定会

为祖国培养××方面的专业人才。

　　"天道酬勤"，我的人生信条是"人生在勤，不索何获"。若给我一次机会，我定会尽职尽责。一个人唯有把所擅长的投入到社会中才能使自我价值得以实现。别人不愿做的，我会义不容辞地做好；别人能做到的，我会尽最大努力做到更好！我愿发挥自身优势，与贵单位同事携手共进，共创辉煌！

　　诚祝事业蒸蒸日上

　　此致

敬礼

求职者：×××

××××年××月××日

➡ 活动与练习

　　主题：写求职信

　　活动：写一封简要的求职信，并将大家撰写的求职信进行集中展示，评一评，看谁撰写的求职信有特色、有亮点，是针对对口企业、对口职位撰写的，并符合要求。

二、个人简历的制作

视频：个人简历

（一）个人简历的要求

　　求职者要在个人简历中有重点地、简要地对个人的成长经历进行概述。用人单位会根据个人简历传递的信息与招聘岗位进行匹配，通过判断求职者对应聘岗位的胜任程度，决定其能否进入面试环节。因此，一份高质量的个人简历并不"简单"，一定是与应聘岗位高度匹配的。

1. 自我分析——自身拥有什么

　　首先，明确价值观。求职者一定要明确自己想要一份什么样的工作，即工作价值观是什么，它会支配求职者的选择。

　　其次，梳理众多与应聘岗位相关的学习、培训经历等，以及参加过的社团活动、志愿服务、社会兼职、兴趣或休闲活动等。

　　最后，能力分析。通过对过往经历的梳理，明确自己所具备的知识与技能、可迁移技能和自我管理技能，并能列举事实证明。

2. 企业分析——企业需要什么

　　首先，对所应聘的企业进行深度分析，如企业所处的行业、该行业的发展前景、企业的成长史、企业文化、目前的运营情况、薪酬和福利待遇、晋升空间等能否与自己的工作价值观相匹配。

　　其次，对所应聘的岗位进行分析，如岗位职责、任务、劳动强度、工作环境、对应聘者的能力要求等。

3. 信息展示——人职匹配

首先，明确求职岗位。没有求职意向的个人简历只能称为个人履历。要在个人简历中明确自己的求职岗位。

其次，展示企业需要的信息。要将"自身拥有的"与"企业需要的"进行匹配，给用人单位一种"众里寻他千百度。蓦然回首，那人却在，灯火阑珊处"的感觉。

最后，信息展示要分"轻重"。与应聘岗位紧密相关的信息要优先写，重点描述；与应聘岗位无关的信息不要写，要学会舍弃。

（二）个人简历的类型

常用的个人简历一般分为文字型个人简历和表格型个人简历两类。

1. 文字型个人简历

文字型个人简历用文字描述自己的经历，如个人基本情况、工作经历、个人成绩、获得的奖励等。传统的个人简历的写法是按时间的先后顺序列出自己的学习、工作经历，或者根据需要，有选择地列出自己的某些经历，以充分展示自己的技能和才干。

文字型个人简历的好处是便于求职者详细地、完整地介绍自己的有关情况。

2. 表格型个人简历

表格型个人简历以表格的形式分栏目地介绍个人情况。它比较简练，一目了然，是许多高校毕业生喜欢采用的形式。特别是经过计算机进行文字处理的表格型个人简历，非常规范、美观。

Word 中有很多个人简历模板，基本上可以满足求职者的需求。个人简历主要是为了突出个人信息，不应太过花哨。当然，如果应聘的是一些设计类的职位，花一些时间做一份个性化的个人简历，以此来展示自己的设计水平，还是很有必要的。

（三）个人简历的内容

个人简历一般包括基本信息、求职意向、教育背景、社会实践及学生工作经历、知识与技能水平、获奖情况等。

（1）基本信息：包括姓名、性别、出生年月（申请西方国家企业时可以不写，因为西方人认为年龄是个人隐私）、籍贯、学历、学位、专业、毕业院校、政治面貌、联系方式（电话号码或电子邮箱）等。注意，不要在此暴露身份证号码等个人保密信息。

（2）求职意向：需清楚地表明自己倾向的地域、行业、具体岗位等，如江苏普通中学的数学老师、企事业单位的行政管理人员。

（3）教育背景：应从最高学历开始，按由高学历到低学历的顺序书写，一般写至高中阶段，特别注意中间不要出现间断。

（4）社会实践及学生工作经历：主体部分，也是核心部分。随着用人单位对高校毕业生综合素质要求的不断提高，它们（特别是三资企业）更注重求职者的工作经历，所以一定要认真对待。大部分在校大学生都没有多少社会工作经历，但在学校所承担的社会工作、组织（参加）活动的情况、假期社会实践活动或短期打工经历都足以让用人单位从中窥见求职者的志向和爱好，以及求职者的组织能力、领导能力、团队协作精神和吃苦耐劳精神等。

（5）知识与技能水平：包括知识结构（指主要课程和从事的科研活动）、技能优势、外语和计算机水平，以及其他技能方面的证书等。

（6）获奖情况：包括各种竞赛所获奖项、各种资格证书、奖学金和各种荣誉称号等。

●●→ 知识拓展

个人简历（示例）

一、基本信息

姓名：胡鑫鑫	性别：男
出生年月：2002 年 1 月	籍贯：河北省石家庄市
E-mail：888888@qq.com	电话：86-××××-99999999
地址：×××职业技术学院 001 信箱	邮编：050000

二、教育背景

时间：2019 年 9 月—2022 年 7 月

院校：×××职业技术学院

专业：新能源汽车

主要专业课成绩：汽车构造 84 分，汽车电子电气系统检修 90 分，新能源汽车技术 93 分，新能源汽车电池 87 分，车载网络技术 96 分，新能源汽车安全操作与维护 92 分，新能源汽车综合故障诊断 98 分。

在校期间学习成绩优异。综合测评排名第一，核心专业课成绩排名第二；2019 年获得院校级二等奖学金；2020 年获得院校级一等奖学金。

积极参加学校管理，在校期间担任了院团委组织委员、班级学习委员，具有优秀的沟通管理能力。

三、实习经历

2020 年 10 月，在本院参加群众服务月活动，为社会各界车主朋友提供汽车保养咨询服务，因工作耐心负责、讲解明晰透彻得到好评。

2021 年 6 月—2022 年 6 月，在长城汽车股份有限公司实习期间，独立完成了新能源汽车装配和检测全流程工作，由于吃苦耐劳、认真负责，被选为实习车间工段长。

四、比赛成绩

2020 年 11 月，代表学校先后参加了世界技能大赛河北地区选拔赛和全国比赛，获得河北赛区一等奖和全国二等奖。

五、相关技能和证书

获得汽车技术 IEET 认证证书和智能新能源汽车 1+X 证书；通过了全国计算机等级（二级）考试；能够熟练使用 Office 办公软件，如 Word、Excel、PowerPoint 等，精通 AutoCAD 和 SOLIDWORKS 等工程设计软件。

六、自我评价

个性坚韧，工作认真，能吃苦耐劳，有突出的钻研开拓精神；为人热情乐观，兴趣广泛，适应性强，人际关系和睦；有优秀的组织、协调能力，善于沟通，有良好的团队协作精神。

（四）制作个人简历的注意事项

1. 真实

个人简历最主要、最基本的要求就是真实。真实地记录和描述，能够使阅读者产生信任感。个人简历不能弄虚作假、编造经历。

2. 简练

招聘者每天都要面对大量的个人求职简历，一般在粗略地进行阅读和筛选时，在每份个人简历上所用的时间不超过 1 分钟。如果个人简历篇幅很大，而阅读者又缺乏耐心，难免漏看部分内容，这对求职者是很不利的。

3. 突出重点

重点突出才会给人留下深刻的印象。个人优势部分是整份个人简历的点睛之笔，是最能吸引人的地方。

4. 不过度包装

自己的情况自己最了解，个人简历要亲自动手制作。从实际效果来看，多数用人单位更看重求职者的真才实学，对过度包装的个人简历不会有特别的好感。

5. 有自己的特色

如何让招聘者对自己的个人简历留下深刻印象，并决定给予一次面试的机会，需要大学生在其中针对用人单位的性质和应聘岗位突出自己的特色。

●●➡ 知识拓展

个人简历"八不要"

（1）不要长篇累牍。

（2）不要说自己无所不能。

（3）不要到处抒情，应用诚挚朴实的语气。

（4）不要使用劣质纸张，也不需要彩色纸张、铜版纸等。

（5）不要过分压缩字体和版面。

（6）不要虚构日期和事件。

（7）不要涉及薪水问题。

（8）不要陈述个人隐私问题。

●●➡ 活动与练习

主题：制作个人简历

活动：根据自身专业、爱好及求职意向，制作一份个人求职简历。

三、求职相关证书和附件材料的准备

在求职过程中，准备相关证书和附件材料是非常重要的一步，因为这些材料能够证明求职者的资质、技能和经验。

在求职过程中，除了需要准备个人简历和求职信，还需要准备以下证书和附件材料。

（一）就业推荐表

就业推荐表是学校为帮助毕业生就业，专门向用人单位出具的一份正式的推荐函。就业推荐表能证明该学生的身份、专业、培养方式等，并向用人单位简要介绍该学生的在校表现，是毕业生求职的重要材料。

就业推荐表由毕业生本人按要求认真如实填写，院系严格审查并加盖公章，经学校就业主管部门签章后用于向用人单位推荐毕业生。一名毕业生只能持有一份原件，若需联系不同的用人单位，可用复印件，待完全确定了所去的用人单位，再将原件交用人单位。

知识拓展

表 5-2 所示为就业推荐表示例。

表 5-2　××职业技术学院 2020 届毕业生就业推荐表

基本信息	学号		姓名		性别		照片
	民族		出生年月				
	生源地		政治面貌		培养方式		
	家庭地址						
教育经历	院系			入学时间			
	专业			辅修专业			
	学制		学历		预计毕业时间		
联系方式	手机号码						
	联系地址						
	电子邮件						
外语能力							
计算机能力							
个人经历（自高中起）							
奖励、荣誉							
求职意向							
院系推荐意见							

（二）学习成绩表

毕业生要持有一份盖有学院或教务处公章的学习成绩表。

（三）学历相关证书

学历相关证书包括毕业证书、学位证书、参加过的社会培训的结业证书、自考本科证书等。

（四）技能等级证书

如果有相关行业的专业资格证书，如 IT 认证证书、会计证等，应提供这些证书的复印件或扫描件。

（五）获奖证书

提供"三好学生""优秀学生干部""优秀团员"及"优秀毕业生"等所有获奖证书。

（六）参加社会实践、毕业实习的鉴定材料

在准备这些材料时，有以下5点需要注意。

（1）更新和审查：确保所有材料都是最新的，并且没有错误。

（2）相关性：只提供与自己申请的职位相关的证书和材料。

（3）专业性：所有材料都应该呈现专业的格式和内容。

（4）电子和纸质备份：准备好电子版和纸质版的备份，以便在不同情况下提供。

（5）隐私保护：在提供任何个人信息之前，确保自己了解该信息的使用目的，并采取适当的隐私保护措施。

【思考与讨论】

1. 结合你的专业，谈一谈大学生如何树立正确的就业观。
2. 大学生常见的心理问题有哪些？
3. 搜集就业信息的渠道和处理方法有哪些？
4. 如何对就业信息进行分析和筛选？
5. 求职信包括哪几个主要部分？怎样有针对性地写好求职信？
6. 个人简历包括哪几个主要部分？怎样撰写个性化的个人简历？

项目六　就业技巧

【思政目标】

1. 培养学生明礼、爱国的品质和严谨的学风。
2. 引导学生养成自我审视个人礼仪的习惯，培养学生的责任意识，以及守时守信、工作细致、认真自觉的职业精神。

【学习目标】

1. 掌握男性和女性求职形象要求。
2. 了解面试的一般流程。
3. 了解面试的基本类型。
4. 掌握面试中常见问题的回答技巧。
5. 了解笔试的基本类型。
6. 掌握笔试前的准备工作和笔试时的注意事项。

【情境导入】

小明为什么求职失败

小明是一位即将毕业的大学生，他对自己的未来充满憧憬。在校园招聘会上，他被一家知名科技公司所吸引，该公司展位所展示的创新文化和发展前景让他非常向往。小明投递了个人简历，并幸运地获得了面试机会。

面试当天，小明穿着他最喜欢的牛仔裤和 T 恤。但由于路上交通拥堵，小明比原定的面试时间迟到了 5 分钟，他匆忙进入面试室，显得有些慌张。

面试官是经验丰富的人力资源经理，她首先询问小明对公司是否了解。小明只简单提到了公司的名气和产品，没有展现出对公司的企业文化和业务的深入了解。接着，当面试官问到小明的职业生涯规划时，小明说还没有具体的计划，只是想在科技公司工作。

在面试过程中，小明的手机不断有新消息提示音，他几次拿出手机查看。此外，小明在回答问题时经常使用"嗯""啊"等口头禅。

面试结束时，面试官表示感谢小明的到来，并告知他将在一周内收到面试结果的通知。一周后，小明收到了一封邮件，结果自然是没被录取。

案例分析：小明求职失败的原因有两个。一是他的着装过于休闲，未能展现出对面试的重视和专业性；二是他迟到了，这可能给面试官留下不负责任的印象；三是他对公司的了解不够深入，无法在面试中展现出对公司的企业文化和业务的认同；四是他没有明确的职业生涯规划，让面试官对他的职业生涯目标和发展潜力产生疑虑；五是在面试过程中，小明频繁地查看手机，显得不够专注，同时他的口头禅和不自信的语言表达也影响了面试官对他的评价。这些因素综合起来，导致他未能成功通过面试。

任务一　求职礼仪

视频：求职礼仪

◦◦▶ 任务导入

中华民族自古以来就是一个礼仪之邦，礼仪能够充分展现个人的文化修养、道德情操和思想境界，养成良好的礼仪也有助于个人更好地发展事业。随着社会的发展，许多企业对人才的要求越来越高。因此，求职礼仪是大学生必须具备的一项技能，这对于求职成功有很大的帮助。

◦◦▶ 任务准备

列举两则关于求职礼仪的经典案例。

◦◦▶ 知识储备

求职礼仪是指人们在求职过程中应当遵循的一系列礼仪规范。学会这些礼仪规范，将使个人的职业形象大为提高。每个职场人都需要树立塑造并维护自我职业形象的意识。求职礼仪的核心是尊重他人、关注他人，重点是把握好仪容仪表、行为举止和语言谈吐三大要素。

◦◦▶ 任务实施

一、求职形象

求职者的形象给面试官的印象好坏，常常关系到求职的成败。因此，求职者在面试前应进行自我形象设计，以便在面试时更好地展现自己的风度和神采。

（一）男性求职者的形象设计

一般来说，男士面试前首先要精心梳理头发，不宜留长发，不能剃成阴阳头，也不要弄满头卷发，乱作一团。

其次，要注意面部问题，如修剪鼻毛和胡须，使人显得面部光洁、神采奕奕。

最后，要做到衣着整洁。若穿西装，最好系领带；宜把衬衫下摆扎进裤中；不要穿袖口或裤脚折边已磨损或开线的衣服；皮鞋要擦亮，鞋带要系紧。

（二）女性求职者的形象设计

一般来说，端庄、干练的女性求职者会受到用人单位的普遍欢迎。因此，女士面试前宜化淡妆，修剪指甲和鼻毛，把头发盘起或梳扎好，不要浓妆艳抹，以免弄巧成拙。

女士着装要得体大方，千万别穿超短裙，也不要穿偏薄偏透的衣服或紧绷的衣服，可穿西装套裙。

西装应稍短，以充分体现女性腰部、臀部的曲线美。如果配裤子，上装以稍长为宜。求职面试时，女士应避免佩戴过多的珠宝饰物。

➡ 活动与练习

主题：准备面试服装

活动：与小组同学准备不同的应聘职位进行面试时所需的服装及注意事项。

应聘教师：

_____

_____

_____

应聘公司前台：

_____

_____

_____

应聘业务员：

_____

_____

_____

应聘技术员：

_____

_____

_____

二、面试礼仪

良好的面试礼仪包括按时到达面试地点、与面试官礼貌交流、保持良好的坐姿和眼神接触、认真倾听问题并思考后回答、避免打断面试官的谈话等。

（一）准时赴约

一般来讲，比原定时间早 5～10 分钟到达面试地点较好，切不可让面试官等候。

（二）礼貌进入面试室

当自己的名字被叫到时，应有力地答"在"，然后敲门进入。开门和关门要尽量轻，进门后不要用后手随手将门关上，应转过身去正对着门，用手轻轻将门合上。回过身来将上半身前倾 30 度左右，向面试官鞠躬行礼，面带微笑称呼一声"您好"，彬彬有礼且大方得体，不要过分殷勤、拘谨或谦让。

（三）专业化的握手

当面试官的手朝你伸过来之后，你要握住它，有力地上下摇两下，然后把手自然地放下。握手应该坚实有力，有感染力。

（四）如钟坐姿显精神

进入面试室后，当面试官说"请坐"时你可坐下。坐下后不要背靠椅子，也不要弓着腰，腰板不用挺得很直，这样反倒会给人留下死板的印象，应该很自然地将腰伸直。

（五）眼睛是心灵的窗户

应全神贯注，目光始终聚焦在面试官身上，在不言之中，展现出自信及对对方的尊重。眼睛是心灵的窗户，恰当的眼神能体现出智慧、自信及对该工作的向往和热情。

（六）微笑的表情有亲和力

微笑是建立自信的第一步，有助于消除紧张。面试时要面带微笑，亲切和蔼、谦虚虔诚、有问必答。听面试官说话时，要不时地点头，表示自己听明白了，或正在注意听。同时要不时地面带微笑，当然也不宜笑得太僵硬，一切都要顺其自然。

（七）适度运用恰当的手势

说话时做些手势是很自然的，可手势太多也会分散人的注意力，需要时适度配合表达即可。交谈很投机时，可适当地配合些手势讲解，但不要频繁耸肩，手舞足蹈。切忌抓耳挠腮、用手捂嘴说话，这样显得紧张，不专心交谈；切忌拍对方的肩膀，这对面试官很失礼。

◦◦➡ 活动与练习

主题：面试小剧场

活动：模拟面试中的场景，体验面试礼仪，加深对面试礼仪的理解。5 人组成一组，每组随机抽取一个面试场景。通过小短剧的形式进行现场模拟表演。一组表演时，其他组认真观看，并在该组表演结束后指出表演中存在的有违面试礼仪的行为，并提出改正建议。

三、求职后的礼仪

面试结束并不意味着求职过程的完结，求职者不应该被动等待录用通知的到来，还有以下 4 件事情要注意。

（一）学会感谢

为了加深面试官对自己的印象，增大求职成功的可能性，对想抓住每个工作机会的人来说，面试后的两三天内，最好给面试官打个电话或写封邮件表示感谢。

1. 电话感谢

在面试后的一两天内，可以给人力资源部或面试官打个电话表示感谢。这个电话仅仅是为了表现你的礼貌和让对方加深对你的印象。电话感谢要简短，最好不要超过 3 分钟，电话里不要询问面试结果。

2. 写信感谢

面试官对求职者的印象是短暂的，而你的一封感谢信能加深面试官对你的印象。

面试感谢信可以采用电子邮件形式或书面形式。如果平时是通过电子邮件与用人单位取得联系，那么在面试结束后，发一封电子版的感谢信，既方便又得体。

（二）联系用人单位

一般来说，如果在面试两周后或面试官承诺的通知时间已到，还没有得到任何回复，就可以给用人单位打个电话，询问一下面试结果。

打电话询问面试结果时，需注意询问的时间和方法两个礼仪细节。

1. 询问的时间

从礼仪角度来说，打电话询问面试结果应尽量避开工作繁忙时间（一般指周一上午和周五下午）、休息时间（一般指工作日的中午一小时左右的时间，其他私人时间，特别是节假日时间）、用餐时间。因为询问面试结果是公事，所以应当在正常工作日的时间段打电话。

2. 询问的方法

在通话的过程中，自始至终都要尊重通话对象，待人以礼，表现得有礼、有节。接通电话后，首先说一声："您好！"接下来要自报家门，包括姓名、何时去面试的何种职位，以便对方及时知道求职者的身份。通话时要注意控制音量，声音清晰、生动、中肯；认真倾听对方讲话，重要内容边听边记。在电话中，求职者要表明对该公司的向往和愿意为该公司的发展做贡献。

（三）求职成功后全面了解入职单位

求职成功值得祝贺，但并不意味着求职结束。接下来求职者就要为入职做准备，即全面了解入职单位及工作。

虽然在求职前会对用人单位进行一些了解，但更多的是了解职位和薪酬等，求职成功后，求职者需要更多地了解用人单位的企业文化和运营等，有条件或可能的话最好进行实地全面考察。这会使求职者对用人单位的整体情况和运营有所掌握，会对其新工作有很大帮助。

除此之外，求职者一定要确认好去报到的具体时间、地点及联系人。

（四）做好再次面试的准备

如果在面试竞争中失败了，千万不要气馁，而要及时总结经验教训，并针对自身不足重新做准备，争取在下次面试中取得成功。

任务二 面试技巧

视频：面试技巧

●●➡ 任务导入

对用人单位而言，面试是面试官对求职者的一种考察活动，用来测试和评价求职者的能力素质，是求职的必经之路。因此，求职者只有对面试的一般流程和基本分类进行充分了解，做好充足的准备，才能提高面试成功的概率。

任务准备

搜集两则关于面试的经典成功案例。

知识储备

面试是指在特定的时间和地点，由面试官与求职者进行面对面的交流，是一个相互观察、相互沟通的过程。其有广义与狭义之分，广义的面试包括从面试通知到录用签约的全过程；狭义的面试特指面试官与求职者面谈的单次过程。

任务实施

一、面试的一般流程

面试的一般流程分为整体面试流程和单个面试流程。

（一）整体面试流程

行业不同、企业不同，面试的整体流程也有所区别。政府和事业单位招录一般经过网络在线申请、笔试、面试、体检、录用等环节。企业招聘则多采用面试通知、笔试、初试（一面）、复试（二面）、背景调查、通知入职等环节。下面以企业招聘整体面试流程为例进行介绍。

1. 面试通知

企业一般会通过电话或邮件的方式通知面试。有的企业发送面试通知后会打电话再次确认，有的企业则仅仅发送邮件而不会有其他方式的提醒。所以，求职者应保持手机畅通，随时阅读邮件，以免错过面试机会。

2. 笔试

笔试是一种与面试对应的测试，是用以考核求职者特定的知识、专业技术水平和文字运用能力的书面考试形式。笔试题目有选择、填空、判断、简答、论述等多种形式。通过笔试可以迅速有效地考察求职者的基本素质，从而在候选人规模较大时有效地筛选出优秀者。

3. 初试（一面）

初试通常由人力资源部主持，由招聘主管或招聘经理出任面试官，从候选人中推举出进入复试的人选，推举比例一般不超过最终录用人数的两倍。初试通常围绕求职者个人简历中的内容展开，考察维度比较全面，业务素质与综合素质都要考察。一些比较小型的企业没有人力资源部，通常会由行政人力资源经理和部门领导直接组织初试，而由企业领导者进行复试。

4. 复试（二面）

复试一般由企业用人部门领导担任面试官，重点考察候选人的专业技能是否符合部门用人要求。有些部门领导会比较重视候选人的团队意识，以及是否符合自己的风格。企业领导者参与复试一般采用非结构化方式，重点考察候选人的职业素养及其与企业文化的匹配度。

也有一些企业对某些重要的岗位采用系列面试的方式，即复试环节包括二面、三面甚至扩展到四面，求职者需要做的就是一如既往地认真对待每次面试，和每位面试官建立良好的关系。

5. 背景调查

复试通过后，企业会对入围者进行背景调查，核实入围者以往的学历及工作经历是否属实。企业一旦发现候选人提供的信息有不属实情况，通常会毫不留情地将其淘汰。因此，求职者一定要注意个人简历的真实性，不能过分夸大或弄虚作假。

6. 通知入职

求职者在接到企业录用通知后，在正式入职前，还需进行一些体检、资料的准备，具体事宜遵从企业安排即可。入职时，注意携带齐全资料，以备企业核实。

（二）单个面试流程

如前所述，求职者在应聘时会经过初试、复试两次面试，有的企业对某些重要岗位的候选人可能会面试 3 次以上。就每次面试而言，面试的流程大致分为 3 个阶段：第一阶段为面试导入阶段，主要是进行暖场寒暄、告知程序等；第二阶段为面试讨论阶段，主要是面试官向求职者提出相关问题，求职者作答；第三阶段为面试收尾阶段，主要是面试官对候选人进行评价、作出决定。第二阶段会形成对候选人的全面看法，是整个面试的主体；而第一、第三阶段所占用的时间较短，却直接决定着第一印象的好坏和最终应聘的成败。因此，这 3 个阶段对求职者来说都要认真对待。关于面试过程中的一些细节，将在后文给出建议，这里不展开讨论。

二、面试的基本类型

根据不同的标准，可以将面试划分为不同的类型。

（一）结构化面试与非结构化面试

根据面试的标准化程度，可以将面试划分为结构化面试与非结构化面试两大类型。

1. 结构化面试

结构化面试又称规范化面试，是指依照预先确定的题目、程序和评分标准进行面试，要求做到题目的结构化、程序的结构化和评分标准的结构化。

结构化面试对所有候选人询问相同的预先设定的问题。这些问题均与工作相关。当所有候选人都完成面试以后，他们的答案被尽可能客观地进行比较。在结构化面试中，面试官易于控制局面，而对候选人提供的可以变通的空间较小。结构化面试在筛选性面试中运用得很多，原因是结构化面试用时一般都有统一限制，比较节省时间。

结构化面试也是一种看起来比较公平的选才方式。因此，目前，政府、事业单位及大型国企的招录面试多采用结构化面试。

2. 非结构化面试

非结构化面试又称随机面试，是指面试中没有固定的框架结构，也不使用有确定答案的固定问题的面试。

非结构化面试的题目是开放式的，允许求职者以不同的方式回答。面试官大多会提出一些与工作无关的问题，如"请告诉我一些关于你的事情"。回答这样的问题，求职者可以发挥的余地是非常大的，可向多个方向展开。如何把自己的优势、能力展现给面试官是对求职者的巨大挑战。

（二）电话面试

面试官通过电话与求职者直接交流，有自我介绍与常规问题询问，根据个人简历对求职者的基本能力和经历进行了解，以判断其是否具备招聘职位所需要的相关能力，并以此判断是否给予其下一步面试的机会。

视频：电话面试

求职者应对电话面试做好以下4点。

1. 充分准备，熟悉简历

求职者在发出自己的简历以后，就应该时刻准备着可能突然而至的电话面试了。这时，求职者需要对自己的求职目标特别清晰，对自己的简历内容了如指掌，当对方问及的时候，做到胸有成竹。如果这次面试是早有预约，求职者需要提前15分钟到达预先选定的安静的地方，面前放好纸笔，迎接即将到来的面试。也有可能这个面试是"不速之客"，而此时求职者所在的地方不适合打电话，那就建议对方在稍晚的一个时间段打过来，求职者也好调整一下心情，然后尽快寻找一个方便打电话的地方。

2. 精力集中，谦和礼貌

电话面试中，求职者需要精力集中，认真倾听。求职者可以用纸笔把一些特殊的、重要的信息记录下来，特别是在一开始的时候就要记录下对方的名字和头衔，并不断地在通话时加以重复，以表示对对方的尊重。另外，还要注意说"谢谢"，以显示自己谦和礼貌。

3. 条理清晰，言简意赅

电话面试时间一般不会太长，常在十几分钟内，所以讲话时一定要简洁明了。在交谈中还要注意语速，要将信息清晰地传达给对方。同时，还要注意讲话的逻辑性，以显示自己具备较强的逻辑思维能力。

4. 把握提问机会，莫谈薪资

在回答了面试官的问题之后，求职者要把握最后的提问机会，提一些事先准备好的有深度的问题，以展示实力。但需要注意的是，不要在电话面试中询问关于薪水和福利的问题，因为在相互无法见面的情况下贸然去谈薪酬，可能会导致失去进一步面谈的机会。

（三）行为面试

行为面试是一种试图通过求职者过去的行为所展现出的能力来推测未来能否胜任目标岗位的面试方法。

近年来，行为面试方法非常流行。行为面试围绕与求职者工作相关的关键胜任能力提问，要求求职者讲述一些关键的行为事件，面试官对这些事件进行行为性分析。例如："给我一个你不得不面对一个无法容忍的人的例子，说一说问题是怎么解决的""请你讲述过去你策划过的最难的项目的经历，遇到的最大困难是什么，你是如何处理的"。

要高质量地回答行为面试的题目，关键是要知道面试官究竟想考察你拥有哪些岗位能力。例如，是团队合作的能力还是解决问题的能力，是领导力还是执行力。在回答行为面试题目的时候，求职者需要把这些能力融入自己的故事中，让面试官相信你具有处理这些问题的能力和经验，你就是他们想找的人。在描述这些故事的时候，求职者要突出自己在解决这些问题时的作用，而不仅仅是这个事件的被动参与者。

（四）小组面试

小组面试又称无领导小组讨论面试，是一种集体测试方法，由一组被试者组成一个临时工作小组（5～7人），讨论给定的题目，并作出决策。由于这个小组是临时组成的，所以并不指定负责人，目的就在于考察小组成员的表现，发现那些符合岗位胜任特征的候选人，这些人将顺利进入下一轮面试，或者直接胜出被录用。

1. 小组面试的问题

小组面试的问题可以是开放性问题（如什么样的领导是好领导？）、"两难"问题（如好领导应该是工作取向还是关系取向？）、资源争夺问题、操作性问题等。考察的维度一般是团队合作、组织协调、语言表达、逻辑思维、进取心、责任心、情绪管理等。

2. 小组面试的一般流程

（1）提供一项背景资料，提出需要讨论解决的问题或辩明的观点。

（2）给一定时间阅读背景资料，每个参与者都要有自己的观点、立场或决策。

（3）小组成员就问题依次陈述个人观点、立场或决策。

（4）小组成员展开辩论，努力说服观点对立的一方。

（5）小组成员最终达成一致意见，并派代表向面试官陈述最终观点。

3. 参加小组面试应遵循的原则

（1）仪态自然，充满自信。小组面试提供了一个平等竞争的环境，给参与者的压力还是很大的，这就需要参与者保持平和心态，不急不躁，沉着应战。

（2）放下包袱，大胆发言。小组面试的目的是通过每个人的发言，发现那些有思想、有办法、善表达者。试想，如果一个人一直不说话，怎么能脱颖而出呢？所以，候选人必须克服不喜欢在众人面前讲话的心理，大胆发言。

（3）论证充分，辩驳有力。小组讨论时要大胆发言并不是说要胡乱发言，参与者如果没有想好，最好还是先整理好思路，否则，逻辑混乱或毫无新意，也是不能加分的。

（4）尊重他人，包容友善。小组讨论时难免有对立观点，如果各不相让，容易激化矛盾。那些对他人恶语相向的人，面试官会认为其人格不够成熟，是会直接给低分的。所以，一定要控制好自己的情绪，不要对他人进行人身攻击，切忌以势压人；应就对方观点进行理性、客观的反驳，表现出与人为善的良好品质。

（5）关注目标，推动进程。一般来说，小组讨论是有时间和任务限制的，要求在特定时间内达成一致意见，如果最终没有达成一致意见，所有候选人的成绩都会受到一定影响。所以，应关注小组讨论的整体目标，在适当的时候充当领导者，大胆提出自己的意见，当小组讨论处于僵局时，打破僵局；当讨论久而不决时，引导小组成员形成一致意见。此时，你的领导才能就会显露出来，得到面试官的青睐。

（6）善于总结，最终呈现。在小组成员发言的时候，要随时进行总结提炼，要让队友信，你已对大家的发言做了条理清晰、全面系统的总结，这样就为自己争取到了做最后性发言的机会。这无疑又是面试官给分的一个关键点。

（五）压力面试

压力面试是指将求职者置于一个充满压力的情境中，观察其反应，以对其情绪稳定性、应变能力等进行考察的面试方法。

压力面试的形式多样，如用严厉的语气说话、对你说的话提出质疑、长时间不理你、给你回答问题的时间很短令你无法回答、提出一些让你不好回答的问题，等等。例如：

（1）你在现在这个年龄为什么还不能赚更多的钱？

（2）你不能胜任这份工作，你认为呢？

（3）你同学发展得都挺好的，而你现在还在找工作，你怎么看？

（4）你要的薪酬太高了，我们公司请不起。

（5）你在个人简历的……地方写得夸张了一点。

在遇到压力性问题时，保持良好的心态至关重要。此时，你可能会感觉受到了故意刁难或威胁，但务必保持镇静，要把注意力集中在问题本身而不是对方的态度上。你要心平气和地回答对方的问题，不要忘了向对方展示你的能力、潜质和良好的职业素养，相信这样会带来意想不到的好结果。

三、面试前的准备工作

求职者在接到面试通知后应如何准备呢？

（一）深入了解用人单位

面试前要充分了解用人单位，包括对用人单位的性质、地址、业务范围、经营业绩、发展前景、应聘岗位职责及所需的专业知识和技能有一个全面的了解。单位性质不同，对求职者面试的侧重点就不同。一般来说，高校毕业生可以通过用人单位的内部宣传资料、网站、报纸、杂志、广告宣传手册、新闻媒体的报道等渠道来了解其相关状况。面试时，如果求职者能够对用人单位了解得比较透彻，能够详细回答企业的历史、现状、主要产品等信息，用人单位会认为求职者非常重视此次面试，从而增加胜出的概率。

（二）充分准备材料

参加面试要带好个人简历、自荐信、成绩单、有关证书等材料，如各类获奖证书，外语、计算机、职业技能证书。如果应聘外资企业，最好将个人简历、自荐信等材料准备为中英文对照格式。此外，即使曾经给用人单位发过个人简历、自荐信，也应该再各带上一份，以备用人单位查看。

（三）进行面试训练准备

刚毕业的大学生由于缺乏求职面试经验，在面试前有必要进行一些面试技巧训练，包括学习聆听、敏捷反应、沉着应对，说话具有条理性，得体的举止、面试礼仪等。高校毕业生可以通过参加学校就业指导课、讲座或查阅书籍等方式学习面试技巧，或通过模拟面试等途径进行训练。

（四）全面、客观、准确地审视自己

求职者应对自己的能力、特长、个性、兴趣爱好及就业倾向有一个清醒的认识，尽量使自己的能力与工作要求相适应。

（五）模拟可能遇到的问题和不利情况

对可能遇到的问题进行准备，包括有关自身情况的问题，专业问题，以及兴趣、个性、能力、就业去向等问题。这项准备有助于认清自身的想法并清晰地进行自我表达。可练习处理对面试不利的事情，并将之前不愉快的受挫经历等作为一段可供学习的经验加以阐述，从而用积极的态度来消除其负面影响。

四、面试中的常见问题分析

尽管各用人单位面试中向求职者提出的问题多种多样，但经常问到的问题还是有章可循的。用人单位关心的问题通常可以归纳成五大类基本问题，这些问题是求职者必须回答和准备的。

（一）询问基本信息：你是一个什么样的人

问这类问题实际上是想了解你的个人基本信息，如你的学历、经历、性格、优缺点、兴趣爱好等，目的有两个：一是建立对你的初步印象；二是看你对自己的了解和评价。类似的问题如下。

（1）简要谈谈你的经历。
（2）请简要介绍你自己。
（3）你最大的优点是什么？
（4）你最大的缺点是什么？
（5）请用 3 个关键词描述一下你自己。
（6）你的同学是如何评价你的？

回答这类问题有 3 个原则：一是自我介绍要简洁，只需简单地把自己的经历介绍一下，点到为止；二是阐述缺点要坦诚但不致命，要坦诚地承认自己的某些缺点，如工作经验不足；三是阐述优点要与职业能力相联系，要突出自己的闪光点，如实习经历对自己成长的重要性。通过你的回答，面试官可以初步判断你是不是一个容易相处的人。

（二）询问职业决策：你为什么到这里来求职

问这类问题实际上是想了解你是否有明确的职业生涯规划，你的职业决策是不是经过深思熟虑的，你是否对应聘的企业与职位有足够的了解和文化认同。类似的问题如下。

（1）你为什么选择这个行业？
（2）你为什么对这份工作感兴趣？
（3）对于我们公司，你了解多少？
（4）你理想的工作是什么？
（5）你的职业生涯目标是什么？
（6）说说你 3 年内的职业发展规划。

回答这类问题，唯一的办法就是提前为自己制定一个 3～5 年的职业生涯规划。机会都青睐于有准备的人。大学生需要把对自己、环境的探索加以整合，形成自己的理性见解，才能顺利地回答这些看似简单的提问。要告诉面试官，自己对企业文化的理解，自己的价值观与企业的价值观是一致的，希望通过自己的努力为企业的发展做贡献。

（三）询问岗位能力：我们为什么要聘用你

问这类问题实际上是想了解你是否具有目标岗位所需的技能。其有两层意思：一是你的过往经验和能力是否与目标岗位相匹配；二是你所拥有的能力与其他求职者相比是不是具有优势。类似的问题如下。

（1）你认为一名合格的客户经理需要具备哪些素质？

（2）为什么你认为自己适合这个职位？

（3）我凭什么应该从众多的求职者中选中你？

（4）给我 3 个聘用你的理由。

这类问题与"你有什么优点"类似，只不过与具体的岗位联系更紧密。这就要求求职者预先了解目标职位所需要的能力，并告诉对方自己认为这个职位需要什么样的人，通过描述自己的过往经历展现个人能力，证明自己就是对方要找的最合适的人。

对于目标职位所需的职业能力，面试官通常还会就某些重要的职业素质设计出具体的问题，以便对求职者的能职匹配度进行深入的评估。对于这类问题，应掌握好 3 个原则：一是表现出积极进取、踏实认真的职业态度；二是表现出谦和宽容、合作共享的职业素养；三是尽量以自己以往的经历或经验证明自己拥有这些能力。

1. 工作态度与动机问题

（1）你怎样定义成功？

（2）你争取成功的动力是什么？

（3）有哪些因素可能会让你失去动力或信心？

（4）通常怎样的工作情形会让你产生沮丧的情绪？

2. 分析与解决问题的能力问题

（1）某家电公司最近遇到了利润下降的问题，请你分析一下可能的原因。

（2）你曾经做过的最难的决定是什么？

（3）当工作与生活发生冲突时，你是如何处理的？

（4）你如何缓解工作压力？怎样保持生活平衡？

3. 学习与创新的能力问题

（1）你喜欢读书吗？请说说你最近读的一本书。

（2）请给出一个你从失败中得到的教训。

（3）你认为你最需要发展的专业技能是什么？

（4）请给出一个你用创造性的方案解决问题的例子。

4. 领导与团队合作的能力问题

（1）你认为作为一名领导最主要的是要做到哪几点？

（2）在团队中，通常你的典型角色是什么？

（3）你怎么激励团队达到成功？

（4）对你来说，与团队一起工作和独自工作哪种工作方式效率更高？

5. 沟通与协调的能力问题

（1）假如你是足球队队长，队中有两名队员有些不和，但他们都是主力队员，而此时正好有一场重要比赛，你如何去协调处理？

（2）如果你接到一通客户的抱怨电话，确知无法立即解决他的问题，你会如何处理？

（3）假如老板对你的工作进行了调整，但是在调整之前，老板并没有通知你，而调整后的工作很难做，你该怎么办？

（4）假设你在某部门工作，成绩比较突出，得到了领导的肯定，但同时你发现同事们越来越孤立你，你怎么办？

（四）询问薪资要求：我们雇得起你吗

当进入最后一轮面试，工作很吸引你，用人单位对你也很感兴趣时，就有谈薪资水平的必要了。不过，一般来说，薪资问题是由用人单位提出的。

如果你事先没有调查拟聘的职位、行业和所在地区的薪资水平，对你来说，要回答薪资水平的问题是很棘手的。如果你说的薪资过高，有可能错过这次录用的机会，同时，也会被认为不够理性；如果你说的薪资过低，则会使自己蒙受不必要的损失。特别是不能说"无所谓""您看着给"这样消极的话，因为会被认为不够成熟。

正确的做法是，可以首先阐述一下自己对拟聘职位工作职责的了解，然后询问一下用人单位是否对这个职位规定了相应的薪酬范围。例如，你可以问"这个职位的薪酬范围是多少"或者"我希望获得和我成功完成任务的经验、能力相符的工资水平，您认为这样的薪资范围为多少"。如果知道了工资范围，假设是 13500～15500 元，你可以说期望的薪资范围是 15000～16000 元，这样就为后面的谈判留下空间。

如果面试官给出了薪资范围，你就需要事先对拟聘的公司、职位及当地的工资水平进行调查评估，提出一个既让对方认可，又对自己有利的薪资要求。

（五）询问个人需求：你有什么问题要问我们

当面试接近尾声的时候，面试官通常会问你有什么问题。此时，你依然有一些原则要遵循。

第一，必须提出自己的问题。提出问题不仅意味着你很在意用人单位及其提供的职位，还意味着你是一个有想法的人。你可以通过提问更全面地了解用人单位及应聘职位的情况，表达你的需求。

第二，问题应体现求职目的。你提问题的目的是得到职位，而不是难倒面试官，因此，你所提的问题应该是让面试官能够回答并乐于回答的。如果你的面试官是人力资源经理，那么你最好不要问太过深奥的业务知识。

第三，问题应当与职位有关。你所提出的问题应和自己未来从事的职位相称，并体现出你是一个积极进取的人。例如，最好别问诸如"请您告诉我公司未来 3 年的发展战略"这样的问题。

下面列举一些成功的求职者经常提出的问题。

（1）您能告诉我所从事的职位在公司组织结构中的位置吗？

（2）您认为对新员工而言最容易碰到的问题和挫折是什么？

（3）公司对新员工的技能提升会提供哪些帮助？

（4）公司对员工的长期培训计划一般有哪些内容？

（5）您能讲讲对公司的印象和看法吗？

活动与练习

主题：模拟面试

活动：教师和学生之间模拟面试。模拟面试内容和时间分配如表 6-1 所示。

表 6-1　模拟面试内容和时间分配

序　　号	内　　容	时 间 分 配
1	组织分工	课外完成
2	模拟面试	每组 10 分钟
3	面试点评	10 分钟
4	教师点评	5 分钟
5	教师剖析	10 分钟
6	教师布置实训作业	5 分钟

活动：

1. 组织分工

（1）组长负责综合协调本组分工。

（2）组长安排 2 名以上组员作为面试官。

（3）组长安排 1 名组员进行表现记录。

（4）组长作为面试者参加其他组的面试。

2. 模拟面试

（1）组长到教师处抓阄，抓到本组面试的重新抓，遇其他冲突由教师指定面试组。

（2）第一组进行模拟面试。

（3）非面试者小组就面试者的表现进行观摩、记录。

3. 面试点评

（1）由记录者进行点评。

（2）由面试官进行点评。

（3）由观摩者进行点评。

4. 教师点评

（1）待模拟面试结束后，教师进行点评。

（2）教师点评时需表扬先进、批评落后。

（3）将教师点评成绩纳入期末成绩。

5. 教师剖析

（1）教师剖析模拟面试环节中各面试者的表现。

（2）教师根据学生表现进行归纳总结。

6. 教师布置实训作业

（1）教师布置课后练习作业。

（2）教师布置随后章节的资源准备作业。

（3）教师可另外出题。

知识拓展

面试测评的主要内容如表6-2所示。

表6-2 面试测评的主要内容

测评要素	主要内容
仪表风度	指求职者的体形、外貌、气色、衣着、举止、精神状态等。仪表端庄、衣着整洁、举止文明的人，一般做事有规律、注意自我约束、责任心强
专业知识	作为对笔试的补充，招聘者通过面试可以了解求职者掌握专业知识的深度和广度，是否符合招聘职位要求。面试时对专业知识的考察更具有灵活性，如可以随机提问，也可以要求求职者现场解决一定的技术问题等
工作技能	面试不但可以验证求职者个人简历中对工作技能的描述，而且可以考察求职者的职业道德、责任心、主动性、思维能力、口头表达能力等与职业技能相关的一系列基本情况
表达能力	面试中，求职者是否能够将自己的思想、观点、意见和建议顺畅地用语言表达出来，不但可以表现出其表达的逻辑性、准确性、感染力等是否符合职业要求，而且可以表现出其音质、音量、音调等是否符合职业要求
应变能力	主要看求职者对面试者所提问题的理解是否准确、贴切，回答是否迅速、准确等；对于突发问题的反应是否机智敏捷、回答恰当；对于意外事情的处理是否得当、妥善等
人际交往能力	在面试中，通过询问求职者经常参与哪些社团活动，喜欢与什么类型的人打交道，在各种社交场合所扮演的角色，可以了解求职者的人际交往倾向和与人相处的技巧
自我控制能力	自我控制能力对于一些从事特定工作的人（如服务人员、营销人员）尤为重要，如在遭遇挫折、委屈、压力时是否能够克制、容忍、理智；对工作是否有耐心和韧性
工作态度	往往要了解两点：一是了解求职者对过去学习、工作的态度；二是了解求职者对招聘职位的态度。一般认为，对过去无所谓的人，在新的工作岗位上是很难勤勤恳恳、认真负责的
求职动机	了解求职者为何希望来本单位工作，对哪类工作最感兴趣，在工作中追求什么，从而判断本单位能否满足其要求和期望，更重要的是就此了解求职者对招聘职位的"渴望度"和潜在的"工作热忱"
业余兴趣	面试者往往会询问求职者休闲时间爱好哪些运动，喜欢阅读哪些书籍，以及喜欢什么样的电视节目，有什么样的嗜好等。了解个人的兴趣与爱好，会对以后的工作安排有好处
行为习惯	面试者通常会非常注意求职者的行为方式，特别是细小的行为。因为下意识的行为可以真实地反映个人的性格特征、道德修养等

任务三 笔试技巧

任务导入

面试官对求职者的考察除了面试，通常还会通过笔试的方式来进行，因为有些专业知识在面试过程中不好详细询问。笔试里大部分是专业性的题目，一看答案就可以了解求职者的专业能力是否合格，从而过滤掉一批不合格的人。因此，要想顺利拿到录用通知，需要对笔试的类型和流程有个大致的了解。

任务准备

搜集两则关于笔试成功的经典案例。

　　笔试是一种常用的考核办法，是用以考核求职者特定的知识、专业技术或对文字的运用能力，以及考察录用人员素质的书面考试形式，用于用人单位对求职者所掌握的基本知识、专业知识、文化素养、心理健康等综合素质进行考察和评估。笔试对求职者来说是相对公平的一种测试方式，因而被越来越多的用人单位所采用。

●●━➡ **任务实施**

一、笔试的基本类型

　　按考试的侧重点分类，目前求职过程中的笔试形式一般有以下6种。

（一）专业考试

　　专业考试主要是为了检验求职者是否能达到某个职务所要求的专业知识水平和相关的实际能力。专业考试的题目专业性很强，如外资企业、外贸企业要考外语，科研机构要考动手能力，公检法机关要考法律知识等。值得注意的是，这种考试方式已被越来越多的"热门"单位所采用。

（二）文化素质考试

　　文化素质考试是为了检验求职者的实际文化素质，由用人单位给出范围或特定要求，让求职者写作文来考察其知识、思维、文字表达能力的一种笔试方式。考试的题目以话题类型居多。例如，要求文科学生运用某个原理或某个历史知识来分析某个问题；要求理工科学生运用某个专业知识来解决某个实际问题，等等。

（三）技能测试

　　进行技能测试是为了检验求职者的实际工作能力或专业技术能力。这种考试往往针对特定的工作岗位来设计。例如，用人单位要招聘一名秘书，为了考察求职者是否具有这方面的技能，会通过下面的题目来测试：阅读一篇文章，写读后感；自编一份请示报告和会议通知；听取5个人的发言，写一份评议报告；某公司计划在5月赴日本考察，写出需做哪些准备工作，等等。

（四）论文笔试

　　论文笔试是检验求职者分析、综合、比较、归纳、推理等思维能力的方法。其形式采用论述题或自由应答型试题。该笔试的最大优点是有利于考察求职者的思考能力，从而能够确定求职者思想认识的深刻程度。这种测试往往会出现不同的答案，易于发现人才，能比简单的测验题更准确地判断个人的水平。论文笔试要求讨论问题深刻、有见地。

（五）心理测试

　　心理测试是用事先编制好的用于测试求职者心理素质的标准化量表或问卷，要求求职者在一定时间内完成，根据完成的数量和质量来判断其心理水平或个性差异的一种笔试方法。一些特殊的用人单位常常以此来测试求职者的态度、兴趣、动机、智力、个性等心理素质。

（六）国家机关录用公务员，一律实行考试录用

中央机关及其直属机构录用公务员公共科目笔试分为行政职业能力测验和申论两科，全部采用闭卷考试的方式。

公共科目笔试是公务员录用工作的重要环节，笔试内容坚持思想引领，突出公务员的政治标准和政治属性，重点测查用党的创新理论指导分析和解决问题的能力，教育引导报考者自觉做习近平新时代中国特色社会主义思想的坚定信仰者和忠实实践者；注重能力导向，主要测查从事公务员工作应当具备的基本能力和基本素质，教育引导报考者注重平时学习积累和能力提升；实行分类分级，突出人事相宜，根据不同职位类别、不同层级机关的特点分别设置，以提高测评的科学性、精准性；坚持公平公正，对各类报考者一视同仁，试题使用素材具有通用性。

为方便考生，笔试在全国各直辖市、省会城市、自治区首府和部分较大城市设置考点，实现考生就近考试。报名时间定于每年10月中下旬。公共科目笔试时间定于每年11月下旬或12月初。

从某种角度来说，笔试能更深入地检验、体现高校毕业生的综合素质，高校毕业生平时的知识积累程度，对知识是否真正理解和掌握等。用人单位的出题方式远比学校灵活多样，更侧重于考察能力，而不是单纯的知识。因此，在笔试前，应对用人单位进行深入的了解，做到知己知彼，不打无准备之仗。

二、笔试前的准备工作

求职过程中的笔试不同于学校平时的考试，临考前要注意以下3点。

（一）保持良好的心态

要适当减轻思想负担，不可给自己施加过大的压力，否则适得其反。

笔试的前一天要注意休息，保证充足的睡眠，避免考试时精神不振，影响正常思维。

要适当参加一些文体活动，从而使高度紧张的大脑得到放松和休息，以充沛的精力去参加考试。

（二）了解笔试的类型

不同的笔试类型对应不同的考试内容，临考前应详细了解，针对不同情况进行相应的准备。例如，公务员考试有明确的考试范围，考生复习时应有针对性。而一些用人单位的笔试则相对灵活，出题范围也比较大。求职者可围绕用人单位划定的大致范围翻阅一些有关的图书资料。笔试成绩与求职者平时的努力也有很大的关系，如果其兴趣广泛，平时注意吸收各种信息，考试时就能驾轻就熟、得心应手。

（三）做好笔试的知识准备

1. 学以致用，理论联系实际

现在的求职考试越来越强调用学过的知识解决实际问题，具有很强的实用性，换句话说，

主要是考察求职者对知识的运用能力。因此，在复习过程中必须始终突出一个"用"字，通过各种实践，把学得的知识运用到工作实际中解决各种具体的问题。

2. 提纲挈领，系统掌握

在知识与能力两者中，知识无疑是基础，没有扎实的基础知识，就谈不上能力的培养和提高。掌握知识的一个有效方法就是把零散的知识化为系统。但是应聘笔试往往范围大、内容广，存在着一定的随意性和盲目性。因此，凡是与求职有关的知识（如文史知识、科技知识、经济知识、法律知识和一般的计算机知识），均要系统地复习一遍。

3. 多读多练，提高阅读能力

提高阅读能力，对扩展知识面和回答求职考试的各类问题很有益处。要提高阅读能力，首先得坚持进行阅读实践。知识的获得，主要依靠传授；能力的提高，则必须通过实践。复习时经常做些阅读训练，有助于阅读能力的提高。在进行阅读训练时，一定要做到"眼到"和"心到"，特别是"心到"，即对每个问题都要仔细揣摩，认真思考，分析比较，综合归纳，努力提高自己的阅读能力。

4. 敏锐思考，提高快速答题能力

为了适应求职考试中的题量，还应该培养自己快速阅读、快速思维和快速答题的能力。因为现代阅读观念不只着眼于信息的获取，还特别重视速度。所以在准备笔试的时候一定要提高答题速度。

三、笔试时的注意事项

求职者参加笔试时应注意以下事项。

（一）听从安排

应当在监考人员的安排下就座，不要选择座位，更不要抢座位。如果因特殊情况，座位确实有碍自己考试需要调整时，一定要有礼貌地向监考人员讲清楚并求得其谅解，若实在不能调换，也应理解其工作上的难处。

（二）遵守规则

在落笔之前，一定要听清监考人员对试卷的说明，不要仓促作答，不要跑题、漏题或文不对题；更不能扰乱考场纪律或存在我行我素的行为，如未经许可不携带现代通信工具及工具书等进入考场。

（三）写好姓名

做题前一定要先将自己的姓名等被要求填写的个人情况写清楚，以免百密一疏，白白地做一回"无名英雄"。

（四）卷面整洁

答卷时应注意卷面整洁、字迹清晰、行距有序、段落齐整、版面适度（从对方阅卷装订方便出发，试卷上、下、左、右边缘应该留出些空隙而不要"顶天立地"）。因为求职过程中的笔试不同于在校时的考试，"醉翁之意不在酒"，有时用人单位并不特别在意求职者考分的高低，而是从中观察求职者是否具有认真的态度、细致的作风。

（五）光明磊落

要防止一些可能被视为舞弊的行为或干扰考试的现象出现，如偷瞄别人的试卷，藏匿参考材料，与旁人交头接耳等。另外，口中念念有词，大声翻试卷，用笔击打桌面，唉声叹气，抓耳挠腮，经常移动身体或椅子显出烦躁不安等举动都不会为自己带来任何好处。

（六）主动上交手机等通信工具

求职者参加笔试，一定要注意手机等通信工具的处理，要按照监考人员的要求，关掉手机放在包里或直接交给监考人员保管，否则手机等通信工具响起来时，会不自觉地去看，就有作弊的嫌疑或给用人单位留下不严谨的印象，直接影响到笔试成绩或录用结果。

【思考与讨论】

1．在面试过程中需要注意哪些礼仪？
2．面试的基本类型有哪几种？
3．面试前需要做好哪些准备工作？
4．笔试前需要做好哪些准备工作？

项目七　就业权益与法律保障

【思政目标】

1. 培养学生的全局观念、法治观念，增强服务意识。
2. 培养学生的法律思维、法律意识，引导学生在社会生活中尊重他人权利并积极依法履行义务。

【学习目标】

1. 了解大学生的就业形势、政策、权利和义务。
2. 了解常见的侵权行为，掌握违约责任和劳动争议。
3. 了解就业协议的内涵、各方的权利和义务，掌握签订就业协议应遵循的原则及基本程序。
4. 了解劳动合同的形式和具体内容，掌握签订劳动合同的程序。

【情境导入】

维护合法权益

李志发是无锡某职业技术学院 2023 届毕业生，在一次招聘会上与一家电子公司初步达成了就业意向。双方签订了普通高等学校毕业生就业协议，约定服务期为 3 年，试用期从 2023 年 7 月 1 日开始，期限 2 个月。协议中约定了 5000 元的违约金，双方均签字确认。

毕业后，李志发开始到该公司工作，但在工作 1 个月后，公司并未与他签订劳动合同。李志发咨询公司究竟是为什么。这时候，公司拿出一份劳动合同与李志发签订。李志发仔细阅读后发现，该劳动合同规定，如果自己单方面离职必须支付公司 5000 元违约金。李志发想起了就业指导老师讲的关于劳动者违约金的知识，即劳动合同对劳动者的违约行为设定违约金依法仅限于违反服务期约定及竞业限制约定的情形。而单方面离职并不属于这两种情形，根本不需要支付违约金，故李志发拒绝签订劳动合同。然而，公司以李志发不愿意签订劳动合同为由，解除了劳动关系。

李志发被解除劳动关系之后，心有不甘，向当地劳动仲裁机构申请劳动仲裁。劳动仲裁机构受理了李志发的申请，该公司依法向李志发支付了 1 个月的双倍工资和违法解除劳动合同的赔偿金。

案例分析： 公司不能任意对劳动者设定违约金，违约金的设定仅限于违反服务期约定及竞业限制约定的情形。公司因自己违法而与劳动者解除劳动合同，属于违法解除劳动合同，应当向李志发支付赔偿金。李志发用法律武器维护了自己的合法权益。

任务一 大学生就业形势与政策

任务导入

在当前经济形势下，全球经济发展面临诸多挑战，这对就业市场产生了显著影响，尤其是对高校毕业生的就业前景造成了压力，高校毕业生就业呈现就业预期明显降低、体制内就业偏好增强、自主创业意愿减弱等特点。高校毕业生是宝贵的人才资源，是社会就业群体中最具活力和最具创造力的群体之一，促进高校毕业生就业成为落实就业优先政策的重中之重。作为新时代大学生，要及时了解我国大学生的就业形势和就业政策，审时度势，及时调整自己的就业观。

任务准备

列举国家针对高校毕业生的一些相关就业政策。

知识储备

大学生是整个就业大军中庞大的就业主体，是国家重要的人才资源，是建设中国特色社会主义的栋梁。解决大学生就业问题，能有效地改善就业形势。

任务实施

一、大学生就业形势

近年来，我国的大学生就业形势越来越严峻，主要体现在以下 4 个方面。

（一）高校毕业生人数逐年攀升

近年来，我国大学生就业问题引发各方关注。2023 年我国高校毕业生人数是 1158 万人，再创新高，意味着社会待就业人员又将进一步增多，就业竞争压力也会随之加大。

（二）结构性矛盾加剧

当前，我国正处于产业结构升级调整阶段，发展重点转向了新一代信息技术、高端装备、新材料、新能源、生物医药等方面，对于高级技术技能型人才需求迫切。与此同时，我国高职院校对于技术技能型人才的培养与社会需求还存在一定差距，这样的差距不仅体现在人才培养规模上，还体现在人才培养质量上。

一方面，就业总量压力依然很大，劳动力供求不平衡。逐年攀升的高校毕业生人数和市场需求之间的不平衡使就业压力居高不下。另一方面，就业结构性矛盾进一步加剧，一些行业和地区发展的不平衡造成了供需结构性矛盾。例如，一些行业由于发展较早，有较长的发展历史和丰富的资源，容易出现人才过剩的情况；而一些发展相对较晚的行业可利用资源较少，容易面临人才短缺的状况。

（三）重点发展领域人才面临巨大缺口

2017 年，教育部、人社部、工信部发布的《制造业人才发展规划指南》显示：中国制造业十大重点领域 2020 年的人才缺口超过 1900 万人，2025 年这个数字将接近 3000 万人，缺口率高达 48%。而且，企业自动化程度不断提升，对技能型人才的要求也越来越高。

人社部 2021 年 8 月公布的数据显示，高级技师求人倍率达到 3.11，也就是说，有 3 个多岗位，才有 1 个符合条件的求职者。高级技术技能型人才已成为企业迫切需要的人才。

（四）专业培养与社会需求脱节

大学生的能力和培养方向与社会需求之间存在明显的差异，高校专业设置不能完全适应市场的需求，信息不对称导致了"人不知其位，位不得其人"的状况等。这些都加重了大学生就业形势的严峻性。

随着社会经济的不断发展，产业结构的不断升级，劳动力市场需求的不断调整，企业转型升级速度的日益加快，作为与产业结构及劳动就业联系甚为紧密的高等职业教育，虽然对于人才培养的目标经历了从高级技术型人才、高素质技能型人才、高端技能型人才到高素质技术技能型人才的转变，但是高职院校在人才培养的诸多方面存在滞后现象，造成了人才培养质量与社会需求的脱节。

在专业结构方面，同一区域内的高职院校专业设置同质化严重，办学特色、行业特色、区域特色不鲜明；专业设置缺乏前瞻性，对十大重点领域相关专业的开设不足；专业结构没有与产业结构相对接。在课程建设方面，课程设置对于职业岗位能力的需求体现不足，缺乏企业意见的融入，实训课所占比例较低；课程实施方式单一，没有充分利用互联网和先进教学手段；课程内容受传统"就业导向"的人才培养目标的影响，过分强调"专业对口"，造成对学生人文修养、复合能力及职业素质等方面的培养有缺失。

二、大学生就业政策

大学生就业政策是国家就业政策中的一个重要部分，是专门为指导高校毕业生就业工作而制定的旨在创造和扩大其就业机会的制度、规则的总称。

（一）鼓励高校毕业生到基层、到中西部地区就业

对到农村基层和城市社区公益性岗位就业的，给予社会保险补贴和公益性岗位补贴；对到农村基层和城市社区其他社会管理和公共服务岗位就业的，给予薪酬或生活补贴。

对到中西部地区和艰苦边远地区县以下农村基层单位就业并履行一定服务期限的，由政府补偿学费，代偿助学贷款。

对有基层工作经历的，在研究生招录和事业单位选聘时优先录取。

对参加"选聘高校毕业生到村任职"、"三支一扶"（支教、支农、支医和扶贫）、"大学生志愿服务西部计划"等项目的，给予生活补贴，按规定参加社会保险；项目服务期满并考核合格的，对硕士研究生初试将是有利条件。

（二）鼓励高校毕业生应征入伍服义务兵役

在选取士官、考军校、安排到技术岗位等方面优先。

退役后参加政法院校为基层公检法定向岗位招生考试时优先录取。

具有高职（高专）学历的，退役后免试入读成人本科；或经过一定考核，入读普通本科。

（三）积极聘用优秀高校毕业生参与国家和地方重大科研项目

高校毕业生在参与项目研究期间，享受劳务性费用和有关社会保险补助，户口、档案可存放在项目单位所在地或入学前家庭所在地人才交流中心。聘用期满，根据需要可以续聘或到其他岗位就业，就业后工龄与参与项目研究期间的工作时间合并计算，社会保险缴费年限连续计算。

（四）鼓励和支持高校毕业生到中小企业就业和自主创业

对企业招用非本地户籍的普通高校专科以上毕业生，各地城市应取消落户限制（直辖市按有关规定执行）。

为到中小企业就业的高校毕业生提供档案管理、人事代理、社会保险办理和接续等方面的服务。

从事个体经营符合条件的，免收行政事业性收费并享受国家相关扶持政策。

登记失业并自主创业的，如自筹资金不足，可申请小额担保贷款；对合伙经营和组织起来就业的，可按规定适当提高贷款额度。

任务二 大学生就业的基本权益

☞ 任务导入

一部分即将步入社会的高校毕业生，往往会将注意力集中在准备求职材料、搜集就业信息、准备面试与笔试等方面，忽视与就业有关的法律、法规及政策，再加上社会经验不足、自我保护意识差、就业竞争激烈等原因，在求职过程中遭遇了各种各样的陷阱。因此，高校毕业生在就业过程中，一定要积极主动地了解和掌握有关就业方面的法律、法规及政策，时刻保持头脑清醒，学会运用法律武器维护自己的合法权益不受侵害。

☞ 任务准备

列举两则大学生在就业中未履行义务的案例。

☞ 知识储备

大学生作为一个特殊群体，在就业过程中除了享有普通劳动者所享有的劳动报酬权、休息休假权、劳动保护权等一般权利，还享有许多其他的权利。此外，高校毕业生在享受相关权利的同时，也要履行相关义务。

●●➡️ **任务实施**

一、大学生的就业权利

大学生的就业权利是指他们在就业时依法享有的就业保障和利益。这些权利包括自主择业权、平等待遇权、接受就业指导和就业服务权、自荐权和被荐权、信息知晓权、享受国家规定的待遇权、解除协议权、申诉权等。

（一）自主择业权

自主择业权是指高校毕业生享有就业与不就业的权利。例如我国法律规定，申请自费出国的高校毕业生在毕业时可以申请不就业；拥有自主选择就业方式的权利；享受职业选择决定权等。

（二）平等待遇权

用人单位在招录高校毕业生时，应坚持公开、公平、公正的原则，任何凭关系、"走后门"及性别歧视等行为都是对高校毕业生平等待遇权的侵犯。《中华人民共和国劳动法》（以下简称《劳动法》）第十二条规定："劳动者就业，不因民族、种族、性别、宗教信仰不同而受歧视。"第十三条规定："妇女享有与男子平等的就业权利。在录用职工时，除国家规定的不适合妇女的工种或者岗位外，不得以性别为由拒绝录用妇女或者提高对妇女的录用标准。"

（三）接受就业指导和就业服务权

高校毕业生有权接受学校的就业指导和就业服务。高校应及时向毕业生传达有关就业方针、政策、规定的内容，并对毕业生进行就业观教育和就业技巧的指导等。

（四）自荐权和被荐权

高校毕业生有权向有需求的用人单位进行自我推荐并接受学校的推荐。学校应广泛地向用人单位推荐高校毕业生，并坚持优生优荐的原则，发挥学校推荐的导向作用。

（五）信息知晓权

就业信息是高校毕业生成功就业的前提，学校和有关就业指导部门应该如实地、毫无保留地向高校毕业生及时提供就业信息。这些信息包括用人单位的需求，所选单位基本情况、工作安排、福利待遇等，国家就业政策、就业形势等。

（六）享受国家规定的待遇权

高校毕业生就业后，其工资标准和福利待遇应按国家有关规定执行，工龄从报到之日起开始计算。高校毕业生报到后，用人单位应根据工作需要和高校毕业生所学专业及时安排工作岗位。到非公有制单位就业的高校毕业生，其档案按国家有关规定进行管理，工资待遇由高校毕业生与用人单位协商确定，但工资标准原则上应不低于国家规定。此外，高校毕业生还应享有自谋职业和自主创业及享受相应优惠政策的权利、支边及享受相应优惠政策的权利。

（七）解除协议权

履行协议后，高校毕业生的权益或人身自由、人身安全受到用人单位的严重侵害时，可以主动提出解除协议。《劳动法》第三十二条规定："有下列情形之一的，劳动者可以随时通知用人单位解除劳动合同：（一）在试用期内的；（二）用人单位以暴力、威胁或者非法限制人身自由的手段强迫劳动的；（三）用人单位未按照劳动合同约定支付劳动报酬或者提供劳动条件的。"

（八）申诉权

《劳动法》第七十七条规定："用人单位与劳动者发生劳动争议，当事人可以依法申请调解、仲裁、提起诉讼，也可以协商解决。"第七十九条规定："劳动争议发生后，当事人可以向本单位劳动争议调解委员会申请调解；调解不成，当事人一方要求仲裁的，可以向劳动争议仲裁委员会申请仲裁。当事人一方也可以直接向劳动争议仲裁委员会申请仲裁。对仲裁裁决不服的，可以向人民法院提起诉讼。"第八十三条规定："劳动争议当事人对仲裁裁决不服的，可以自收到仲裁裁决书之日起十五日内向人民法院提起诉讼。一方当事人在法定期限内不起诉又不履行仲裁裁决的，另一方当事人可以申请人民法院强制执行。"此外，《中华人民共和国合同法》（以下简称《合同法》）第一百二十八条规定，"当事人可以通过和解或者调解解决合同争议。当事人不愿和解、调解或者和解、调解不成的，可以根据仲裁协议向仲裁机构申请仲裁……当事人没有订立仲裁协议或者仲裁协议无效的，可以向人民法院起诉。当事人应当履行发生法律效力的判决、仲裁裁决、调解书；拒不履行的，对方可以请求人民法院执行。"

（九）求偿权

求偿权是指高校毕业生享有向违约方要求承担违约责任、获得赔偿的权利。

二、大学生的就业义务

权利与义务是相辅相成的，高校毕业生在享有国家规定的权利的同时，还必须履行一定的义务。高校毕业生在就业过程中应当履行以下 6 项义务。

1. 服从国家需要的义务

当国家重点建设项目或某些行业急需人才时，高校毕业生应积极报名，如志愿服务西部计划、"三支一扶"计划、服兵役等。

2. 向用人单位实事求是地介绍个人情况的义务

高校毕业生在向用人单位进行自我推荐、自我介绍和接受考察时，有义务全面地、实事求是地反映个人情况，以利于用人单位的遴选，不得夸大其词、弄虚作假。

3. 接受用人单位组织的测试或考核的义务

用人单位为了招聘到符合要求的高校毕业生，一般都要通过一些测试或考核手段来了解高校毕业生的情况，通过比较，作出是否录用的决定。

4. 严格按照就业协议及其他合法约定履行相应义务的义务

《合同法》第八条规定："依法成立的合同，对当事人具有法律约束力。当事人应当按照约定履行自己的义务，不得擅自变更或者解除合同。依法成立的合同，受法律保护。"高校毕业生应认真履行协议或合同，不得无故擅自变更或自行解除。如果单方违约，必须主动承担违约责任。

5. 依照职责完成工作的义务

这项义务要求高校毕业生全面了解并熟悉自己所在岗位的工作职责和要求，确保能够按照企业的规定和流程高效、准确地完成各项任务。

6. 不断提高职业技能的义务

高校毕业生需定期审视自己的技能现状，主动寻求学习和提升的机会，如参加课程、研讨会或企业内部培训。同时，要注重实践经验的积累，勇于尝试新方法，积极总结经验。在信息化时代，高校毕业生还需保持开放心态，学习新知识，掌握新技能，以应对职场挑战。

任务三　就业侵权及法律责任

任务导入

大学生在就业择业的过程中，依法享有不容侵犯的就业权益，但是在现实生活中，大学生的就业权益经常受到有意或无意的侵犯。面对虚假招聘、求职欺诈、就业陷阱等侵权现象，大学生要学会利用法律手段来保护自身的合法权益。因此，应了解一些求职过程中常见的侵权行为，这样在就业的时候才能提高警惕，防止上当受骗。

任务准备

列举两则大学生就业中出现劳动争议的案例。

知识储备

《中华人民共和国宪法》《劳动法》《中华人民共和国劳动合同法》《中华人民共和国就业促进法》等法律法规中对劳动者的合法权益作出了明确规定，保护了劳动者的合法权益，但在保护大学生就业权益方面依然存在诸多问题。大学生就业主要分为 3 个阶段：择业阶段、签约阶段和劳动合同签订阶段。不同阶段都会存在一些法律问题，为此，高校毕业生要熟悉和掌握国家有关法律法规，强化自己的维权意识，寻求合适的解决途径和办法。

任务实施

一、常见的就业侵权行为

在就业过程中确实存在一些侵权行为。这些行为不仅违反了法律规定，也侵害了求职者的合法权益。

（一）欺骗宣传

一些用人单位在招聘时夸大单位规模、发展前景、工资待遇等情况，或者隐瞒单位实情；

有的用人单位千方百计地了解高校毕业生的情况，却设法回避高校毕业生提出的了解单位的问题。这些都将导致高校毕业生与用人单位之间信息不对称，侵犯了高校毕业生的知情权。更有甚者，恶意欺骗宣传，宣称"高薪""高福利""高岗位"，欺骗高校毕业生从事名不副实的工作，严重损害高校毕业生的利益。例如，某企业抛出低工资、高奖金的制度吸引求职者，扬言做得好月薪可达数万元，其实是在几乎没有底薪的情况下给予苛刻的销售提成。要知道，管理规范的优秀企业通常会淡化奖金、提成这些易于滋生副作用的做法，只有那些急功近利、员工流动性大的企业才会反其道而行之。

（二）招聘歧视

1. 性别歧视

在就业市场中，性别歧视现象依然存在，这令许多女性求职者感到无奈和困惑。有些用人单位为了追求利益最大化，往往忽视自身的社会责任，逃避劳动法赋予的对女职工的特殊保护义务。在招聘员工时或私下或公开规定"只招男士"或"男士优先"，给女性求职者带来了不公平的待遇。

2. 身体歧视

一些用人单位在缺少相关规定的情况下将身体有残疾或疾病的人拒之门外，剥夺了这群人的就业机会；还有一些用人单位在并无必要的情况下对求职者的身高、相貌甚至三围提出要求。

3. 户籍歧视

有的用人单位只招收有本地户口的高校毕业生，或者没有本地户口就必须有本地户口居民的担保，抬高了外地户口高校毕业生就业的门槛。有的地方政府为了保护本地人口就业，制定不合理的人才准入制度，使本地用人单位无法招收外地户口高校毕业生，或者无法使外地户口求职者成为正式职工，严重限制了人才的合理流动。

（三）违规收费

国家有关部门早就明文规定，用人单位不得以任何名义向求职者收取报名费、押金、保证金等费用，员工培训费用应当从成本中支出。可有些用人单位却对此置若罔闻，巧立名目向求职者收费。不少高校毕业生迫于对工作的需要往往只得就范。可是不少用人单位在收取了费用后便为所欲为，或者怠于履行义务，或者向求职者得寸进尺地提出更过分的要求。

（四）侵犯隐私

高校毕业生在求职时，会在网络和求职材料上留下自己的信息，如姓名、年龄、身高、学历、电话、身份证号码等，这些信息属于个人隐私，未经本人同意不得公开、泄露、出售。但由于各种原因，如工作人员的疏漏、网络软件的缺陷、不法分子的圈套等，这些信息有时却被用来侵害当事人的利益或谋求商业利益。因此，高校毕业生求职时不要随便将个人资料留给不可靠的单位和个人，投放网络时要选择安全防范能力强和可靠性高的网站，同时要注意保密。在面试时，一些用人单位的提问会涉及个人隐私，如果与工作无关或出于恶意，高校毕业生有权拒绝回答；如果出于安排合适岗位的考虑或者考察应变能力，高校毕业生可以视情况回答。

（五）侵犯知识产权

个别用人单位在招聘时要求高校毕业生提供其作品或完成某项设计工作等以取得并盗用高校毕业生的智力成果。例如，某软件公司在报刊上刊登招聘启事，招聘计算机专业硕士研究生，凡求职者领取考卷一份，实为一项设计项目的一部分，一场虚假招聘使本应耗费大量人力的设计工作轻松完成。所以，广大高校毕业生尤其是设计类、计算机类的高校毕业生应该提高警惕，增强保护知识产权的意识，采取适当措施降低用人单位使用作品的可能性。例如，面试时不要让用人单位随意复制自己的作品；发送电子邮件时，应对自己的作品进行处理，降低相关图片的分辨率；交付自己的作品时，应要求用人单位签收，以保存证据。

（六）虚假试用

虽然规定试用期是招聘流程中的正常环节，但某些企业却滥用这个制度，如安排高校毕业生从事高强度的劳动，而支付的工资报酬却极低。在试用期结束后，这些企业又以各种理由解雇高校毕业生。

因此，广大高校毕业生在求职时务必在合同中明确约定试用期的相关条款，确保自己的权益不受侵害。在试用期间，高校毕业生应特别注意保留有关工资、工作时间和工作能力的证据，以便在必要时维护自己的合法权益。高校毕业生应保持警惕，不要被某些企业的虚假试用所迷惑。

（七）合同陷阱

1. 暗箱合同

暗箱合同是一种极不公平的合同形式，其中权利和义务明显失衡。一些企业，特别是私营企业和个体工商户，在与劳动者签订合同时，往往倾向于使用格式化的合同，而不与劳动者进行充分的协商，也不解释合同的具体内容。这类合同往往过分强调用人单位的权利及劳动者的义务，却较少或完全不涉及用人单位应承担的义务及劳动者应享有的权利。这种做法显然是不合理的，严重损害了劳动者的权益。

2. 霸王合同

霸王合同是指普遍侵犯合同制定者相对方的权益，减轻或免除制定者的责任或义务，违反相关法律规定的合同形式。例如，小王和一家企业签订了含有霸王条款的劳动合同，其中包括工作时间远超法定工时且无加班费，要无条件接受岗位调整，而且离职需支付高额违约金。

3. 生死合同

生死合同是一种极其不负责任的合同形式。某些用人单位为了逃避劳动法规定的劳动安全义务，试图通过与劳动者约定"工伤概不负责"的条款来规避责任。这种合同往往出现在那些从事高度危险作业的用人单位，这些用人单位通常劳动保护条件恶劣，安全隐患重重，设施不够安全，因此生产中极易发生安全事故。

4. 卖身合同

卖身合同是一种极端不公平的合同形式。某些用人单位利用这类合同对劳动者进行严重剥削。在这类合同中，劳动者被要求无条件服从用人单位的所有安排，一旦签约，就如同被束缚，几乎丧失了人身自由。在工作期间，劳动者被迫接受长时间的加班和强迫劳动，甚至吃饭、穿衣、上厕所等日常活动都受到严格的时间限制。这些行为不仅剥夺了劳动者的休息权和休假权，还涉及对劳动者尊严的侮辱，甚至发生体罚、殴打、拘禁等恶劣事件，使劳动者的生活及最基本的人身自由都受到严重限制。

5. 双面合同

双面合同是一种不道德且违法的合同形式。某些用人单位在与劳动者签订合同时，会准备至少两份合同：一份是假合同，其内容按照劳动部门的要求制定，主要用于对外应付相关部门的检查，但在实际工作中并不会真正执行；另一份则是真合同，这份合同完全从用人单位的利益出发，内容违法且极不平等，主要用于约束劳动者。这种合同形式严重侵犯了劳动者的合法权益，违背了公平、公正、透明的劳动合同签订原则。劳动者在面对这种情况时，应保持警惕，拒绝签署，并寻求法律途径维护自己的权益。

（八）非法中介

一些不法分子冒充合法机构，虚构招聘岗位，收取中介费后便人间蒸发。更有些私人机构互相勾结，串通欺骗求职者，举办所谓招聘会，接收大量简历，但并不招一兵一卒，意在敛取求职者的钱财。因此，广大高校毕业生不要轻信那些无相应资质的中介机构，应去政府举办的或者政府审查许可的有信誉的人才市场和人才服务机构求职。

二、违约责任与劳动争议

违约责任与劳动争议是职场中不可忽视的法律问题，涉及劳动合同的执行和劳动者权利的保护。

（一）违约责任

劳动协议是劳动双方在共同遵守法律法规和劳动制度的基础上达成的双方权益约定，是保障劳动者权益的重要法律文书。但是，在一些情况下，可能会出现一方或双方违约的情况。

1. 用人单位违约责任

（1）支付违约金：根据协议约定，用人单位应按照一定比例支付违约金作为补偿，以弥补劳动者因违约行为遭受的损失。

（2）赔偿劳动者损失：除支付违约金外，用人单位还应根据具体情况赔偿劳动者因违约行为遭受的直接经济损失，如支付未支付的工资、奖金及其他收入等。

（3）其他违约责任：根据劳动法和相关法律法规的规定，用人单位还可能承担一些其他违约责任，如支付罚款、承担法律责任等。

2. 劳动者违约责任

（1）赔偿用人单位损失：当劳动者未按照劳动协议的约定履行义务时，应向用人单位支付相应的违约金，作为对用人单位因违约行为遭受的经济损失的补偿。

（2）退还培训费用：在某些情况下，用人单位为了提供岗位培训或技能培训，可能会要求劳动者在一定期限内均提供服务，如果劳动者提前解除合同或违约解除合同，应当退还用人单位已经支付的培训费用等。

（3）其他违约责任：根据劳动法和相关法律法规的规定，劳动者还可能承担一些其他违约责任，如支付罚款、承担法律责任等。

（二）劳动争议

劳动争议是指劳动者与用人单位在劳动关系中发生的争议，包括但不限于工资、工时、劳动条件、解雇等方面。

当劳动关系出现争议时，及时、妥善地解决争议有助于维护劳动双方的合法权益。根据劳动法和相关法律法规的规定，劳动争议可以采取以下 4 种方式进行解决。

1. 协商解决

双方可以通过协商的方式解决劳动争议，这是比较常见的解决方式。双方可以通过面对面的谈判，对争议进行讨论，达成一致意见，并签订协议。

2. 调解解决

劳动争议也可以通过第三方调解解决。调解员作为中立方，可以帮助双方沟通，寻求解决办法，促使双方和解。

3. 仲裁解决

如果协商和调解均未能解决争议，双方均有权向劳动仲裁机构提出仲裁申请。在仲裁过程中，仲裁员将依法对争议事项进行深入调查和审慎判断，最终作出具有法律效力的裁决。

4. 诉讼解决

劳动争议也可以通过人民法院进行诉讼解决。双方可以通过起诉的方式，将争议交由人民法院判决，并执行人民法院的裁决。

知识拓展

职场合理保护四原则

首先，要善于用实力说话，把自己的贡献作为争取利益的砝码。有的高校毕业生初入职场，尚未展示能力，就向公司列出清单：交通费、通信费、公司旅游、带薪年假……倘若一个不满足，就拒你没商量。事实上，职场人应更注重职位本身给自己带来的发展，包括行业经验、专业知识、人际网络的积累等。例如，有个求职者，初入职场时公司并没有给予他希望的全部福利，但他还是努力工作，两年后荣升为主管，也获得了当初没能获得的全部福利。

其次，和企业发生分歧时，要心平气和地沟通，尽量以协商方式解决问题。一是平时多学些劳动法知识，包括法律条文的相关司法解释，这样在需要和企业谈判时也能做到有理有据；二是平时注意积累各种证据，如加班记录、工资条、考勤卡、社保缴纳记录等；三是注意协商时机，不要发生一点小事就去找公司谈判，如果类似事件多次发生，那么可以把它们一次性摆到桌面上，这更容易引起足够的重视。

再次，不要轻易提起劳动仲裁。企业一般都会对求职候选人进行背景调查，如果从前任"东家"处得知候选人曾因小纠纷和企业闹上仲裁庭，那么可能会对接纳此人加盟企业持"慎重态度"。因为企业潜意识里会认为此人不善沟通，看重小利。当然，如果企业对劳动者权益有重大侵害，劳动者就一定要学会用法律武器保护自己。例如，遭遇企业随意解雇、拖欠工资、对工伤不负责任、侵害妇女权益等，都应该勇敢地提起劳动仲裁甚至诉讼。对于福利待遇方面的分歧，最好寻求其他方式解决。

最后，即使企业有错在先，劳动者也不能以违反劳动纪律或法律法规的方式表示不满。如果劳动者自身也违反了劳动纪律或劳动法，就失去了保护自己的立场。

任务四 就业协议与劳动合同

任务导入

高校毕业生在经历了择业阶段找到心仪的单位和工作后，接下来就是签约阶段和劳动合同订立阶段。为此，大学生要了解和掌握就业协议和劳动合同的内容，确保在签订过程中自己的权利不会受到侵犯。

任务准备

列举两则关于高校毕业生签订就业协议和劳动合同发生争议的案例。

知识储备

全国普通高等学校毕业生就业协议书是由教育部统一制定，并由各省、市、自治区、直辖市就业主管部门负责印制的。它通常被大家简称为就业协议书或三方协议，主要作用是明确高校毕业生、用人单位及学校三方在高校毕业生就业过程中的权利与义务。劳动合同订立是指劳动者与用人单位经过相互选择和平等协商，就劳动合同条款达成协议，从而确立劳动关系和明确权利、义务的法律行为。

任务实施

视频：就业协议书

一、签订就业协议

就业协议以书面形式签订，当高校毕业生到用人单位报到后，此协议自动终止，需签订正式的劳动合同。

（一）就业协议的内涵

协议是指在组织之间或个人之间，通过协商、洽谈、明确各自的权利和义务而达成一致意见的书面文书。签约是指两方或多方因利害关系而协商达成的盟约。当高校毕业生与用人单位之间通过双向选择达成一致的意见之后，需通过书面协议的方式将这种关系确定下来。高校毕业生与用人单位签订协议后，经学校就业主管部门签字盖章，即为签约。从高校毕业生的角度而言，签订该协议即意味着就业，所以该协议就称为就业协议。

随着我国高职院校毕业生就业制度改革的深化，高校毕业生的就业协议内容也在进一步规范化。目前，一些用人单位和学校为了保证毕业生的权益，已经在就业协议上附加了有关劳动合同的内容，进一步明确了高校毕业生与用人单位之间的权利与义务。其中包含劳动服务期、工作的岗位及内容、工资报酬和福利待遇、协议终止的条件及违反协议的责任等。就业协议的签订是一种法律行为，一旦签约即视为合同生效，具有法律效力。同时，签订就业协议也是确定双方权利与义务的必要程序，是处理劳动纠纷的主要依据，高校毕业生应该正确认识和严肃对待就业协议，慎重签订。

（二）各方的权利和义务

高职院校毕业生在就业的过程中，主要涉及高校毕业生、用人单位和学校这三方，各方的权利和义务如下。

1. 高校毕业生的权利和义务

高校毕业生作为签订就业协议的主体之一，清楚地了解自己的权利和义务是非常重要的一个环节。

高校毕业生有全面了解用人单位的权利。毕业生在与用人单位签约时，完全有必要也有权利对用人单位进行细致的、全面的了解，包括用人单位的工作环境、企业文化、员工福利等。用人单位也有义务向毕业生和学校如实地介绍本单位的情况，并尽可能地提供能够证明这些情况的有关资料。

高校毕业生享有平等就业和自主选择职业的权利。《劳动法》规定，"劳动者享有平等就业和选择职业的权利"。对毕业生而言，在求职择业的过程中，选择哪个职业，或者哪个用人单位，都是毕业生应有的权利，任何单位和个人都无权干涉，即使是学生的家长也不能对毕业生选择职业进行干涉和强迫。当然，作为学生，在选择职业时，应当与家长和亲属进行沟通，听取他们的意见和建议，并结合自身情况作出与实际情况相符的选择。

高校毕业生有如实向用人单位介绍自身情况的义务，包括学习成绩、社会实践经历、健康状况等各方面的情况，并且要如实地提供能够证明这些情况的材料，这是用人单位能够准确了解毕业生情况的重要基础。

高校毕业生有接受用人单位测试和考核的义务。用人单位为了招聘到符合要求的毕业生，通常都会组织测试或用考核的手段来测评毕业生，从而进行比较和筛选。毕业生应该积极配合和准备，接受测试和考核，充分展现自身的能力，从而获得期望的工作。

2. 用人单位的权利和义务

用人单位是与高校毕业生签订就业协议的另一主体，明确其权利和义务能够更好地减少劳动纠纷。

用人单位享有全面了解高校毕业生情况的权利。用人单位可根据本单位对所需人员的要求，通过学校有关部门或毕业生所在院系及毕业生本人了解情况，并对毕业生进行测试和考核，最终确定是否录用。

用人单位有如实向高校毕业生及学校介绍本单位情况的义务。用人单位在招聘的时候，需对单位的具体情况进行介绍，包括毕业生入职后的岗位、工作环境、工作时间、薪资待遇等。

3. 学校的权利和义务

学校作为高校毕业生的培养单位，在毕业生就业过程中具有非常重要的作用，学校的权利及义务对毕业生本人和用人单位都有直接的意义。学校有义务对毕业生进行就业指导，并且向用人单位推荐毕业生。根据国家有关规定，学校应成立专门的就业指导机构，开设专门课程，安排专门人员对毕业生进行就业知识方面的指导与服务，使毕业生能够通过校方的指导进行准确的、合理的就业。学校应根据毕业生的在校表现，在公正、公开的基础上择优推荐毕业生，使学生能够学以致用、人尽其才，并能够充分调动其在学习、工作中的积极性和创造性。

学校有义务向高校毕业生和用人单位介绍学校情况并提供有关介绍资料。

学校应对高校毕业生、用人单位双方当事人的资格和学生相关材料的真实性、合法性进行鉴定，并根据国家有关政策和规定，形成是否同意签订就业协议的意见。

（三）签订就业协议应遵循的原则

1. 诚实守信原则

诚实守信是一项属于社会道德的原则。在签订就业协议时，各主体方都要诚实守信，任何一方不得有欺诈行为。例如，用人单位对高校毕业生工作岗位、薪酬待遇的兑现，高校毕业生对用人单位如实说明自己的主修专业及参加更高一级学历教育的入学考试或报考公务员等方面的情况等。

2. 主体合法原则

签订就业协议的当事人必须具有合法的主体资格。

对高校毕业生而言，必须是按照国家高等学校招生计划和研究生招生计划招收的具有学籍并取得毕业资格的本、专科（高职）生和硕士、博士研究生。如果毕业生在毕业时未取得毕业资格，用人单位可以不执行就业协议，不予接收毕业生，且不用承担法律责任。

对用人单位而言，必须具有从事各项经营或管理活动的能力，具有录用高校毕业生的计划和自主权，否则高校毕业生和学校均有权解除协议，且不用承担法律责任。

高校虽是就业协议的主体方，但是也属于见证方，其责任是见证高校毕业生具有毕业资格，保证就业协议的真实合法性，并根据用人单位的要求如实地向用人单位推荐、介绍高校毕业生，同时将所掌握的用人单位情况如实地告知高校毕业生。

3. 平等自愿原则

就业协议的三方当事人在签订就业协议时的法律地位是平等的，任何一方不得将自己的意愿强加给另一方。用人单位不应在签订就业协议时要求高校毕业生承担过高数额的违约金，更不能要求高校毕业生缴纳就业保证金，学校也不能采用行政手段要求高校毕业生（定向生、委培生等有特殊情况的毕业生除外）到指定单位就业。三方当事人的权利、义务应当是对等的。除协议规定的内容外，三方如有其他约定事项可在协议"备注"中加以补充确定，如工作岗位、薪酬待遇的简要说明、违约责任的约定等。

（四）签订就业协议的基本程序

签订就业协议一般需经过以下程序。

第一步，由高校毕业生本人在协议上以文字形式，明确表达自己同意到选定单位应聘工作的意愿，同时签署本人姓名。个人信息部分要如实填写，如姓名、学制、学历等；专业名称、家庭地址要详细填写；联系电话一定要填写清楚，电话号码变更要及时告知本班辅导员，一旦有事便于通知学校或用人单位。

第二步，由用人单位人力资源部负责人代表单位签署同意接收该毕业生的文字意见，并签字盖章。如果该单位没有人事决定权，则需要报送其上级主管部门签字盖章，予以批准认可。单位联系人、电话、通信地址及性质要写清楚；档案转寄地址一栏，一定要将人事档案保管单位的全称和地址填写清楚，有人事档案保管权的单位可填写单位地址，无人事档案保管权的单位应填写其委托的保管档案机构的地址。关于用人单位公章，需检查其名称是否与用人单位名称一致，以免带来不必要的麻烦。

第三步，由高校毕业生所在院系和学校主管部门签署意见并签字盖章。

完成上述程序后协议正式生效。随着毕业生就业制度改革的不断深入，国家和学校的审批权力将日益弱化，学校在就业协议上的签字已经不具有审批的意义，而是起鉴定作用。或许在不久的将来，高校毕业生和用人单位将拥有完全的自主选择权，学校和政府主管部门将不再需要审批就业协议，而只需要掌握高校毕业生的就业情况即可。

就业协议一式三份，签订后，一份由学生自己保管；一份交由学校就业主管部门，作为列入学校就业建议方案的依据；一份由用人单位留存，作为接收毕业生的就业凭证，并以此做好相应的人事安排。

（五）签订就业协议时应注意的事项

从目前就业工作的实践来看，高校毕业生在与用人单位签订就业协议的时候，需要注意以下 3 项。

1. 明确高校毕业生具体工作的部门和岗位

用人单位与高校毕业生签订就业协议，即确定了双方互相接纳的关系。但需注意的是，高校毕业生需提前了解清楚自己以后工作的部门和岗位，并在协议上注明。否则可能发生高校毕业生对用人单位安排的具体部门和工作内容感到意外的情况，使双方产生争执。

2. 明确高校毕业生报考专升本的处理办法

如果高校毕业生报考了专升本而是否被录取的结果还没有揭晓，则应如实向用人单位说明情况，并与用人单位协商录取后的处理办法且达成一致意见，在协议上明确约定。针对违约责任、违约金及其他有关事项经协商达成的附加条款要填写清楚，落实在协议应聘意见或用人单位意见栏里，或者另备一份补充协议，避免将来出现麻烦。从实践来看，如果高校毕业生能够充分尊重用人单位，提前向用人单位说明报考情况，那么大多数用人单位会给予谅解并同意解除协议。不过，高校毕业生应及早将录取结果通知用人单位，以便他们能够重新招聘和补充毕业生。

必须注意，高校毕业生不要隐瞒报考事实。否则，录取结果揭晓后，就可能面临非常尴尬的局面。如果用人单位对毕业生隐瞒报考事实的做法非常不满，即使最后同意与毕业生解除协议，但一般也会要求毕业生为此付出较多的经济赔偿，而且肯定会对毕业生及其学校产生不良的影响。

3. 明确工作和生活条件

工作和生活条件是高校毕业生选择用人单位的重要因素，也是高校毕业生取得工作成绩的必要基础。在双方签订协议时，不仅需要口头上针对工作和生活条件达成一致，还需要在文字上予以明确。特别是用人单位应如实地向高校毕业生说明情况，双方均应严格遵守协议。

（六）明确违反协议的责任

从高校毕业生就业的实践来看，大部分就业协议都得到了认真履行，但是由于种种原因，每年总会有一些高校毕业生或用人单位违约。教育部已在有关规定中明确，违约一方必须承担违约责任，并支付一定的经济赔偿，但没有规定明确的数额。对此，高校毕业生在与用人单位签约前，除遵守学校的规定外，还要与用人单位进行协商，对可能发生的违约责任予以明确，以便任何一方违约时都有据可依，避免无谓的损失。

活动与练习

主题：模拟签订就业协议
活动：1. 找到本学校的《就业协议》并熟悉内容。
      2. 班级学号为单号同学作为公司代表，与双号同学洽谈并签订就业协议。
      3. 单双号同学更替活动程序。

二、签订劳动合同

视频：劳动合同

签订劳动合同是指劳动者和用人单位经过相互选择和平等协商，就劳动合同条款达成协议，从而确立劳动关系和明确权利、义务的法律行为。

（一）劳动合同的形式

1. 固定期限劳动合同

固定期限劳动合同是指用人单位与劳动者约定合同终止时间的劳动合同。劳动合同期限届满，双方的劳动关系即告终止。但如果双方同意，也可以续签。这类劳动合同在具体期限上，可以由双方当事人根据工作需要和实际情况来确定，如半年、1 年、5 年、10 年甚至更长，但它的根本特征在于劳动期限是不变的。

2. 无固定期限劳动合同

无固定期限劳动合同是指用人单位与劳动者不约定合同终止时间的劳动合同。这类合同的双方当事人应当约定劳动合同终止的条件。只要不出现双方约定的终止条件或法律法规规定的其他情况，无固定期限劳动合同一般不能终止。因此，对于技术复杂、生产工作需要长期保持人员稳定的工作岗位，用人单位可以与劳动者协商签订这类合同。此外，对部分符合条件的职工，除非劳动者本人提出订立固定期限劳动合同，否则用人单位应当与其订立无固定期限劳动合同。

3. 以完成一定工作任务为期限的劳动合同

以完成一定工作任务为期限的劳动合同是指用人单位与劳动者约定以某项工作或工程的完成为合同期限的劳动合同。该项工作或工程开始的时间，就是劳动合同履行的起始时间。该项工作或工程一旦完成，也就意味着劳动合同终止。

（二）劳动合同的具体内容

劳动合同的条款包括必备条款和约定条款两部分。

1. 必备条款

必备条款包括的内容如下。

（1）用人单位的名称、地点和法定代表人（主要负责人）。

（2）劳动者的姓名、住址和居民身份证号或其他有效证件号码。

（3）劳动合同期限，主要分为固定期限、无固定期限和以完成一定工作任务为期限 3 种形式。

（4）工作内容，主要包括工种和岗位，以及该岗位应完成的生产（工作）任务、工作班次等内容。

（5）劳动保护和劳动条件，主要包括劳动安全和卫生规程，女工和未成年人的保护规定，工作时间和休息休假等内容。

（6）劳动报酬，主要包括劳动者的工资、奖金、津贴和补贴等内容。

（7）劳动纪律，主要包括企业规章制度、劳动纪律等内容及其执行程序。

（8）劳动合同终止的条件。

（9）违反劳动合同的责任。

2. 约定条款

劳动合同除包括以上必备条款外，劳动合同双方当事人还可以通过协商设立约定条款。双方当事人可以就用人单位出资招收录用和出资培训、劳动者保守用人单位商业秘密等事项，约定双方的权利和义务。但双方的约定条款不能违背法律法规和有关规章的规定。

（三）签订劳动合同的程序

劳动者和用人单位签订劳动合同时，应遵循一定的手续和步骤。根据《劳动法》的有关规定及订立劳动合同的实践，签订劳动合同的一般程序包括提议、协商和签约3步。

1. 提议

签订劳动合同前，劳动者或用人单位提出签订劳动合同的建议称为要约，如用人单位通过招工简章、广告等提出招聘要求，另一方接受建议并表示完全同意称为承诺。一般由用人单位提出和起草合同草案，提供协商的文本。

2. 协商

劳动者和用人单位双方对签订劳动合同的内容进行认真磋商，包括工作任务、劳动报酬、劳动条件、内部规章、合同期限、保险、福利待遇等。协商的内容必须做到明示、清楚、具体、可行，充分表达双方的意愿和要求，经过讨论、研究，相互让步，最后达成一致意见。双方基于要约方的要约反复提出不同意见，最后在新要约的基础上表示新的承诺。在双方协商一致后，协商即告结束。

3. 签约

在认真审阅合同文书，确认没有分歧后，用人单位的法定代表人（主要负责人）或其书面委托的代理人代表与劳动者签订劳动合同。劳动合同由双方分别签字或盖章，并加盖用人单位印章。订立劳动合同可以约定生效时间，没有约定的，以当事人签字或盖章的时间为生效时间。当事人盖章时间不一致的，以最后一方签字或盖章的时间为准。

▶ 活动与练习

主题：模拟签订劳动合同

活动：1. 在互联网上找到《劳动合同》（示范文本）并熟悉内容。

　　　2. 班级学号为单号同学作为公司代表，与双号同学洽谈并签订劳动合同。

　　　3. 单双号同学更替活动程序。

▶ 知识拓展

无效劳动合同的区分

《劳动法》规定，无效的劳动合同有两种：一是违反法律、行政法规的劳动合同；二是采取欺诈、威胁等手段签订的劳动合同。欺诈是指一方当事人故意告知对方当事人虚假的情况，或者故意隐瞒真实的情况，诱使对方当事人作出错误意见表示的行为；威胁是指以给公民及其亲友的生命健康、荣誉、名誉、财产等造成危害为要挟，迫使对方作出违背真实意愿表示的行为。无效的劳动合同，从签订的时候起就没有法律约束力。确认劳动合同部分无效的，如果不影响其余部分的效力，其余部分仍然有效。劳动合同是否无效，应由劳动争议仲裁委员会或者人民法院确认。

三、就业协议与劳动合同的关系

就业协议与劳动合同均是用于劳动者与用人单位确立劳动关系，明确双方权利和义务的协议。两者之间既有相同之处，也有不同之处。

（一）就业协议与劳动合同的相同之处

就业协议是高校毕业生在毕业前与学校、用人单位三方签订的协议，目的在于约束毕业生与用人单位在毕业后建立劳动关系。就确立劳动关系这一点来说，就业协议与劳动合同是相通的，可以这样认为，就业协议的实质就是准劳动合同，是劳动合同的一种特殊表现形式。它们的相同之处体现在以下3个方面。

1. 合同的性质一致

用人单位对高校毕业生这类劳动者，与面向社会公开招聘的劳动者，在培养、使用、待遇等方面可能有所不同，但从确立劳动关系这一点来说，就业协议与劳动合同是一致的。

2. 主体的意思表达一致

签订就业协议的双方在表达主观愿望，意思表示真实、无强制胁迫这一点上，与劳动者和用人单位签订劳动合同时，双方的主观意思表达所处的状态完全一致。

3. 法律依据一致

由于就业协议是确立劳动关系的一种协议，用人单位录用、接收高校毕业生之后，要有试用期及最低劳动年限的规定，这与劳动合同的要求相一致。因此，就业协议应当遵循《劳动法》中的劳动合同等有关规定，发生争议纠纷时，应依法解决。

（二）就业协议与劳动合同的不同之处

就业协议与劳动合同的不同之处体现在以下4个方面。

1. 适用主体不同

劳动合同是劳动者与用人单位之间确立劳动关系的协议，只要双方当事人协商一致，符合国家的法律法规，无欺诈、胁迫等手段，经双方签字盖章，合同即生效。目前的就业协议除高校毕业生与用人单位双方签字、盖章外，还需学校介入。

2. 内容不同

就业协议是高职学校毕业生与用人单位签订的初次工作协议，其主要意义在于将高校毕业生与用人单位双方相互选择的关系确定下来，一般并没有详细规定双方具体的权利及义务。而劳动合同则是指用人单位与劳动者确立劳动关系之后签订的关于双方权利及义务的协议。其具体内容包括劳动合同期限、工作内容、劳动保护和劳动条件、劳动报酬、社会保险和福利、劳动纪律、劳动合同终止的条件、违反劳动合同的责任等。

因此，高校毕业生与用人单位签订了就业协议不能等同于签订了劳动合同，高校毕业生与用人单位在签订了就业协议后，必须签订劳动合同，以保护自己的合法权益。

3. 适用人员不同

劳动合同适用于各类人员。凡是中华人民共和国公民，只要有劳动能力并符合法律规定的条件，经过供需见面、双向选择，一经录用都可以与用人单位签订劳动合同。而就业协议适用的人员相对单一，只适用于高校毕业生。

4. 发生争议时处理的部门不同

对于就业协议的争议，一般先由高校毕业生与用人单位协商解决，如果双方能达成一致意见，则将协商结果报送学校主管部门，由学校主管部门审查后报送上级主管部门批准，予以调整。对于劳动合同争议，高校毕业生与用人单位应首先向劳动争议调解委员会申请调解。调解不成的，可以向劳动仲裁委员会申请仲裁。仲裁不成或不满意仲裁结果的，可以向人民法院提起诉讼。

【思考与讨论】

1. 大学生的就业权利有哪些？
2. 大学生就业过程中有哪些常见的侵权行为？
3. 求职过程中若遭遇劳动争议，你将如何来保护自己的合法权益？
4. 签订劳动合同的一般程序是什么？
5. 就业协议与劳动合同有哪些不同之处？

项目八　新角色与新环境

【思政目标】

1. 培养学生的合作精神和奉献精神，增强学生处理突发事件的能力。
2. 培养学生正确的职业态度和职业操守，引导学生以职业道德规范约束自己的行为。

【学习目标】

1. 了解从学生角色到职业人角色的转变。
2. 了解职业素养的意义。
3. 掌握职业素养的要素和改进方法。
4. 了解职场礼仪的类型和禁忌。
5. 熟悉岗位胜任能力的内容。
6. 掌握提升岗位胜任能力的方法。

【情境导入】

升职与离职

小王是某公司的技术总监，乃核心技术骨干员工，公司的主打产品就是由小王牵头负责的，他的技术能力得到公司上下的一致认可。总经理陈先生为了奖励小王，任命小王为技术副总。

小王升任技术副总后，主要工作为公司技术部门的管理。他认为现在自己不再需要做技术研究，便直接把工作推给下属。管理层的工作经常需要沟通、应酬，他以此为借口每天迟到、早退。小王的行为被同事们看在眼里，大家不服从他的管理，消极怠工，整个公司一时陷入低迷。

总经理陈先生看在眼里，在找小王谈了两次之后，不见小王有任何改变，于是只能让小王离职。离职的小王无法理解，自己不是刚升职吗，怎么就失去这份工作了呢？

案例分析：步入职场之后，即使在看似稳定的状态下，也要有居安思危的意识。要把单位当成学府，把工作视为深造，在工作中不断地培养自己、锻炼自己、提高自己，取他人之长补自己之短，学多种知识、习多种技能，有条件者还需考取职业资格证书、职称证书，从而为自己的晋级、转业和再就业夯实基础。

任务一　　大学生职场角色转变

➡ 任务导入

大学生毕业入职的过程，实际上就是一个选择新角色的过程。毕业前夕，总结学生生涯、参加毕业典礼，进行毕业前的准备，也即开始角色的转变。大学生毕业后通过多种渠道就业，最后到用人单位报到上班，这时角色开始转变，即从一名学生转变为一名员工，从学生转变为社会人、职业人。

➡ 任务准备

列举两则大学生毕业后不能适应职场生活的案例。

➡ 知识储备

人的一生中需要不断地扮演各种角色，不同角色之间的转换称为角色转换。角色转换意味着个体需要摆脱前一种角色状态，并积极调整状态进入新的角色，以期更好地实现新的角色所赋予自己的任务。

➡ 任务实施

视频：学生角色与
职业人角色的差异

一、学生角色与职业人角色的差异

大学生从学校毕业后，从学生角色转变为职业人角色，发生了巨大的变化。而认识两种角色之间的差异，是顺利实现角色转变的前提。学生角色与职业人角色的差异主要体现在以下 3 个方面。

（一）社会责任不同

学生的社会责任是学习，在德、智、体、美各方面全面发展，为将来走上工作岗位做准备，是一个接受教育、储备知识和培养能力的过程。在这个学习的过程中，学生只对自己负责，对他人几乎没有影响。职业人的社会责任是工作，也就是以特定的身份去履行自己的职责，依靠自己的本领或技能完成岗位所要求的任务。这个履职的过程，不仅影响个人价值的实现，还会对用人单位和社会有一定影响。

（二）所处环境不同

学生在学校时，处于一个相对简单的环境，接触到的群体主要是老师和同学，彼此之间非常熟悉，能够相互包容。即使同学之间有一定的竞争关系，但这时的竞争只是促进学习的手段，不会从根本上影响个人的利益，群体间的利益关系较为简单。职业人在职场中，处于一个复杂的大环境，同事之间的竞争直接关系到利益的分配，人与人之间关系复杂。具体而言，学生角色与职业人角色的所处环境差异对照如表 8-1 所示。

表 8-1　学生角色与职业人角色的所处环境差异对照

项　　目	学　　生	职　业　人
主要任务	理论学习与探索	实践工作
思维方式	被动思考	主动解决问题
担当角色	学生	领导、员工、客户等
社会权利	接受教育	劳动并获得报酬
工作（学习）方式	单独学习	团队协作
生活内容	简单，寝室—食堂—教室	丰富，多方沟通
立场地位	接受服务	以提供服务为主

（三）社会期望不同

学校是为职场培养和输送人才的地方，学生在此期间依法接受教育，取得生活的保障和经济资助，社会对学生的期望是学习知识、掌握技能、培养能力。职场是通过成员之间恪守共同的规则以推动组织和个人共同发展的场所，职业人在此依法行使职权、履行义务、取得报酬，因此社会对职场人的期望是遵守规则、彼此竞争、创造价值、推动组织和行业的进步。

总之，学生角色与职业人角色的差异主要表现在：前者在经济上没有独立性，以接受教育、掌握技能为主要任务，逐步完善自己；后者在经济上完全独立、享有权利、履行义务、为自己的行为承担责任。

二、从学生角色到职业人角色的转变

从学生蜕变到职业人的这个过程，既充满挑战也充满机遇，意味着大学生需要将多年积累的理论知识与技能转化为解决实际问题的能力，学会在职场的复杂环境中立足。

（一）从宏大理想向现实追求的转变

第一份工作对高校毕业生的冲击是巨大的，先前宏大的理想，在现实面前可能失去目标，失去动力。因此，当务之急是把理想转化为职业生涯目标，并制定出切实可行的方法，搭起一座桥梁让自己从理想走入现实。从实现职业理想的角度来看，大学生所做的工作一定要与职业生涯目标有密切的相关性，否则，所做的工作将不会对职业理想产生支持作用，那实现职业理想就会成为空想。

（二）从学生到职业人的转变

从学生转变成职业人的第一步，是从企业文化、业务流程、公司制度、仪态仪表、待人接物、为人处世等多个方面进行了解，清楚企业需要的是什么人员，什么职位应该具备什么样的素质，如何才能更好地发挥自己的潜力。要学习职场卓越人才必备的八大基本素质：创新能力、学习能力、自信自立、自律、积极乐观、有追求、责任感、合作开放。

（三）从单纯的学技术方式向复杂的人际模式转变

新到一个单位，面对崭新的生活方式、陌生的社会环境、复杂的人际关系，不少高校毕业生会感到不习惯，没有耐心去思考一些细节上的问题，也因此难以适应社会、四处碰壁。对此，大学生在做人方面，首先，要揭掉自我标签，低调做人；其次，要注意自我形象问题，做事也要低调；最后，尽快熟悉人际关系，融入环境。

（四）从系统学习向实际应用转变

学校里学的都是系统的理论或技能。到了工作岗位，实际动手能力靠培养、练习，而且是多角度、全方位的。在应届毕业生进入企业的时候，企业都会进行新员工入职培训，这时，要多学多看，虚心请教，以积累工作经验。这样不但可以使自己快速进步，而且能助力自己建立良好的人际关系，使自己很快融入集体。

（五）从松散的校园生活方式向紧张的工作模式转变

松散的校园生活方式被紧张的职场打拼所代替，使在家里备受呵护的"独苗"进入"断乳期"。每当新生力量进入单位，都会带来新的气息，同时带来一些新的问题。对大多数刚刚走上工作岗位的高校毕业生来说，除了要有工作能力，还要有实干精神、懂得人际沟通。同时，要做好自己分内的事，向现实学习。

（六）从浮躁的心态向逐步理性化转变

转型需要时间，与用人单位磨合需要时间，积累经验也需要时间，具备竞争力同样需要时间。用人单位会给应届生时间和机会，但自己不能以此为借口，要积极努力，从浮躁的心态中走出来，尽快进入符合用人单位要求的状态，这是理性化的成熟表现。所有用人单位都需要谦虚谨慎、好学上进的员工，以及勤奋刻苦，把远大志向落到实处、有责任感、执着追求事业的态度。

（七）从家长呵护向自我保护转变

许多高校毕业生在进入就业大军时，往往对就业的相关期限、实习权益一知半解。在毕业以前，在校大学生无法享受劳动法的保护，但毕业后，就要懂得维护自己的权益，以防一些不法公司将自己作为廉价劳动力使用。大学生要学会在社会上独立地站立，学会保护自己。面对人生的种种挫折，要学会应对、学会维权。

三、职场生活的适应方法

从学生到职业人不仅仅是一次身份的转变，更是一次思维和行为方式的根本转变，需要大学生不断学习、适应并成长，最终成为能够承担社会责任、推动行业发展的职业人。

（一）职业岗位的适应

职业岗位的适应以所在工作岗位的职责为依据，以达到职责中所规定的各项内容的要求为目标，包括具备本职岗位的工作技能、本职岗位所需的业务知识、一定的专业背景及理论水平，了解组织的各项管理制度等诸多方面。职业岗位的适应体现的是对工作技能的熟悉，要通过自身的学习、模仿、反复操作，以及本单位对自己的入职教育、实习安排、工作实践、"师傅"指导、岗位培训、技能训练等途径来达到。

（二）组织文化的适应

一个人走上职业岗位，就意味着加入了一个组织，要受到组织的约束和指导，得到组织的引导和塑造。每个组织都有自己的文化，这种文化的核心是组织的价值观，其表现是组织做事的风格、模式，这大量表现在组织中的人际关系上。要想使得个人的行为需求、个性心理特征与组织文化相适应，就要对自己的行为和思想加以改变，从而达到组织的要求和期望，以及组织成员对自己的接纳。具体来说，个人要在社会化的过程中学会如何与人相处、如何工作、如何进步等一系列内容。

（三）职业心理的适应

职业心理的适应是指人脑接收新职业的各种信息后引起的各种心理过程。感觉、知觉、注意力、情绪、意志、性格都有一个适应过程，情感上的适应尤为重要。情感是人对外界事物的心理反应，环境的变化促使大学生必须调节自己的情感。如果对所从事的职业缺乏正确的认识和必要的情感，不仅不会热爱自己所从事的职业，还会产生失望心理。部分高校毕业生在就业初期会不同程度地出现依附、从众、恋旧、畏怯、浮躁、空虚、迷茫、苦闷、失落等不良心理，如果不及时调整，必然会影响其工作，阻碍个人的成才与发展。

（四）人际关系的适应

人际关系的适应是指人对新的工作群体的适应过程。大学生在校期间的人际是以同学、老师为基础建立起来的，相对来说比较单一，很少有利益上的冲突。走向职业岗位以后，人际交往发生了变化，变得更加复杂，交往对象扩展到不同经历、不同年龄、不同层次的人。职场中与领导、同事的交往方式和学生时代的交往方式有很大的不同，并且会出现利益上的冲突，这就需要协调好各种人际关系以尽快适应新的群体。

（五）知识和技能的适应

知识和技能的适应是指人根据职业岗位所要求的知识和能力结构来调整和改善自身所具有的知识和能力结构，使之适应职业岗位要求的过程。大学生在校期间所构建的知识和能力结构能否与职业岗位相适应，必须经过工作实践的检验。尤其是在知识经济时代，知识更新的速度在不断加快，大学生必须不断调整和改善自己的知识和技能结构，以适应科技发展和职业发展的需要。

◦◦➡ 知识拓展

职场新人需处理好的 4 种关系

1. 与领导（上司）：注重细节

领导（上司）风格迥异，有的领导喜欢谆谆教导，有的领导喜欢大刀阔斧；有的领导喜欢发布命令，有的领导愿意倾听下属的意见；有的领导喜欢文字汇报方式，有的领导喜欢图表化的汇报方式。因此，与领导（上司）的交流和沟通要注重细节。比如给领导（上司）提交的方案，要考虑到领导（上司）的阅读习惯，比如是喜欢纯文字的还是图文并茂的，是喜欢长篇大论的还是言简意赅的。不管领导（上司）是什么风格，都要按照领导（上司）的工作方法和要求去完成工作。

2. 与老员工：学会放低姿态

在企业待了 4 年及以上的员工，可称之为老员工。这批人在企业工作的时间较长，对企业的认知较深，拥有自己的资源和经验。新员工在与老员工相处时也容易步入误区。很多新员工担心老员工会用苛刻的甚至挑剔的眼光来看自己，或者故意不支持、不帮助自己成长。新员工可以采取一些方式有效化解这种焦虑，比如，新员工在自己工作任务完成的前提下，可以积极主动地帮同事做一些力所能及的事情。新老员工同属一个团队，老员工希望新员工给团队带来更多的新鲜血液、提供更好的支持。所以，如果新员工所做的能够更好地帮助团队完成目标和任务，而不是拖后腿，就能得到老员工的认可，这也是获得认可最好的方式之一。

3. 与兄弟部门：勤交流、多展示

许多用人单位喜欢将不同部门的员工集合起来培训、交流，希望通过这种方式让大家有一个宏观的认识，以方便大家在各自的部门顺畅工作。平时工作中，与兄弟部门的沟通，特别是与自己"上游"和"下游"部门的沟通必不可少。此类沟通更倾向于商务交际，新员工需要做的是把握每次交流的机会。比如，作为一名销售人员，需要经常到财务部报销，这时会遇到出纳、会计及其他人，在和这些人交往时，就不能在业务上给人家添麻烦，如不能把报销凭证贴错或者反复地犯同类错误等。另外，在进行新员工培训时，新员工也有很多机会与其他部门的新员工相交相识。这时新员工可以在这个集体中很好地展示自己，团结互助、友爱待人，从而获得其他部门的新员工的认可和青睐，也方便日后工作的顺利开展。

4. 与客户：服务意识摆第一

一般企业不会将重要的工作和重要的客户交给新员工。但新员工有机会与客户接触时，还是要注意自己的一言一行，因为此时自己代表着企业的形象。第一，如果新员工对企业不太熟悉，那么当客户提出相关问题时，不能乱说，最好婉转地予以回答，然后通过请示领导或请其他专业同事提供意见和方案来解决。第二，新员工要抓紧时间学习和了解企业的客户管理流程，熟悉实际操作环节。第三，要时刻注意培养自己的服务意识，提高工作积极性。新员工应多向老员工请教和学习，平时多观察和思考，勤于积累，多做工作服务笔记，做一个用心的人，即使遇到"刁蛮"的客户，也要心平气和，将自己置身于公司、组织、团队的立场去处理和解决问题。

任务二　大学生职业素养提升

●●➡ 任务导入

当代大学生要加强自身修养，尤其是提高职业能力和职业素养，这是大学生胜任职业岗位的必备条件和重要基础。

任务准备

摘抄两句关于提升职业素养的经典名言。

知识储备

素养是个人在从事某项工作时应具备的修养，是指个人在品德、知识、才能、体格等诸方面先天的条件和后天的学习与锻炼的综合结果。素质与素养相比，素质强调生理特征，即先天因素；素养强调后天养成，更多的是学习、锻炼的结果。

任务实施

一、职业素养的意义

一个具备高职业素养的员工，不仅能高效完成工作任务，还能对团队氛围产生积极影响，促进组织目标的实现。职业素养的意义重大，体现在个人、企业和社会 3 个方面。

（一）个人方面

个人方面，职业素养是个人职业生涯发展的关键因素。适者生存，个人倘若缺乏良好的职业素养，就很难取得突出的工作业绩，更谈不上建功立业。因此，提升职业素养有利于促进人的全面发展。

（二）企业方面

企业方面，员工职业素养关系到企业整体的效率。企业唯有聚集一群具备较高职业素养的人员，才能实现自身的生存与发展，因为他们可以帮助企业节省成本，提高效率，从而提高市场竞争力。因此，提升员工职业素养有利于提高企业的劳动生产率。

（三）社会方面

社会方面，员工的职业素养直接影响着企业财产的安全甚至人民生命财产的安全、社会的稳定及国家经济的发展。因此，提升员工的职业素养有利于推动社会发展和科技进步，是人民生命财产安全和社会稳定的前提。

二、职业素养与相关概念

（一）职业素养的内涵

一般而言，职业素养是人类在社会活动中需要遵守的行为规范，是职业内在的规范和要求，是个体在职业活动中表现出来的生理和心理条件基础上的综合品质，包含职业道德、职业技能、职业行为、职业作风、职业意识等方面。个体行为的总和构成了自身的职业素养。概而言之，职业素养是劳动者对社会职业的了解与适应能力的一种综合反映。

（二）职业素养与普通素养

职业世界对人的素养要求构成职业素养的基本内容，日常生活世界对人的素养要求则构成普通素养的基本内容。可以说，职业素养是个体通过职业行动表现出来的内心品质。具备职业素养的人不仅符合职业世界对人的基本要求，还能够以其自身的良好品质应对职业世界的快速变化。普通素养是人们在日常生活中养成的，如道德、良好的判断能力和批判能力、处理日常生活各项事务的能力等，能保证人们更好地应对日常生活世界的纷繁复杂，以一种正确、健康的方式处理各项关系。因此，可以将职业素养看成普通素养在职业世界的特殊化，虽然两者的具体要求不同，但是相互影响。

（三）职业素养与职业素质

职业素质是指从业者在一定生理和心理条件的基础上，通过教育培训、职业实践、自我修炼等途径形成和发展起来的，在职业活动中起决定性作用的、内在的、相对稳定的基本品质。每个劳动者，无论从事何种职业都必须具备一定的思想品德素质、生理素质、心理素质、科学文化素质等。由此可以看出，职业素质包含一部分先天的生理因素，职业素养强调的则是在后天的职业环境中形成的修养。

（四）职业素养与职业能力

没有基于职业能力完成具体工作任务的过程，就没有职业素养得以实现的载体。同时，职业素养因能指导人们在何种情境下如何行动，而成为职业能力得以更好发挥的利器。例如，一个具备团队合作能力的人不一定就乐于团队合作，他可能因为认为团队合作的效率低于个人决策的效率，也可能因为个性的原因更偏向于独立行动。因此，不是说具备团队合作能力的人就能够在完成某个任务的过程中倾向于和别人进行沟通，还要培养个人的团队合作意识。从这一点来看，职业素养是对职业能力的进一步深化和提升。

三、职业素养与素质冰山理论

素质是个体天生的特质和潜质，可为素养的提升奠定内在基础。在个人成长和发展的过程中，素养的不断提升和积累，反映了个体素质的不断优化和升级。

麦克利兰于 1973 年提出了素质冰山模型。素质冰山模型的核心内容是，个人的职业素质有显性和隐性之分，其中显性职业素质占个人职业素养的 1/8，而隐性职业素质占比高达 7/8。如果把一名员工的全部才能看成一座冰山，那么浮在冰面上的是他所拥有的资质、知识、行为和技能等，这些就是员工的显性职业素质，它们可以通过各种学历证书、职业证书来证明，或者通过专业考试来验证。而冰面之下包括职业道德、态度和意识，称之为隐性职业素质。显性职业素质和隐性职业素质的总和构成了一个员工所具备的全部职业化素质（见图 8-1）。

企业员工职业化程度决定了企业未来的发展，也决定了员工自身未来的发展。是否具备职业化的道德、态度和意识，以及职业化的资质、知识、行为和技能，直接决定了企业和员工自身发展的潜力和成功的可能。具备较高的职业化素质，就拥有了相当的职业竞争力，也就迈出了走向成功的第一步。

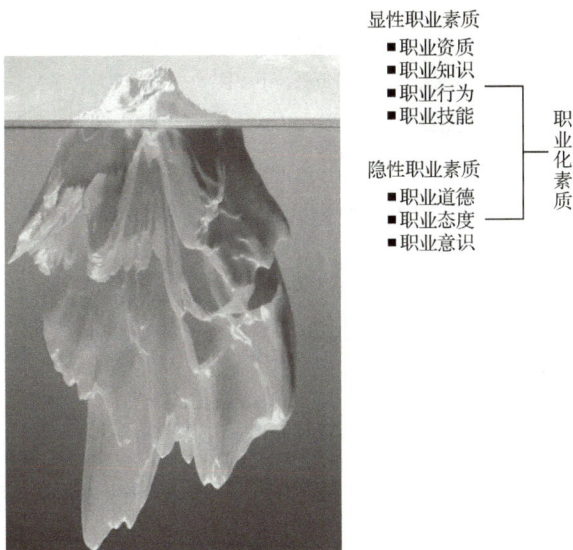

图 8-1　显性职业素质和隐性职业素质

四、职业素养的 4 个维度

个人要想提高自我职业素养认知，可从工作境界、职场逻辑、职场行为、职业四度 4 个维度进行分析。

（一）工作境界（见图 8-2）

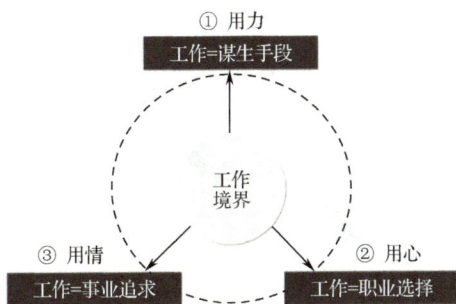

图 8-2　工作境界

态度决定一切，这种说法看起来好像没什么问题，但实际太绝对。可以说，态度决定事业和人生的高度。有人把工作看成谋生手段，庸庸碌碌，他是在用力工作；有人把工作看成职业选择，忙忙碌碌，他是在用心工作；有人把工作看成事业追求，他是在用情工作。可见，工作境界与所持心态密切相关，有正确态度的人，才可能成为职场上的赢家。

（二）职场逻辑（见图 8-3）

职场逻辑更多地体现在 4 个基本主张中。

（1）价值逻辑。基本主张：价值观，不漂移。对个人来说，价值观稳定，工作、学习、生活才有秩序；价值观摇摆不定，即使态度积极，也无法形成正确的知识体系，而且可能陷入混乱之中。

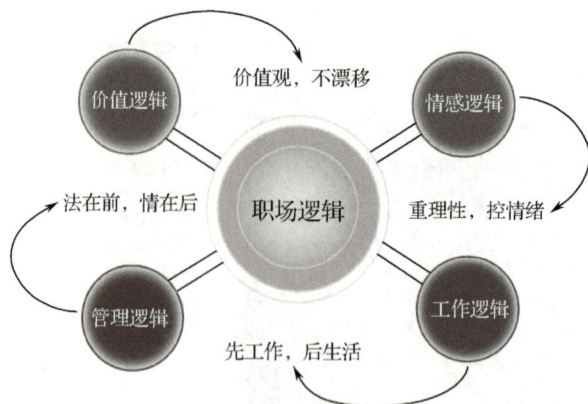

图 8-3　职场逻辑

（2）情感逻辑。基本主张：重理性，控情绪。对外界的刺激，不应有应激式反应，而应该冷静思考。不要让他人的言行伤害自己，要选择更加有智慧的回应方式。

（3）工作逻辑。基本主张：先工作，后生活。倘若要求享乐在先，那将与任何企业的价值取向都背道而驰。只有先把本职工作做好，才可能有物质待遇的提升。

（4）管理逻辑。基本主张：法在前，情在后。企业要想良性发展，必须依法办事，在此基础上，适度考虑人情。

（三）职场行为（见图 8-4）

图 8-4　职场行为

职场行为更多地体现在规范、负责和合作 3 个方面。

（1）规范。规范通常包含流程、程序、制度、标准。对规范的遵守有三重境界：被迫—认同—自觉。因此，规范的最高境界是自觉遵守。

（2）负责。负责有三重境界：承担责任并采取行动—采取行动后效果良好—思考对策并做好预防。因此，负责的最高境界是有预防意识。

（3）合作。合作就是与他人配合、为他人提供帮助，以利于工作完成。与规范、负责一样，合作也有三重境界：做好本职工作—主动协助他人—熟悉对方并主动支持。因此，合作的最高境界是熟悉对方并主动支持。

（四）职业四度（见图 8-5）

职业四度体现在以下 4 个方面。

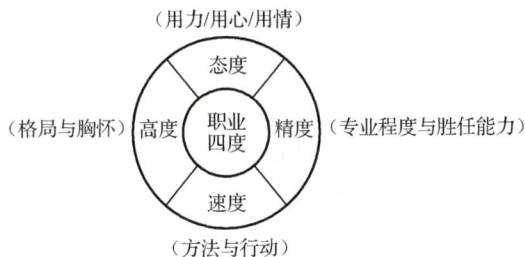

图 8-5　职业四度

（1）态度：完成职业活动是用力、用心还是用情。具体前文已阐述，这里不再赘述。

（2）高度：完成职业活动时的格局与胸怀。有了正确的态度，尤其把工作当成事业的时候，即用情工作的时候，格局就已经形成了。胸怀决定格局的大小，能容人容事，才能心宽路宽。

（3）精度：完成职业活动时的专业程度与胜任能力。每个工作岗位都有专业性，倘若能找对领路人，并专心做事，用心体会，专业度就会不断提升。先把事情做对，再把事情做好，就有了职业发展的精度。

（4）速度：完成职业活动的方法与行动。要把态度、高度、精度落实到具体的行动之中。要先把事情做对、做好（精度），再把事情做快（速度）。

五、职业素养的要素

职业素养的要素包括职业道德、职业技能、职业行为和职业意识。这些要素并不是孤立存在的，它们相互影响、相辅相成，共同塑造个人的职业形象。

（一）职业道德

职业道德是人们在职业活动中，一切符合职业要求的心理意识、行为准则和行为规范的总和。它是一种内在的、非强制性的约束机制，是用来调整职业个人、职业主体和社会成员之间关系的行为准则和行为规范。

（二）职业技能

职业技能是人们就业所需的技术和能力，涉及智力、技术、人际沟通、企业组织管理等方面。

（三）职业行为

职业行为是人们对职业劳动的认识、评价、情感和态度等心理过程的行为反映，是职业目的达成的基础。从形成意义上来说，它是由人与职业环境、职业要求的相互关系决定的。职业行为包括职业创新行为、职业竞争行为、职业协作行为、职业奉献行为等。

（四）职业意识

职业意识是人们对职业劳动的认识、评价、情感和态度等心理过程的综合反映，是支配与调控全部职业行为和职业活动的调节器。职业意识包括诚信意识、客户意识、团队意识、自律意识、创新意识、竞争意识、奉献意识等。

六、职业素养的改进方法

无论是刚刚踏入职场的新员工，还是已有一定工作经验的老员工，都需要不断地学习和提升自己的职业素养，以适应不断变化的工作环境和职业发展的需要。

（一）有优良的品德

小胜凭智，大胜靠德。这就是说，小的胜利要靠个人的智慧去争取，而大的胜利和发展则必须依靠个人的品德。纵观那些杰出的成功人士，或许他们成功的过程各不相同，但有一点却是相同的：有优良的品德。

（二）敬业

敬业就是尊敬、尊崇自己的职业。如果个人以一种尊敬、虔诚的心灵对待职业，甚至对职业有一种敬畏的态度，那就已经具有敬业精神了。个人没有基本的敬业精神，便无法成为一个优秀的人，更难以担当大任。只有把工作当成事业来干，才能干长久，才能干卓越。因此，对待工作不是努力就可以，还要虔诚；不是尽力而为，而应全力以赴。

（三）主动

主动就是从要我做，到我要做。仅具有专业知识、埋头苦干的人还不能称为人才，加之积极主动、充满热情、灵活思考的人才能称为人才。一名合格的员工不会只是被动地等待别人告诉他应该做什么，而会主动去了解和思考自己要做什么，怎么做，并且认真地规划，然后全力以赴地完成。

（四）有责任感

有担当才会有大发展。在职场中，个人责任感与发展的空间和机会往往是成正比的，也就是说，个人越敢于承担，越有大的发展。一旦出现问题，一名一流的、优秀的责任承担者不找借口、不推诿责任，而会主动承担，并认真反思，避免同样的错误再次出现。这也是一流员工应该具备的良好品格。只有敢于担当的人，才能真正挑起大梁，获得更大的发展机会。

（五）提升执行能力

执行能力是所有企业都非常看重的能力，这也和每个职场人的发展密切相关。要想保证完成任务，就要做到 4 个到位，即心态到位、姿态到位、行动到位、方法到位。这 4 个到位虽然很好理解，却并不容易做到。只有心态到位，才能在思想上认真投入，心无旁骛地将事做成。

（六）协作

在团队中，通过协作往往能够实现更好的自我。随着竞争的日趋激烈，"独行侠"的时代早已过去，团队精神越来越被企业和个人所重视。任何企业，如果只是一个人优秀，而不是大多数人优秀甚至人人优秀，那么这个企业不要说做大做强，就连起码的生存都会有危机。团队没有发展，个人的发展自然也就无从谈起。

（七）运用智慧

有想法更要有办法。要想成为一流的员工、获得较快的发展，有一点非常重要，那就是做智慧型员工，即不是简单地用手，而是用脑、用心去做事。加一点智慧的作料，工作的汤就会鲜起来。有付出才有收获，企业发展了，效益提高了，带给个人的也会是更多的薪资、更好的福利待遇。

◦◦➡ 活动与练习

主题：职业素养扫描

活动：学生通过上网查找、访谈等方式了解不同职业对从业者的要求，清楚目标职业对职业素养的要求，明确哪些是自己必须努力提高的，并制订提升自己职业素养的计划。

_____

_____

_____

_____

_____

任务三 职场礼仪

◦◦➡ 任务导入

在职场中，与领导（上司）共同用餐时的表现，可体现出下属的情商与素质。用餐时，既不能从头到尾低头猛吃、闷不吭声，也不能毫无顾忌、随心所欲，既要适度表现自己的参与，又要大方得体，令人觉得舒适自然。对于初入职场者，熟悉和掌握一些职场礼仪，有助于更好地适应职场、赢在职场。

◦◦➡ 任务准备

列举两则关于职场礼仪的案例。

◦◦➡ 知识储备

礼仪是普通人修身养性、持家立业的基础。而职场礼仪从某种意义上讲，比智慧和学识都重要。

职场礼仪是指人们在职场中应当遵循的一系列礼仪规范。学会这些礼仪规范，可塑造出良好的职业形象。

作为在校学生，提前了解职场礼仪不仅能够为自己将来的职场生活打下坚实的基础，还会对自己的人际交往能力产生潜移默化的影响，创造更多的机会。作为一名求职者，职场礼仪就是你的敲门砖。轻轻地关门、端正地坐着、大方自然地解答等，都会展现你优秀的一面，帮助你赢得公司的面试。因为职场礼仪不仅可以有效展现个人的教养、风度、气质和魅力，还能体现个人对社会的认知水平，以及个人的学识、修养和价值。

●●➡ 任务实施

一、职场礼仪的类型

职场礼仪涵盖从服装打扮到日常沟通，再到商务接待等方面的行为规范。掌握这些礼仪能帮助新员工快速融入职场，让老员工在各种场合都游刃有余。

（一）按工作场所分类

根据工作场所的不同，大体可将职场礼仪分为办公室礼仪、企业规范礼仪和公共区域礼仪三大类。

1. 办公室礼仪

在现代社会中，办公室已经成为基本的工作场所。人们在办公室要与同事、领导（上司）发生各种人际交往。因此，办公室礼仪也就成了现代职场礼仪的重要组成部分。在办公室里，要按照待人以诚的原则与人相处，快乐地融入团队之中，不过于谦卑也不倨傲。

2. 企业规范礼仪

被录用后，需要全面了解用人单位的各项规章制度，特别是一些安全事项，需要牢记，并严格遵守。同时，要积极地了解管理各项业务工作的负责人姓名及职责，在自己有困难的时候，能够直接找到负责人帮助解决问题。在工作过程中，要养成良好的卫生习惯，如严禁向窗外抛物、倒水、吐痰、扔烟蒂，维护良好的生产环境；下班时，应做到"善始善终"，将工作服放入个人储物箱内，整理好个人用品，为第二天的工作创造美好的环境。

3. 公共区域礼仪

在公共场合，每个人都代表了所从事职业的形象，这就需要个人注意自身的行为，文明交流、尊重他人、与人为善，发型、服饰、气质、言谈举止与职业、场合、地位及性格相吻合，给人留下美好的第一印象。

（二）按应用场合分类

根据应用场合的不同，大体可将职场礼仪分为电话礼仪、介绍礼仪、名片礼仪、会面礼仪、迎送礼仪、电梯礼仪等。

1. 电话礼仪

有来电时，应尽快接起，不让电话铃响超过 3 声。拿起电话要先报出自己的公司或部门名称，再问对方是谁。待对方报出身份后，最好确认一次，复述："您是××公司的××，是吗？"左手持听筒，右手随时记录，听不清楚时请对方再说一次。对方交代的事项，要具体记录下来，并复述一次，确认无误。对方如指定其他同事听电话，要先说声"您稍等一下"，随即帮忙找到被指定的人。通话结束时，要先说"谢谢"，听到对方挂话筒时才挂上话筒。

2. 介绍礼仪

介绍的核心原则是尊者居后，即将职位低的介绍给职位高的；将年轻的介绍给年长的；

将未婚的介绍给已婚的；将男性介绍给女性；将本国人介绍给外国人；将非官方人员介绍给官方人员。当被介绍时，应表现出结识对方的热情，如起立或欠身致意；双目应该注视对方；介绍完毕后，握手问好。

3. 名片礼仪

投递名片时，应遵循级别由高及低、由近及远的顺序。使用双手拇指和食指执名片两角，让文字正面朝向对方。接名片时要用双手，并马上仔细看一遍上面的内容，如有疑惑，马上询问。同时交换名片时，可以右手递名片，左手接名片。若是收存名片，应放入衬衣口袋或西装内侧口袋，不要放在裤袋中。若是接下来与对方说话，不要将名片立刻收起来，应该放在桌子上，并确保不被其他东西压住。参加会议时，应该在会前或会后交流名片，不要在会中与他人交流名片。

4. 会面礼仪

打招呼在人际关系树立之初能起到润滑剂的作用。在和上级、同事还不熟悉的时候，可以从打招呼开始。每天一进公司，可以对所有同事说声"早上好"，相信同事回复你的一定是微笑。若是面对客户，打招呼之后可以补上一句"又来打扰，不好意思"之类的客气话；对于好久没会面的客户，可以加句"久未联系，请别介怀"或者"别来无恙"等礼貌用语，如此细腻的问好容易给对方留下深刻的印象。

5. 迎送礼仪

客人来访时，应主动从座位上站起来，引领客人进入会客厅或者公共招待区，并为其送上茶水。如果是在自己的座位上谈话，注意声音不要过大，避免影响周围同事。

6. 电梯礼仪

步入职场后，乘电梯也大有学问。陪同客人或长辈乘电梯，电梯门开时，可先进入电梯，一只手按住开门按钮，另一只手挡住电梯门，请客人或他人优先；进入电梯后，按下客人要去的楼层按钮，途中若有其他人员进入，可主动询问要去几楼，帮助其按下要去的楼层按钮。电梯内尽量侧身面对客人。抵达要去的楼层时，应一只手按住开门按钮，另一只手做出请出的动作。客人走出电梯后，自己马上走出电梯，并热心引导途中的方向。

7. 用餐礼仪

总体原则：以远为上，面门为上；以右为上，以中为上；观景为上，靠墙为上。

点菜原则：看人员组成，人均一菜是较为通用的规则；看菜肴组合，有荤有素、有冷有热，尽量做到全面；点菜时不要问价格，不要讨价还价。

在职场中，免不了商务用餐，用餐时的位次排列也有一定的讲究。商务用餐的位次排列如图 8-6 所示，可供参考。

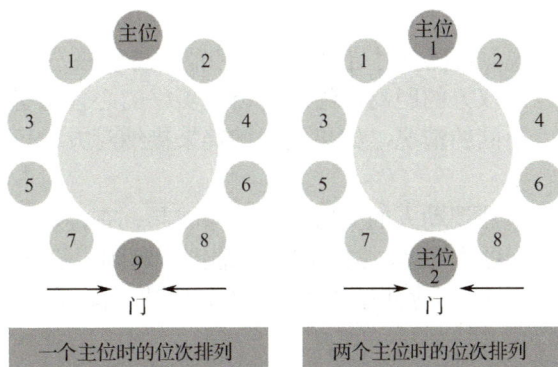

图 8-6 商务用餐的位次排列

8. 乘车礼仪

商务乘车遵循的原则就是把客人放在最安全的位置。根据车辆的不同，乘车人座位的安排有所不同；根据驾车人的不同，其座位的安排也有所不同。

（1）宾主不同车：主人和客人不乘坐同一辆轿车时，则轿车在行驶中的先后顺序通常如下：主人的座车先行开道，客人的座车随后跟进。如果跟进的座车不止一辆，则按乘车者的地位、身份的高低依次跟进。

（2）宾主同车：一般来说，乘车时座位的安排以座位的舒适度和上下车的方便性为标准。在不同的国家和地区，轿车座次讲究略有不同，但方便、舒适、安全是首先被考虑的问题。靠右侧行驶地区，车上座次的安排一般如图8-7所示。

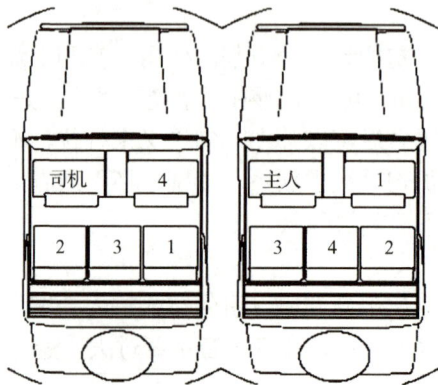

图8-7 轿车内座次安排示意

按惯例，在社交场合，轿车的副驾驶座不宜请女士和儿童坐，因为不安全；而在公务活动中，副驾驶座，特别是双排五座轿车的副驾驶座被称为"随员座"，一般由秘书、翻译、警卫、陪同等随员就座。

例如，乘坐一辆由专职司机驾驶的轿车，确定座次的关键取决于乘坐者之间的身份、地位差异，以及乘坐者"此行何去"：男女同行，外出公务，男士是领导，女士是随员，则男士坐后排右座，女士坐前排副驾驶座；男女同行，外出休闲，则讲究"女士优先"，可一起坐后排，女士居右，男士居左，这样比较得体。

当然，在具体的实践中要灵活机动，长辈、上司、贵宾或女士上车后坐在哪里，哪里就是"上座"，就是尊贵的位置，不能提醒他（她）坐错了位置，或者要求他（她）调换位置，因为这是非常失礼的行为。

9. 微笑礼仪

微笑是有自信心的表现，表现出对自己的魅力和能力持积极态度。微笑可以表现出温馨、亲切的表情，能有效地缩短双方的距离，给对方留下美好的心理感受，从而形成融洽的交往氛围。面对不同的场合、不同的情况，如果能用微笑来接纳对方，可以反映出良好的修养和挚诚的胸怀。

发自内心的微笑，会自然调动人的五官：眼睛略眯起、有神，眉毛上扬并稍弯，鼻翼张开，脸肌收拢，嘴角上翘，唇不露齿，做到眼到、眉到、鼻到、肌到、嘴到，才会亲切可人，打动人心。微笑的精髓在于含笑于面部，"含"给人以回味、深刻、包容感。

10. 着装礼仪

身在职场不仅要懂得穿衣的基本原则，还要注意一些技巧，场合、身份、自身条件、季节等因素都要考虑进去。

（1）着装要与环境相协调。个人置身于不同的环境、不同的场合，必须有不同的着装，与周围环境相协调。例如，在办公室工作就需要穿着正规的职业装或工作服；在比较喜庆的场合如参加婚礼等可以穿潇洒、鲜亮、明快的服装等。

（2）着装要与个人身份相协调。每个人都有不同的身份，这样就有了不同的社会行为规范，在着装打扮上也自然有其自身的规范。例如，当你是一名柜台的销售人员时，就不能过分打扮自己，以免抢客户风头；当你是企业的高层领导时，就不能随心所欲地穿了。

（3）着装要与自身条件相协调。要了解自身的优点和缺点，用服饰来达到扬长避短的目的。所谓"扬长避短"，重在"避短"。例如，身材矮小的人适合穿造型简洁明快、小花形图案的服装；肤色白净的人适合穿各色服装；肤色偏黑或发红的人切忌穿深色服装等。

（4）着装要与季节相协调。只注重环境、个人身份和自身条件而不顾季节变化的服饰穿戴同样不合适。

二、职场礼仪的禁忌

初入职场者，一不小心就会误触地雷，而关系一般的同事和上级往往都不会主动开口提醒你。因此，在进入职场前，了解一些职场礼仪的禁忌，掌握规范的职场礼仪，能让你成为一个受欢迎且受尊重的职场工作者。下面列举 12 种职场礼仪的禁忌。

（一）直呼领导（上司）名字

直呼领导（上司）中文或英文名字的人，有时是与老板友情特别深的主管，有时是相识已久的老友。除非领导（上司）自己说"别拘谨，你可以叫我××"，否则下属应该以敬称称呼领导（上司），如"李董事长""郭副总"等。

（二）以"高分贝"打私人电话

在公司打私人电话已经很不应该，如果还肆无忌惮，那么只会让领导（上司）、同事抓狂，因为会影响他们正常工作。

（三）开会不关手机或不调成静音、震动模式

开会时将手机关机或调成静音、震动模式是一种良好的职场习惯。当会议上有人正在作报告或布置工作时，突然有手机铃声响起，会议必定遭到干扰，这不仅是对发言人的不尊重，还会影响其他参会者。

（四）让领导（上司）提重物

与领导（上司）出门洽商时，提物等动作要尽量代劳。另外，男同事与女同事一同出门，男同事可表现出绅士风范，帮女同事提东西、开关车门。

（五）称本人为"×先生/×小姐"

打电话找某人未找到，留言时千万别说："请通知他，我是×先生/×小姐。"正确说法应该是先讲本人的姓名，再留下职务和电话。比如："您好，敝人姓王，是××公司的营销主任。请××看到信息后回我电话好吗？我的电话号码是×××，谢谢您的转答！"

（六）对"自己人"才有礼貌

有些人只有对"自己人"才有礼貌。例如一群人走进大楼，他只帮自己熟悉的朋友或同事开门，后面还有其他人就把门关上，这是相当不礼貌的。

（七）迟到、早退或太早到

不论上班或开会，请不要迟到、早退。若有事耽搁可能导致迟到或早退，一定要前一天或更早就提出，不能临时才提出。此外，太早到也是不礼貌的。例如，由于客户可能还没准备好，或还有别的宾客，太早到会搅扰对方。倘若万不得已一定要早到，不妨先给客户打个电话，询问能否将见面时间提早；也可以先在外面逗留片刻，等时间到了再进去。

（八）谈完事情不送客

谈完事情后把客户送到公司门口是基本的礼貌问题。若客户是很熟的朋友，也要起身送到办公室门口，或者请秘书或同事帮忙送客；若是普通客户，则要送到电梯口，帮他按电梯，目送客户进电梯，门完整关闭，再转身离开；若是重要客户，应该主动帮其叫车（客户没开车的情况下），帮客户开车门，关好车门后，目送对方离开后再走。

（九）看高不看低，只跟领导（上司）打招呼

只跟领导（上司）等"居高位者"打招呼，会让人觉得太过势利。在与领导（上司）打招呼后，别忘了跟他们身边的秘书或同行的其他人打招呼。

（十）领导（上司）请客，专挑昂贵的餐点

领导（上司）请客，专挑昂贵的餐点是十分失礼的。价位最好在领导（上司）选择的菜品价位上下。若领导（上司）请你先选，选择中等价位就够了，千万别随意挥霍人家的好意。

（十一）不喝他人倒的水

他人倒水给你喝，一滴不沾是很不礼貌的。再怎么不渴，也要举杯轻啜一口再放下。若是领导（上司）亲自泡茶或煮咖啡给你喝，喝完千万别忘了赞美两句。

（十二）想穿什么就穿什么

"随性而为"的穿着或许让你看起来青春、有活力、特别，但上班就要有上班的样子。身着专业的上班服饰，有助于提升你的工作形象，也是对工作的基本尊重。

职场礼仪的条条框框是要靠职场人的日积月累和自律养成的。如果没有良好的职场礼仪，那么在职场中也将难以取得巨大的成就。

●●➡ 活动与练习

主题：职场礼仪归纳

活动：观看南希·迈耶斯（Nancy Meyers）导演的喜剧电影《实习生》（职场新人再也不是二十岁出头的代名词，70 岁的男主人公 Ben 依然可以放弃一切回到职场做一名实习生）。观看完影片后，请你谈谈从这位特殊的实习生身上学到了什么，并对影片中涉及的一些职场礼仪进行简单归纳。

任务四　大学生岗位胜任能力的提升

◦◦➡ 任务导入

公司考虑到孙先生是核心技术骨干员工，认为他适合做管理，便安排他做技术副总，从事主体为管理的工作。事实上，孙先生从事技术团队管理工作后，已经不能够胜任他的工作。可见，不同的岗位有不同的能力要求，为了适应不同的岗位，高校毕业生要学会提升自己的岗位胜任能力。

◦◦➡ 任务准备

列举两则员工不能胜任岗位工作的案例。

◦◦➡ 知识储备

职业发展通道是企业结合自身发展战略和员工个人成长目标，为企业内部员工设计职业发展方向和提供职业晋升机会的路径，包括管理通道和职业技能通道。岗位胜任能力是指根据岗位的工作要求，该岗位员工能够顺利完成该岗位工作的个人特征结构。它可以是动机、特质、自我形象、态度或价值观、某领域知识、认知或行为技能。

◦◦➡ 任务实施

一、岗位及岗位构成基本要素

无论是刚入职场的新人还是正在寻求职业发展的在职人员，都应深入分析目标岗位的具体要求，不断提升自身素质以符合岗位需求，从而在职业道路上稳步前行。

（一）岗位的含义

岗位是组织要求员工承担的一项或多项责任，以及为此赋予员工的权利的总和。它是社会经济技术发展的产物，是根据组织生产或工作的需要，按照一定的标准化分工，由具体职责任务、工作规范和员工上岗能力指标要求组成的集合体，是员工从事活动或工作的载体，也是员工生存和发展的平台。

（二）岗位构成基本要素

岗位是由岗位的基本职责和任务、岗位工作规范、岗位用人标准、岗位劳动报酬等多种要素构成的集合体。

1. 岗位的基本职责和任务

岗位的基本职责是按照岗位用人标准规定的、每名员工必须承担的责任。岗位任务是指员工应该完成的具体生产或工作任务。不同的岗位，其职责和任务是不同的，对其岗位业绩的评价标准也是不同的。例如，企业招聘人力资源主管，其岗位职责主要是带领和团结所负责的工作人员，及时为企业的用人部门聘用到合适的人才。其工作任务是，根据用人部门领导的要求和企业的需要，预测、制订招聘计划；通过多种媒介进行招聘宣传，找到候选人的来源；对可能胜任岗位的人才进行识别；向用人部门推荐合适的候选人；办理人员试用手续等。

2. 岗位工作规范

岗位工作规范是指特定岗位对员工胜任特征的基本要求，主要包括员工应具备的教育背景、工作经验、知识与技能、个性特征等方面的信息。

（1）教育背景。教育背景主要包括受教育程度和所学专业，如大专学历，数控技术应用专业。

（2）工作经验。工作经验主要是指过去是否具有从事某种工作的经验教训及从业时间，如从事心理咨询工作3年以上等。

（3）知识与技能。知识与技能主要是指从事该岗位工作所需的专业知识和专业技能，如精通数控机床系统的操作、管理与维护，精通 Netscape Web Server 的配置与调试，至少了解一种大型数据库的操作，能熟练阅读英文书籍等。

（4）个性特征。个性特征包含的内容非常广泛，一般来说主要是指该岗位员工所需的最为重要的个性特征，如善于与人沟通，具有良好的语言表达能力，工作有耐心、细致等。

（5）身体要求。有些工作要求员工具备特定的身体条件和心理条件，如视力能适应夜间工作、野外作业等。

（6）其他特殊要求。其他特殊要求主要是指针对某个岗位的特殊工作特点提出的要求，如能接受倒班工作制或经常出差等。

3. 岗位用人标准

岗位用人标准是指用人单位基于本单位某岗位员工提出的录用标准。通常，岗位用人标准包括以下3个方面。

（1）能力要求。能力要求是用人单位对相应岗位员工的专业技术/技能水平、工作经历等方面的要求，是考核员工能否适应岗位要求的重要指标。

（2）素质要求。素质要求包括职业意识、职业道德、职业修养等方面，是考核员工职业能力的重要隐性内容。

（3）其他要求。其他要求包括学历、专业背景等。

4. 岗位劳动报酬

岗位劳动报酬体现的是员工创造的社会价值，通常由3部分组成。

（1）货币工资。货币工资是指用人单位以货币形式直接支付给员工的各种工资、奖金、津贴、补贴等。

（2）实物报酬。实物报酬是指用人单位以免费或低于成本的价格提供给员工的各种物品和服务等。

（3）社会保险。社会保险是指用人单位为员工直接向政府和保险部门支付的失业、养老、医疗、家庭财产等保险金。

二、岗位胜任能力的内容

岗位胜任是指在工作中，个人能力、人格品质等特征能够满足岗位要求的状态。职业素养高的人一般都能很好地胜任岗位工作。岗位不同，其岗位职责也不同。管理岗位和技术岗位的能力要求差距很大。因为高职毕业生大多在技能型岗位上，所以下面主要介绍技能型岗位的胜任能力。

（一）岗位专业能力

无论学什么专业，将来选择什么岗位，都必须具备较强的专业能力。学好专业知识是学生的职责，是就业的本钱。关于岗位专业能力，因为较为个性化，因此只能因岗、因人而异，结合自己的具体情况加强专业训练。

（二）岗位学习能力

岗位学习能力是岗位专业能力的支柱，一个学习能力弱的人或学习意识淡薄的人，不可能有持续的岗位胜任能力，更谈不上岗位创新了。因此，对学生而言，择业与就业是岗位学习的起点，不是终点。

（三）团队协作能力

大学生从学校走向用人单位，进入了一个新的组织，面对的组织性质、人员构成和活动方式都发生了很大变化，目标方向更是不同。培养团队协作能力主要是使相应人员学会在不同的位置上各尽所能，与其他成员协调合作，与同事进行有效沟通，具有包容心，善于发现别人的长处，不能对个人得失斤斤计较。

（四）自我管理能力

对一个新入职的高校毕业生来说，从管理能力上来讲，主要是做好自我管理。岗位的自我管理能力是岗位发展的基础，也是团队建设的要素之一。自我管理包括自我学习的管理、工作时间的管理、岗位行为规范和岗位精神的培养等。一个不遵守纪律又不想学习的员工，不但不能实现岗位发展，而且迟早会被社会淘汰。

（五）岗位创新能力

具备了岗位创新意识，还必须锻炼岗位创新能力。想创新且有能力创新，是对现代员工的客观要求，也是员工岗位发展的必然趋势，更是一名优秀员工的标志。高校毕业生只有早日培养创新能力，提升自己的竞争力，才能在岗位上得到更好的发展。

（六）岗位沟通能力

沟通是人生重要的生存和工作技能，岗位工作也需要与各方沟通才能完成。沟通就是交流思想和想法，互相理解，互通信息，消除误会，提高效率，使大家更加诚信，使组织更加协调。

✍ 活动与练习

主题：分析岗位胜任能力

活动：通过网络查找、实际调查访谈等方法，查找 10 个不同的岗位，然后就其岗位应该具有的能力进行分析，并指出其中你认为最重要的 3 种能力，说明原因。

_____

_____

_____

_____

✍ 知识拓展

胜任特征

麦克利兰是美国心理学会杰出科学贡献奖获得者。1973 年，他首次提出了"胜任特征"的概念，并认为胜任特征是能够区分在特定的工作岗位和组织环境中的绩效水平的个人特征。也就是说，这是一种能将某个工作中表现优秀与表现一般的人区分开来的个人特征，主要包括获取信息的技能、分析思考的技能、概念思考的技能、策略思考的技能、人际理解和判断的技能、帮助和定向服务的技能、对他人的影响技能、建立和管理人际关系的技能、发展下属的技能、指挥技能、小组工作和协作技能、小组领导技能等 20 多种胜任特征。

三、SCANS 标准

SCANS（Secretary's Commission on Achieving Necessary Skills）标准研究是美国关于职场技能需求的一项重要研究，它将能力分为五大类别，并强调了三大基础。

（一）SCANS 标准的五类能力：资源、人际交往、信息、系统和技术

1. 资源：界定、组织、计划和分配资源

（1）分配时间：选择与目标相关的活动，给活动排序，分配时间，并编写和追随时间表。

（2）分配资金：制定资金使用预算，做好预测，保存记录，作出调整以满足目标。

（3）分配物质和工具资源：高效地获得、存储、分配和运用物质或空间。

（4）分配人力资源：评估技能并相应地分派工作，评价成绩并提供反馈。

2. 人际交往：与他人一起工作

（1）作为团队成员参与：努力为群体目标作贡献。

（2）教授他人：教给他人新技能。

（3）为客户服务：为满足客户的期待而工作。

（4）实践领导力：为调整职位与他人交换意见，说服和使他人相信，负责任地挑战既存的规程和政策。

（5）谈判：为资源交换、解决利益分歧而工作。

（6）与不同文化背景的人一起工作：与不同文化背景的男性和女性一起很好地工作。

3．信息：获取和运用信息

（1）获取和评价信息。

（2）组织和维护信息。

（3）解释和交流信息。

（4）运用计算机获取信息。

4．系统：理解复杂的交互关系

（1）理解系统：知道怎样使社会的、组织的和技术的系统一起有效工作和运行。

（2）控制和更正性能：辨别趋势，预演系统运行的效果，诊断系统性能的偏差并纠正故障。

（3）改进和设计系统：建议改变现存系统并发展新的或可选择的系统以提高业绩。

5．技术：融合各项不同的技术工作

（1）选择技术：选择包括计算机或相关技术在内的程序、工具或装备。

（2）根据工作需要运用技术：为了设备的调试和运行而全面理解意图和恰当的程序。

（3）维修和故障检修技术：防止、确定和解决包括计算机或相关技术在内的设备问题。

（二）SCANS 标准的三大基础：基本技能、思考技能和个人品质

1．基本技能：读、写、算术/数学运算、听和说

（1）读：锁定、理解并解释在文献（如手册、图表和一览表）中呈现的信息。

（2）写：用写的方式交流想法和观点，并创造文献，如信件、手册、报告、图表和流程图等。

（3）算术/数学运算：从多种数学方法中选择适当的方法进行基本计算并解决实际问题。

（4）听：收到、听取、解释、回应口头信息和其他暗示。

（5）说：组织参观并口头交流。

2．思考技能：创造性地思考、作决定、解决问题、看待问题、知道怎样学习及推理

（1）创造性地思考：产生新观点。

（2）作决定：制定目标并强制执行，进行取舍，以及评估和选择最适合的。

（3）解决问题：认清问题，想办法且实施。

（4）看待问题：组织并处理符号、图片、图表、物体及其他信息。

（5）知道怎样学习：用高效的学习方法去获得与应用新知识和新技能。

（6）推理：发现隐藏在两个或更多个物体之间的关系规则或原理并在解决问题时应用该规则或原理。

3．个人品质：责任心、自尊心、社交、自我管理、诚实正直

（1）责任心：尽最大努力并坚持达到目标。

（2）自尊心：相信自我价值并维持积极的自我观念。

（3）社交：在群体交往中能够表现出理解、友善、适应、共鸣并有礼貌。

（4）自我管理：正确地评价自我，建立个人目标，能够控制过程、控制自我。

（5）诚实正直：选择以道德的方式行动。

●●➡ **知识拓展**

麦可思工作能力研究

参考 SCANS 标准，麦可思将高校毕业生的 35 项基本工作能力归为五大类，即理解与交流能力、科学思维能力、管理能力、应用分析能力和动手能力（见表 8-2）。高职教育的目标是培养适应生产、建设、管理、服务第一线需要的高素质技术技能型人才，促进就业，实现高质量就业。在具体教学实践中可以围绕麦可思提出的五大类能力、35 项基本工作能力加强培养，切实提升高职大学生的理论知识水平、专业技术能力和综合职业素养。

表 8-2　工作能力研究

序　号	五大类能力	基本工作能力	具 体 描 述
1	理解与交流能力	理解性阅读	理解工作文件中的句子和段落
2		积极聆听	理解对方讲话的要点，适当提出问题
3		有效的口头沟通	交谈中有效地传递信息
4		积极学习	理解信息中的启示，用于解决问题，帮助自己作出决策
5		学习方法	在训练和指导工作时选择方法与程序
6		理解他人	专注并理解他人的反应
7		服务他人	积极地寻找方法来帮助他人
8	科学思维能力	针对性写作	根据读者需求有效地传递信息
9		数学解法	用数学方法解决问题
10		科学分析	用科学原理和方法解决问题
11		批判性思维	运用逻辑推理来判定解决问题的建议、结论和方法的优缺点
12	管理能力	绩效监督	监督和评估自己、他人或组织的绩效以采取改进行动
13		协调安排	根据他人的需要调整工作安排
14		说服他人	说服他人改变想法或行为
15		谈判技能	与他人沟通并且达成一致
16		指导他人	指导他人怎样去做一件事
17		解决复杂的问题	识别复杂问题并查阅信息以发现和评估解决方案
18		判断和决策	考虑各方案的成本和收益，确定最合适的方案
19		时间管理	管理自己和他人的时间
20		财务管理	决定怎样花钱以完成工作，并记账核算这些开支
21		物资管理	如何按照工作的特定需要获得设备、厂房和材料，以及监督其合理使用
22		人力资源管理	在工作中激发、发展和指导人们的工作，寻找适合各项工作的人
23	应用分析能力	新产品构思	分析需求和生产的可能性以开发出新产品
24		技术设计	按要求设计和修改设备与技术
25		设备选择	决定使用哪种工具和设备来做一项工作
26		质量控制分析	对产品、服务或工作程序进行测试和检查以评价其质量和绩效

续表

序　　号	五大类能力	基本工作能力	具 体 描 述
27	应用分析能力	操作监控	监视仪表、控制器和其他指示器以保证机器正常运行
28		操作和控制	控制设备和系统的运行
29		设备维护	对设备进行日常维护并决定什么时候进行何种维护
30		疑难排解	判断出操作错误的产生原因并确定纠错对策
31		系统分析	判定变化对一个系统运行结果的影响
32		系统评估	识别系统绩效的评估方法或指标，根据系统目标制订行动方案来改进系统表现
33	动手能力	安装能力	按照特定要求来安装设备、机器、管线或程序
34		计算机编程	基于各种目的的编写计算机程序
35		维修机器和系统	使用必要的工具来修理机器和系统

四、提升岗位胜任能力的方法

提升岗位胜任能力是一个持续的过程，只有逐步提升自己在当前或未来岗位上的胜任能力，才能在职业生涯中保持竞争力和成长性。

（一）树立正确的岗位发展观念

走出高校的第一次择业与就业，是个人岗位发展和成长的关键节点。因此，树立正确的岗位发展观念是十分重要的。正确的做法是，把工作岗位作为新的学习园地，不放弃每个学习机会，重新确立新的学习目标，培养并树立正确的岗位意识。树立正确的岗位意识就是要对本职工作岗位的工作环境、管理风格、工作目标、岗位职责、管理过程、晋升路径、人际关系等有正确的认知和理解，调顺自己的心态并与之相适应。

（二）提升岗位适应能力

提升岗位适应能力，无论是对新员工还是对老员工都是必修课，只是提升的角度不同。刚入职场的高校毕业生，进入新的环境后，一要适应环境，重新构建人际关系，融入团队；二要发现自己与岗位要求的差距，制订学习提升计划；三要选定师傅，积极参加培训活动，坚持终身职业学习的理念，把岗位能力提升作为不断适应岗位发展的支柱。现代人需要树立终身职业学习的意识，在工作中处处学习、时时学习。通过点点滴滴、持之以恒的学习，不断提高自身的工作能力，提升岗位适应能力。

（三）制定合理的个人岗位发展规划

企业发展规划和个人岗位发展规划是一个统一体，两者之间的"共振"是现代管理发展的重要理念。企业发展规划的目的是"把人才放到合适的岗位"，个人岗位发展规划的目的是"保持对岗位的兴趣"，两者的结合点是在合适的岗位上发挥合适人才的优势。科学制定自己的岗位发展规划，是员工自身职业发展的重要前提，也是实现个人岗位发展的重要手段。

（四）融入工作团队

岗位成长必须在团队中实现，脱离了团队，岗位成长是无所依托的。树立岗位发展意识，提升岗位适应能力，目的就是能够在团队中更好地工作和发展。融入工作团队，除需要接纳团队文化外，还要遵守团队制度等。作为员工，有必要提升自己的参与意识，融入团队，发挥集体力量，以此增强团队凝聚力，推动企业取得更好的成绩。

（五）增强与岗位匹配的主动意识

要增强与岗位匹配的主动意识，可从以下 3 个方面着手。

1. 积极适应新环境

对刚入职的新员工来说，周围的一切都是陌生的，如何快速适应环境、适应工作、适应岗位，关键在于自己是否主动。职场不是校园，不会有老师不断督促你学习，许多时候学不学、能学多少完全在于自己是否主动请教，是否能够主动地发现问题。

2. 注重能力拓展

能力与知识、经验、个性特质共同构成人的素质，成为个人胜任某项任务的条件。个人素质和能力的拓展与提升是不断实现岗位匹配的动态过程，也是决定岗位匹配的关键。虽然很多用人单位会采用一些办法帮助员工提升个人能力，但是岗位能力的拓展主要还是靠个人的努力。

3. 立足岗位创新

创新首先体现在"创"字上，要善于在原有的工作中发现不足，想办法解决，而不是畏难和回避。这就要求员工具备敢于进行岗位创新的精神，敢于挑战自己，在日常工作中，不断进步。只有这样，才有可能实现岗位创新。

【思考与讨论】

1. 怎样实现从学生角色到职业人角色的顺利转变？
2. 职业素养有哪些改进方法？
3. 职场礼仪有哪些禁忌？
4. 未来自己理想的职业岗位目标是什么？胜任这种岗位需要具备哪些能力？
5. 为了实现未来自己理想岗位的人岗匹配，试分析自己能力的不足之处并制订提升计划。

项目九　大学生创业

【思政目标】

1. 激发学生的创业潜力及拼搏精神。
2. 培养学生的创业意识、创业思维和创业技能，提高他们的创业能力和水平。

【学习目标】

1. 了解大学生创业的优惠政策及常见模式。
2. 掌握发现并识别身边的创业机会的方法。
3. 熟悉创业步骤。
4. 掌握创业计划书的撰写技巧。
5. 掌握大学生创业素质的培养方法。
6. 掌握识别和控制创业风险的方法。

【情境导入】

李志宏的创业之路

李志宏在同学眼中是个能人，自上大学起就一直没有停止过自己的创业之路。他自称卖过书、卖过手机，后来创立了自己的科技公司。李志宏最早接触 IT 销售也是在大学里，除了向同学们推销手机、平板电脑等 IT 产品，还在大学城的各个学校内发展代理，"有的学生代理一天就能卖出两部手机"。李志宏没有透露自己在校期间到底靠这些方式赚到了多少钱，但他称这时的创业资本来自自己的投入。现在创立科技公司，李志宏称启动资金也全靠自己，没向家里要一分钱，家里甚至都不知道他在做这些事。"其他的钱，我主要是在融资，就是向一些企业借贷。"他称自己不久前从江苏一家知名企业获得了担保，已成功从北京一家企业获得融资，并且正逐步到位。通过这几年在无锡的打拼，李志宏已经逐步站稳脚跟，进入了发展的快车道。

案例分析： 李志宏从大学开始就有创业意识，这不但丰富了他的大学生活，更改变了他的就业状况，让他成立了科技公司，学会了融资，并带领公司慢慢步入了正轨。大学时一个小小的兼职举动带来了一个公司的成就，一个简单的创业意识最终使他由就业者转变成了能创造更多就业机会的老板。

任务一　了解创业知识

●●⇒ 任务导入

纵深推进大众创业、万众创新是深入实施创新驱动发展战略的重要支撑。为此，国家出台了一系列优惠政策，尤其是针对这一进程的生力军——大学生，对他们的创新创业给予支持。新时代大学生若能了解并充分利用这些政策，把握创业机会，将使自己的创业之路更加顺畅。

●●⇒ 任务准备

摘抄两句关于创业的经典名言。

●●⇒ 知识储备

创业是一个具有许多不确定性和风险的社会工程。要取得创业的成功，既需要很多资源和条件，又需要创业者具备较高的能力素质。高校毕业生通过自主创业，不但可以将兴趣与职业紧密结合，实现人生价值，而且可以培养自立自强的意识和艰苦奋斗的作风，成为年轻的企业管理人才。

●●⇒ 任务实施

一、什么是创业

创业的内涵丰富，不仅有创新的内容，还涉及就业、社会发展及公平正义。创业是一个自主创办事业的过程，是一个与劳动就业、经济产出密切相关的过程。创业是就业的另一种模式，创业者不但为自己创造就业机会，而且主动为他人创造就业机会。一般认为，创业是指个人发现和捕捉机会并由此创造出新产品或服务的过程，主要标志和特征是创建新的组织。

二、大学生创业的优惠政策

为支持大学生创业，国家和各级政府出台了许多优惠政策，涉及融资、开业、税收、创业培训、创业指导等诸多方面。对打算创业的大学生来说，只有了解这些政策，才能走好创业的第一步。

2021 年，国务院办公厅印发的《关于进一步支持大学生创新创业的指导意见》中提出以下政策。

高校毕业生在毕业年度内从事个体经营，符合规定条件的，在 3 年内按一定限额依次扣减其当年实际应缴纳的增值税、城市维护建设税、教育费附加、地方教育附加和个人所得税；对月销售额 15 万元以下的小规模纳税人免征增值税，对小微企业和个体工商户按规定减免所得税。对创业投资企业、天使投资人投资于未上市的中小高新技术企业以及种子期、初创期科技型企业的投资额，按规定抵扣所得税应纳税所得额。

落实创业担保贷款政策及贴息政策，将高校毕业生个人最高贷款额度提高至 20 万元，对 10 万元以下贷款、获得设区的市级以上荣誉的高校毕业生创业者免除反担保要求；对高校毕业生设立的符合条件的小微企业，最高贷款额度提高至 300 万元；降低贷款利率，简化贷款申报审核流程。

三、大学生创业的常见模式

如今，不少高校毕业生会选择创业，那么对没有丰富社会经验的大学生来说，创业前首先要找到一个能够将自己现有资源有效整合的创业模式。大学生创业的常见模式有以下 4 种。

（一）个人独资企业

这是一种常见的大学生创业模式，主要是指大学生个人或者几个人创办"工作室型小企业"从事创业活动的创业组织模式，或者选择一些企业，凭借它们的品牌和产品质量开展业务。

该模式主要有以下特点。

（1）从事的行业很多，比较自由灵活，创业者可以在各个领域，抓住消费群体的特点来确定行业。

（2）启动资金少，这为大学生创业提供了便捷条件。只要一个小型店面就能解决创业问题，大大降低了大学生创业的风险。

（3）代理、加盟创业，品牌形象较好，客户信任度较高。

（4）精力投入多，大多数创业者需要花大量的时间来经营店面，必然影响学业。

（二）法人股份制的小型企业

这是在家长、亲戚的扶持下能够更好地进行事业发展的创业模式，是指大学生以股份形式合资从事的创业活动，多数家长、亲戚作为后盾，提供资金支持。这种创业模式也是我国高校毕业生就业的一条途径，广泛存在于大学高年级或刚毕业的大学生创业团队中。

该模式主要有以下特点。

（1）模式相对稳定。

（2）风险较高，直接面对市场的机遇和挑战。

（3）资金投入较多，虽说家长、亲戚作为后盾，出资支撑，但这无疑给家庭增加了压力。

（4）学生本身在管理、人事、财务等方面缺少经验，对各项政策法规等了解不深。

（5）企业文化建设不完善。

（6）技术人员少，思维能力有局限性，故而产品技术含量较低，逃不出低层次竞争圈。

（7）信息流通较慢，辨别能力较差，对于市场上的情况较难作出迅速反应。

（8）研发资金投资周期长，不利于初创型企业发展。

（三）依托其他企业创业

依托其他企业庞大的客户关系网进行创业，是成功率更高的创业模式。这种创业模式主要是把一些企业的客源当成自己创业企业的客源从而扩大自身业务量，建立协作关系，拓展自身市场。一些成功的民营企业将自己的创业经验、管理方法等传授给大学生创业者，帮扶其创业就属于这种创业模式的范畴。

该模式主要有以下特点。

（1）创业效率及创业成功率高。

（2）企业成长周期短。

（3）创业者具有较高的知识、技术和素质水平。

（4）企业本身制度文化方面建设完善。

（5）个人风险小。

（6）销售网络好，资金回笼快。

（四）带技术进驻创业园

对于创业园这个模式，一般都是凭借技术进行创业的企业所选择的，是一种利用国家优惠政策，个人凭借自身的专业技术或完善的创业计划在国家兴建的创业园区进行创业的方式。

该模式主要有以下特点。

（1）能得到政府政策的支持和创业园区的各项帮助。

（2）风险小，但各个细节要考虑周密。

（3）凭借专业创业，使理论联系实际，加速了知识向生产力的转换。

（4）受地方政府保护。

（5）信息来源多、流通快。

四、大学生创业机会

创业要善于抓住机会，但也不可冒进。若无适当策划，仅根据一个概念或一个创意、一项技术就开始创业，这是盲目的、轻率的、急于求成的，结果只能是失败。

（一）创业机会的内涵

（1）某个市场可以持续为购买者或使用者创造或增加价值的产品、服务或某种需求。

（2）创业者可以提供上述产品、服务或满足上述需求，并能以高于成本的价格出售。

（3）是一种新的"目的—手段"关系，创业者有能力、资源，能为经济活动引入新产品、新服务、新原材料、新市场或新组织方式。

（4）是具有较强吸引力、较为持久的有利于创业的商业机会。创业者借此为客户提供有价值的产品和服务的同时使自身获益。

综上所述，可以得出较为全面的概念：创业机会是指在当前市场经济条件下，在社会的经济活动过程中形成和产生的有利于企业经营成功的各种因素，是一种带有偶然性并能被经营者认识和利用的契机。

（二）创业机会的特征

创业机会一般具有普遍性、偶然性、易逝性及隐蔽性的特征。

1. 普遍性

但凡有市场存在、有经营、有市场竞争的地方，客观上就存在着创业机会。创业机会普遍存在于各种经营活动之中。

2. 偶然性

创业机会大多数情况下是偶然的，它的发现和捕捉带有很大的不确定性，人们很难捕捉到它，有的时候越是刻意地去寻找创业机会，它越是隐藏得深。任何创业机会的产生都有"意外"因素。

3. 易逝性

创业机会的一个显著特征是易逝性。正所谓"机不可失，时不再来"，说的就是机会稍纵即逝。创业机会存在于一定的时空范围内，随着产生创业机会的客观条件的变化，创业机会就会相应地消逝和流失。

4. 隐蔽性

生活中处处充满机会，它每天都无数次地与人们擦肩而过，可惜的是大多数人意识不到它的存在。这就是机会的隐蔽性。创业机会更是如此，能否抓住创业机会，主要是看创业者是否具有"慧眼"。

（三）创业机会的来源

机会是给有准备的人准备的。创业者要想把握住创业机会，就需要搞清楚从哪里可以寻找到创业机会。一般来说，可以从以下3个方面去寻找创业机会。

1. 技术更替潜存的商机

由世界产业发展的历史可知，几乎每个新兴产业的形成和发展，都是技术创新的结果。技术机会既指现有的技术规范程度和性能存在极大的更新改进的可能性，也包括全新的技术出现和应用。当技术更新和新技术出现时，产业的变更或产品的替代，既满足了客户需求，也为创业者提供了前所未有的创业机会。

多数技术的出现对人类都有利弊两面性，即在给人类带来新的利益的同时，也会给人类带来某些新的灾难。这就会迫使人们为了消除新技术的某些弊端，再去开发新的技术使其商业化，从而带来新的创业机会。

2. 政府政策变化带来的商机

随着经济发展、技术变革等，政府必然也要不断调整自己的政策，而政府政策的某些变化，就可能给创业者带来新的商业机会。

3. 市场需求变化蕴含的商机

市场需求蕴含创业机会。一般来看，市场机会主要有以下4类。

（1）市场上出现了与经济发展阶段适应的新需求，相应的，企业需要去满足这些新需求，这也为创业者提供了可利用的商业机会。

（2）当期市场供给缺陷产生新的商业机会。非均衡经济学认为，市场是不可能真正"出清"，达到供求平衡的，总有一些供给不能实现其价值。因此，创业者如果能够发现这些供给的结构性缺陷，就可以找到可利用的商业机会。

（3）先进国家或地区产业转移带来的市场机会。从历史上看，世界各国各地的发展进程是有快有慢的。即使同一个国家，不同区域的发展进程也不尽相同。这样，先进国家或地区与落后国家或地区之间存在"成本差异"，再加上经济发展到一定程度时，环保问题往往会被先进国家或地区率先提上议事日程。所以，先进国家或地区就会将某些产业向外转移，这就可能为落后国家或地区的创业者提供商业机会。

（4）从中外比较中寻找差距，差距中往往隐含着某种商机。通过与先进国家或地区进行比较，看看哪些东西别人已有而我们还没有，这"没有的"就是差距，在这其中就可能发现某种商业机会。

任务二　熟悉创业步骤

◦◦➡ 任务导入

随着经济的发展和社会的进步，创业已成为越来越多大学生的选择。创业不仅可以实现个人价值，还可以为社会创造更多的就业机会。因此，大学生要想走上创业之路，了解创业的步骤至关重要。

◦◦➡ 任务准备

列举两则关于大学生成功创业的经典案例。

◦◦➡ 知识储备

大学生在创业前，首先要做好市场调研，充分了解行业动态和竞争态势，获取可靠的创业资源。其次要注重团队建设，找到志同道合的合作伙伴，清楚团队的力量是创业成功的关键。再次要善于利用各种资源，包括政府的支持、学校的指导及社会的资金等。最后要具备坚忍不拔的毅力，因为创业像一场马拉松，需要长期的努力和坚持才能取得成功。

◦◦➡ 任务实施

一、选择创业项目

选择创业项目是一个复杂且具有挑战性的过程，涉及对市场、自身能力、资源和风险的深入分析。

选择创业项目时需要注意以下几点。

（1）拓宽选择渠道，选择具有独特资源优势的项目。

（2）运用正确和先进的项目理念，选择自己熟悉且有良好发展前景的项目。

（3）选择目标市场非常明确且具有独特新意的项目。

（4）在拥有大量项目信息的情况下，大胆果断舍弃，选择最适合自己的项目。

活动与练习

主题：产生创业想法

活动：请根据表 9-1 中的物体，尽可能多地想创业的点子，并填入该表中。

表 9-1　产生创业想法

物　　体	创 业 点 子	补 充 说 明
旧报纸		
手机充电器		
矿泉水瓶		
电池		
纸杯		

二、获取创业资源

获取创业资源是每个创业者在启动和发展阶段都需要面对的挑战。常见的获取创业资源的渠道有以下 6 个。

1. 会议或活动

参加与创业相关的研讨会、交流会和网络活动，可以帮助创业者建立人脉，了解行业动态，找到潜在的合作伙伴。

2. 孵化器和加速器

加入一个创业孵化器或加速器项目可以获得资金支持、办公空间、指导服务及接触潜在投资者。

3. 政府机构和非政府组织

很多政府机构和非政府组织提供了创业支持，包括财务补助、税收优惠、培训和咨询服务。

4. 学术机构

大学和研究机构常常设有创业中心，提供资源、指导，有时还提供资金支持。

5. 行业协会和商会

加入相关行业的协会或商会，可以获得资源信息，参与专业发展活动。

6. 个人网络

通过家人、朋友和同学来获取资源及支持，他们可能会成为创业者的第一批客户或投资者。

活动与练习

主题：自身条件评估

活动：

1. 自身特长：决定创业者的创业方向

你的兴趣和爱好是你创办企业最可靠的资源。

我擅长（或爱好）做以下事情：

_____

_____

_____

我有以下技能：

_____

_____

2. 人脉资源：创业者自身拥有的朋友圈

我认识以下亲戚和朋友，他们可以提供信息、建议或帮助（说明他们的职位）：

_____

_____

3. 渠道资源：对所选项目掌控一部分渠道客户或技术人才

我有以下渠道客户或技术人才：

_____

_____

4. 经验和历练：创业需要探索和实践

我有以下工作或经历（列出工作、培训和其他工作经历）：

_____

_____

三、创建创业团队

创建一支优秀的创业团队，是创业之路的开始，也是创业成功的重要保障。所以，创业团队的创建、创业团队的合作水平及创业团队成员的素质决定着创业团队资源整合的效率，也决定着创业能否成功。

四、学会创业融资

创业融资是指创业企业根据自身发展的要求，结合生产经营、资金需求等现状，通过科学的分析和决策，借助企业内部或外部的资金来源渠道和方式，筹集生产经营和发展所需资金的行为和过程。

"巧妇难为无米之炊。"有近一半的大学生认为"资金是创业的拦路虎"。

没有资金，再好的创意也难以转化为现实的生产力。因此，在获取资金之前，创业者得清楚自己需要多少资金，如何获得资金，资金的来源渠道如何。

创业者必须具备一定的商业概念，确定是选择债权作为资金来源还是选择股权作为资金来源，以及选择什么作为投资人的保障，这些基本问题将决定创业的前期是否成功。

大学生要开拓思路，多渠道融资，除了银行贷款、自筹资金、民间借贷等传统途径，还可充分利用风险投资、创业基金等融资渠道。

创业融资的主要资金来源一般包括自筹资金、创业投资、天使投资、金融机构贷款、信用担保等。

活动与练习

主题：预测自己能筹措到的启动资金

活动：通过调研，搜集学校及当地政府出台的鼓励创新创业的政策文件及具体举措，班级同学之间进行交流并整理汇总。

___

五、撰写创业计划书

创业计划书又称商业计划书，是详细介绍创业项目的书面材料，对当前形势、预期需求及新企业可能实现的结果进行描述。

创业计划书是引领创业的纲领性文件，是创业者的行动计划方案。

撰写创业计划书，能够帮助创业者思考创业过程中所遇到的重要问题，并找出创业计划存在问题的解决方案，帮助创业者将创业计划落实为创业的具体行动。创业计划书的内容涉及项目运作的方方面面，能全程指导项目开展，会让创业者少走弯路；一份好的创业计划书，可以吸引各方利益相关者，也能让与投资人的沟通变得更加畅通、有效。

（一）创业计划的梳理

1. 研讨创业构想

创业者要不断梳理创业计划，理清创业目的是什么，创业要做什么，如何做，以及资金怎么找，创业团队怎么建，产品的市场营销怎么做等问题。创业构想是创业者在创业想法形成及实施过程中，对创业计划的思考、论证和分析。创业构想涵盖了创业计划的方方面面，在撰写创业计划书之前研讨创业构想时应该明确一些问题或原则。要想让创业构想在创业企业日后的经营过程中发挥良好作用，创业者要确立正确的创业目标，找到适合的创业模式。

2. 梳理创业项目

创业者可以通过图9-1所示的创业计划九宫格的思维逻辑来梳理自己的创业项目。

市场问题	解决方案	用户定位
市场规模	竞争优势	商业模式
收入描述	团队介绍	投资期待

图 9-1 创业计划九宫格

九宫格的 3 行内容代表创业计划的不同层次。

第一行的 3 项内容（市场问题、解决方案、用户定位）是基础：需求是主导，解决是核心，一切都基于"需求—解决"的思维模式展开。

第二行的 3 项内容（市场规模、竞争优势、商业模式）是实现：当你可以评估市场有多大、为什么你们来做、你们如何去完成等一系列问题之后，创业项目就会逐渐明朗起来。

第三行的 3 项内容（收入描述、团队介绍、投资期待）是完善：当你们的项目对于财务、团队及未来发展有着清晰的期待和设想时，项目发展也就变得更为可信、理性和完整。

（二）创业计划的信息搜集

创业计划中涉及的市场、客户、竞争对手、融资方式、创业资源等信息通过互联网、出版刊物、会议资讯等渠道获取，通过观察法、提问法、比较法、文献检索法等方法搜集所需信息。

（三）做好与创业相关的市场调查

通过问卷、访谈、座谈、讨论、观察、写实等调查形式和手段对创业环境、竞争对手、消费者需求状况等信息展开调查。通过市场调查，对创业项目进行可行性分析。

（四）创业计划书的撰写

一份完整的创业计划书包含封面、目录、执行概要、正文 4 个部分，一般包含 9～10 项内容，需要用清晰明了的文字进行表达，篇幅是 20～30 页。

1. 封面

创业计划书的封面应明确创业项目的名称，体现企业的经营范围，同时以醒目的字体标示出创业计划书的标题，如"××创业计划书"。

封面上还应有企业名称、地址、电子邮箱、电话号码、日期、主创业者的联系方式和企业网址（如果企业已建网站），这些信息放在封面的上半部分；如果企业有徽标或商标，将其置于封面正中间；在封面下半部分提醒读者对创业计划书的内容加以保密。

重要提醒：封面上要留有创业计划书撰写者的联系方式，方便联系。

2. 目录

目录是正文的索引。目录可以自动生成，以显示一级、二级、三级标题为宜，并要有对应的页码。

3. 执行概要

执行概要又称执行概览，是创业计划书第一页的内容，是整个创业计划书的概述，能让忙碌的投资者快速对创业计划书有一个简短和全面的了解，提供新企业的独特信息。

执行概要应清晰简洁，依序介绍创业计划书的各个部分，其中的章节顺序应与创业计划书中的顺序一致，每部分的标题以粗体字显示。

特别提醒，如果撰写创业计划书的目的是筹集资金，那么最好在执行概要中明确筹集的资金数额及性质。如果是股权投资，那么甚至可以明确投资者不同投资额下所占企业的股权比例，这样会更吸引投资者的关注，也更容易获得资金。

特别强调，执行概要并非创业计划书的引言或前言，恰恰相反，它是篇幅为一两页、对整个创业计划书高度精练的概括，是整份创业计划书的精华和亮点，也是整份创业计划书的灵魂。执行概要的撰写应在完成创业计划书之后，因为只有这样，才能完成对创业计划书高度精练的概括。

4. 正文

创业计划书的正文主要包括以下内容。

（1）企业概述：包括对企业的基本介绍、行业背景、企业发展目标和潜力，以及产品或服务的独特性。

（2）产品或服务：从产业分析、产品分析和市场分析 3 个角度展开，突出产品或服务的核心价值，分析产业规模、成长速度和销售计划，以及市场参与者的性质、目标市场规模、目标客户的描述与分析、市场容量和趋势的分析与预测、关键成功因素。

（3）创业团队与组织架构：包括创业团队的介绍，法律方面的股权协议、雇佣协议、所有权，以及董事会、顾问、专业咨询人士。

（4）研发计划、生产计划、营销计划：包括总体营销策略（商业模式）、价格策略和销售过程的规划和安排。

（5）竞争分析：对企业所面对的竞争格局进行分析，包括市场中主要的竞争者有哪些，是否存在有利于本企业产品的市场空白，本企业预计的市场占有率是多少，以及本企业进入市场会引起竞争对手怎样的反应。

（6）财务分析及预测：包括资源需求分析、融资方案规划，以及财务报表分析及投资回报预测。

（7）创业风险：包括技术风险、市场风险、管理风险、财务风险、资源风险、研发风险、成本风险、政策风险等，要有应对措施。

（8）收获战略：包括股权安排、战略的可持续性发展规划及明确传承者。

（9）里程碑进度表：包括时间表及目标，最后期限与里程碑事件，以及时间之间的联系。

（10）附录/参考文献：包括法律文件、市场研究、商业文档、荣誉证明和研究资料等补充信息，以增强创业计划书的可信度和专业性。

创业计划书是创业的行动导向和路线图，既为创业者行动提供指导和规划，也为创业者与外界沟通提供基本依据。创业计划书需要阐明新企业在未来要达成的目标，以及如何达成这些目标。创业计划书要随着执行的情况而进行调整。

活动与练习

主题：写创业计划书

活动：

1. 依据学生选择的创业项目，将学生分成若干小组，请各小组派代表以演讲形式简单介绍该项目。教师在此环节可就各小组汇报内容提出若干针对性问题，请小组成员回答。

2. 教师引导学生探讨完成创业计划书应补充和完善的内容。

3. 要求小组学生课后针对各自的创业项目，参照所学的创业计划书制定流程，独立完成一份创业计划书，并在规定时间内提交。

任务三　提升创业素质

　　创业是一项极具挑战性的社会活动，对创业者的自身智慧和能力有很大考验。自 2010 年以来，中国初创企业数量增长速度很快，2023 年日均新设企业 2.7 万户。然而这背后隐藏着极高的失败率。大学生要想获得创业的成功，必须具备基本的创业素质与能力。

　　摘抄两句关于创业者素质的经典名言。

　　创业素质是指人在具有了一定的智力、意志、素养的基础上，在环境和教育的影响下形成和发展起来的，在社会实践活动中全面地、较稳固地表现出来并发挥作用的身心组织的要素、结构及质量水平。它是创业者创业所必须具备的基本条件。

一、创业者应具备的素质

　　创业素质包括创业意识、创业心态和创业能力。

（一）创业意识

　　创业意识是指创业者要有强烈的创业欲望和明确的创业目的。只有有了创业的欲望，才会有创业的动力。也只有有了创业的目的，才会有创业的方向。所以说，创业意识是创业者要具备的基本素质。

　　创业意识是人们从事创业活动的出发点与内驱力，由创业需求、动机、理想、信念、价值观、世界观等组成。创业意识支配着人们对创业实践活动的态度与行为，规定着态度与行为的方向和强度，具有较强的选择性和能动性，是人们进行创业活动的动力来源。它激励着人们以各种方式为了实现既定的目标而不懈努力。

（二）创业心态

　　创业心态是指创业者要有自信心，意志坚强，忍耐力强，既能沉着、冷静、理性地处理问题，也能承受困难与挫折所带来的压力。即使面对失败，也不灰心丧气、一蹶不振，而是认真总结失败的原因，为下次创业做好准备。所以说，创业心态是创业者要具备的关键素质。

创业不是漂亮的口号，而是一个艰难的过程。在这个过程中，创业者会遇到各种没有预想到的困难与问题，甚至失败。因此，创业者必须拥有良好的创业心态，来勇敢面对创业过程中所遇到的一切阻碍，并且战胜它。这些良好的创业心态包括独立性、敢为性、适应性、坚韧性、合作性、有自信、有责任感、能吃苦，以及面对挫折时的稳定、积极的情绪等。

（三）创业能力

创业能力是指创业者能够完成创业所必须具有的能力，是在知识、经验、技能的基础上形成的。创业者仅有创业的激情是不够的，还必须有能够创业的能力。所以说，创业能力是创业者要具备的必要素质。

创业能力包括专业技术能力、经营管理能力、领导决策能力、人际交往与协调能力、创新能力等。创业能力是以智力活动为核心的能力，同时具有很强的社会实践性，是与创业实践活动紧密相连的。创业能力的强弱，决定了创业实践活动效率的高低；创业实践活动又可以促成创业能力的形成和发展，只有在创业实践活动中，通过完成各项艰巨而富有挑战的工作，才能激发个体的创业能力。完成工作的成效，也可以作为个体创业能力强弱的评判标准。

活动与练习

主题：创业能力测评

活动：

1. 测评说明

（1）当你想要拥有一家自己的公司的时候，有必要先进行创业能力测评，它可以帮助你判断自己是否适合创业，是否具有创业潜力。当然，这个测评结果仅供参考，因为一个人创业能否成功受到很多因素的制约。

（2）本测评由一系列问句组成。请认真阅读题目，根据你的实际情况来选择最符合你的描述。

（3）在选择时，请根据你的第一印象来回答，填写表9-2。不要过多地考虑，在符合你的情况的"结果"栏中填"是"，在不符合你的情况的"结果"栏中填"否"。

表9-2　创业能力测评

序　号	内　　容	结　果
1	你是否曾经为了某个理想而设下两年以上的长期计划，并且按计划进行直到完成	
2	在学校和家庭生活中，你是否在没有师长和亲友的督促下，就自动完成分派的任务	
3	你是否喜欢独自完成工作，并做得很好	
4	当你与朋友在一起时，你的朋友是否常寻求你的指导和建议？你是否曾被推举为领导者	
5	在你以往的经历中，有没有赚钱的经验？你喜欢储蓄吗	
6	你是否能够专注地做自己感兴趣的事连续10个小时以上	
7	你是否习惯保存重要资料，并且井井有条地整理，以备需要时可以随意查阅	

续表

序　号	内　容	结　果
8	在生活中，你是否热衷于社会服务工作？你关心别人的需要吗	
9	你是否喜欢音乐、艺术、体育及其他各种活动	
10	在此之前，你是否带动其他人员，完成过一项由你领导的大型活动或任务	
11	你喜欢在竞争中生存吗	
12	当你在别人的管理下工作时，发现其管理方法不当，你是否会想出适当的管理方式并建议改进	
13	当你需要别人的帮助时，是否能充满自信地提出要求，并且能说服别人来帮助你	
14	在你筹款或者义卖时，是否充满自信而非害羞	
15	当你要完成一项重要工作时，是否总是给自己留出足够的时间认真完成，而决不让时间虚度，在匆忙中草率完成	
16	参加重要聚会时，你是否会准时赴约	
17	你是否有能力安排一个恰当的环境，使你在工作中能不受干扰，有效地专心工作	
18	你交往的朋友中，是否有许多有成就、有智慧、有眼光、有远见、老成稳重型的人	
19	你在学校或团体中，被认为是受欢迎的人吗	
20	你认为自己是理财高手吗	
21	你是否可以为了赚钱而牺牲自己的娱乐时间	
22	你是否总是独自挑起责任的担子，彻底了解工作目标并认真地执行工作	
23	在工作中，你是否有足够的信心和耐力	
24	你能否在很短的时间内，结交许多新朋友	

（4）评分标准：答"是"得1分；答"否"不得分。统计所得分数。

2. 测评结果分析

（1）0～5分：你目前不适合创业，应当训练自己为别人工作，并学习技术和专业。

（2）6～10分：你需要在别人的指导下去创业，才会有成功的机会。

（3）11～15分：你适合自己创业，但必须在所有回答"否"的内容中分析出自己的问题并加以纠正改进。

（4）16～20分：你非常适合创业，足以使你从小事开始，并从妥善处理事情中获得经验，成为成功的创业者。

（5）21～24分：你有无限潜能，只要把握住时机和运气，可能成为未来的商业巨子。

经过测评，你加深了对自己的认识。结合前文的自身条件评估，请你认真思考一下：你的性格适不适合创业。创业需要激情，更需要理性。只有做好了创业的准备，才可以创业。

二、大学生创业素质的培养方法

大学生创业素质的培养是一个系统的过程，需要从教育、实践、个人发展等多个层面进行，其培养方法主要有如下几种。

（一）开设创业教育课程

学校可以开设与创业相关的课程，如创业基础、创业计划书撰写、市场营销、财务管理等，以提供必要的理论知识。

（二）组织案例研究和讲座

学校可以组织学生研究具有教育价值和有代表性的创业案例，包括成功案例和失败案例，以及不同行业、不同阶段、不同规模的创业实例，使学生将理论知识与实际情境相结合，提高解决实际问题的能力；可以邀请有成功创业经验的国有或民营企业家及个体户，尤其是校友，来校举办讲座；可以让学生自己讨论创业计划并与他人分享，进行虚拟创业的尝试。

（三）开展实践项目活动

学校可以组建创业社团、提供创业实习基地或创业实践岗位，还可以开展校园科技文化活动。学生社团活动可以以创建文明校园、繁荣校园文化、服务同学、服务学校、服务社会为目的，团结和引导广大同学积极开展各种健康向上的活动，给全校学生创造施展才能的舞台，促进学生综合素质的全面提高。在校内外提供一些机会，选拔学生来管理或经营某些创业项目，以此来培养和提升学生的创业理念、经验、抗风险能力、团队合作精神及创业者气质等。

（四）总结实习和工作经验

鼓励学生在企业或创业环境中实习，以获得实际工作经验。学校可以与本地企业合作，为学生提供实习机会，并及时督促学生总结工作经验。

（五）建立导师和顾问制度

学校可以建立导师制度，让有经验的创业者或专业人士指导学生，还可以提供顾问服务，帮助学生解决创业过程中遇到的问题。

任务四　识别创业风险

◦◦➡ 任务导入

创业有风险，特别是对身处校园、社会经验相对较少的大学生而言更是缺乏创业风险意识。很多大学生经常在创业前期临时抱佛脚，参与创业培训，虽然学到了一定的知识和技能，但对创业风险还不能够领悟，仍需不断领悟和提升整体的风险防范意识。

◦◦➡ 任务准备

列举两则关于创业失败的经典案例。

创业风险是创业过程中存在的风险，是指由于创业环境的不确定性，创业机会与创业企业的复杂性，创业者、创业团队及创业投资者的能力与实力的有限性导致的创业活动偏离预期目标的可能性及其后果。

任务实施

一、创业风险的类型

大学生创业是一项充满挑战与机遇的旅程。然而，在这个过程中，他们面临着多种多样复杂而多变的风险。这些风险不仅考验着大学生的智慧与韧性，也直接关系到创业项目的成功与否。大学生创业风险主要有以下 8 种类型。

（一）项目风险

项目风险是指在实现项目目标的活动中具有的不确定性和可能发生的危险，分布在项目的选择、市场的定位进度安排及对环境的判断几个关键点上。选择了一个好的项目就意味着创业成功了一半，然而，这对刚从象牙塔里出来的大学生来说却非常困难。一些刚毕业的大学生的创业风险意识较弱，风险评估能力较差，在进行创业项目的选择时，往往没有认真地去开展市场调研，在不了解市场行情的情况下，就凭着空想和一股初生牛犊不怕虎的勇气草率选择项目开始创业，与其他创业者相比风险更大。

（二）财务风险

财务风险是指企业在各项财务活动中，由于企业财务管理宏观环境的复杂性和财务管理人员能力的局限性等多种因素的作用，使企业在一定时期、一定范围内获得的财务成果和预期经营目标发生偏差，使企业蒙受损失的可能性。资金对创业者来说是至关重要的，无论是启动资金还是后续经营所需资金的短缺对创业者来说都是致命的。刚毕业的大学生没有资金来源，融资渠道单一，许多还缺乏财务知识，财务风险意识淡薄。

（三）社会资源风险

社会资源风险是指由于创业者对经济资源的掌握和运用不够或社会资源本身的贫乏，使企业面临损失的可能性。资源具有稀缺性，如何获取比竞争对手更多的资源决定一个创业者创业的质量和成败。刚毕业的大学生一般缺乏人际关系，局限于校园和亲戚朋友，对社会的认知度不够，与其他创业者相比，获取信息资源的能力是他们的优势，获取其他资源的能力却相对不足。

（四）创业意识风险

创业意识风险是指由于创业者自身能力的缺陷，其对创业过程中可能存在风险的评估能力和决策能力偏弱，使企业面临损失的可能性。大学生在校期间接受的多是理论教育，普遍缺乏实践经验，创业仅凭个人喜好，盲目乐观，这样的创业无异于纸上谈兵，增加了创业风险。

（五）环境风险

环境风险是指企业在从事生产经营活动的过程中，由于所处的社会、经济、政治、法律环境变化或发生意外灾害造成失败的可能性。社会环境错综复杂，创业者必须随着环境的变化作出调整，以此来规避环境风险。刚毕业的大学生社会阅历不足，对社会环境的变化不够敏感，面对环境的突然变化，往往不知所措，应变能力差，使他们作出的一些决策不够成熟。

例如，我国许多化工/化学园区，企业与居民区交错布置，普遍缺乏统一的区域性环境风险应急预案、监测体系和风险防范措施；环境风险意识淡薄、防范制度不健全、环境保护考虑少、应急预案和风险防范措施缺乏。这给国民经济和人民生命财产安全构成严重威胁，产业整体布局存在很大的环境风险。

（六）市场风险

市场风险是指市场主体在从事企业经营活动的过程中，由于产品的市场供求不平衡或不匹配，从而面临的盈利或亏损的可能性和不确定性。市场是体现产品需求的信号灯，企业生产的产品是否符合市场的需求，决定了企业生产的产品是否卖得出去，实现其价值。市场分析主要体现在市场的需求量、市场的接受时间、市场价格、市场战略等上，刚毕业的大学生尽管经过某方面的专业学习，但面对瞬息万变的市场，往往容易重技术而轻市场，单凭意志和直觉办事，不懂市场调查和分析，无疑增加了创业的风险。

（七）团队风险

团队风险是指由于大学生的创业动因各有不同，团队成员的选择与组合具有很大的随意性和偶然性，当创业面临外界环境变化需要作出决策时，因团队成员之间的意见不能达成一致，而使企业面临危险的可能性。由于大学生的创业动因、专业素养各不相同，他们更注重自己在某个方面的专业见解，在一些重大问题的决策上容易独断专行，听不进别人的意见，容易散伙，合作基础不够稳固。

（八）技术风险

技术风险是指企业在技术创新过程中，因技术因素导致创业失败的可能性。技术是企业的一项核心资源，特别是对高新技术产业来说，其重要性更是不言而喻，一项新技术的诞生不仅能够延长企业的寿命，还会促进企业的长足发展。在选择项目时，必须考虑到此项目是否存在技术风险，依靠现有的技术是否能够生产出合格的产品，技术的前景如何。在这一方面，一些大学生经过专业学习，拥有一技之长，申请了专利，但是真正把技术设想转化为产品和产业还有相当大的困难。

二、创业风险的识别

创业风险存在的必然性决定识别创业风险的必要性。

（一）创业风险识别的含义

创业风险的识别是指创业者依据创业活动的迹象，在各类风险事件发生之前运用各种方法对风险进行的辨认和鉴别，是系统地、连续地发现风险和不确定性的过程。

由于创业的特殊性，企业除了要识别如国家经济政策的调整、市场需求的变化等显性风险，还要识别某个形势变化引发连锁反应可能带来的半显性风险，以及遭遇突发事件带来的隐性风险。

（二）创业风险识别的特点

创业风险识别通常具有系统性、连续性及制度性的特点。

1. 系统性

由于风险识别过程的复杂性，风险识别不能局限于某个部门或环节，而需要对整个企业各个方面的风险进行识别和分析。

2. 连续性

风险具有可变性，要求风险识别工作连续进行，随着企业及其经营环境的不断变化，需要持续关注新出现的风险和潜在的风险。

3. 制度性

通过制度化的风险识别管理，从组织上和制度上保障风险识别工作的系统性和连续性。

（三）创业风险识别的方法

创业风险识别通常有以下 9 种方法。

1. 环境分析法

环境分析法是指以环境为对象进行分析，发现机会和威胁，区别优势和劣势，把握不确定性和变动趋势，明确相互作用和影响，找出环境中可能引发风险的要素。

企业宏观环境主要包括自然、经济、政治、社会、技术等；企业微观环境主要包括投资者、消费者、供应商、政府部门、竞争者等。例如，市场是否有新的竞争对手介入？竞争对手变动趋势是什么？市场需求对企业产品销售将产生什么影响，等等。

2. 组织结构分析法

组织结构分析法是指利用组织结构图分析和描述风险发生的领域和环节。企业活动的性质和规模，反映企业各部门所承担的责任和风险，以及各部门之间的内在联系和相互依赖程度，揭示企业内部关键人物对本企业经营管理的影响，反映存在的可能使风险状况恶化的薄弱环节。通过组织结构图，可以初步确定风险管理重点。这对于组织结构复杂、分支机构众多的企业识别内在风险、估计风险严重程度有重要意义。

3. 财务报表分析法

财务报表分析法是指以企业的资产负债表、损益表和现金流量表为依据，通过采取水平分析法、垂直分析法、趋势分析法、比率分析法等发现其潜在风险。

这些风险主要包括 3 种：资产本身可能遇到的风险；遭受风险引起生产或业务中断可能带来的损失；造成人身伤害和财物损毁应支付的赔偿金。

4. 流程图分析法

流程图分析法是指将生产、经营、管理过程按其内在逻辑联系绘制成作业流程图，针对流程中的每个阶段、每个环节进行调查分析，以此识别风险。该方法便于发现容易引起风险和产生损失的环节和部门。

流程图的类型有多种：简单和复杂流程图、内部和外部流程图、实物形态和价值形态流程图、生产和资金流程图等。

5. 幕景分析法

幕景分析法是指利用数字、图表、曲线等，对企业未来的状态进行描绘，从而识别引起风险的关键因素及其影响程度。幕景分析法既注重描述未来的状态，也注重描述未来某种情况发展变化的过程。

幕景分析法研究的重点：当引发风险的条件和因素发生变化时，会产生什么样的风险，导致什么样的后果等。

6. 事件树分析法

事件树分析法是指选择某个风险作为开始事件，用逻辑推理的方法推论各种可能结果及产生这些结果的途径，从而了解事故发生的原因和条件。

任何事故的发生都是一系列事件按时间顺序相继出现的结果，前一个事件的出现是随后事件发生的条件，在事件的发展过程中，每个事件有两种可能的状态，即成功和失败。事件树分析法对掌握事故的发生规律、控制事故的发展是很有益的。

7. 故障树分析法

故障树分析法是指以故障为分析对象，描述故障发生的因果关系，借此识别风险。

故障树分析法是安全系统工程的重要分析方法之一，能对各种系统的危险性进行辨识和评价，不仅能分析出事故的直接原因，还能深入揭示出事故的潜在原因。它既可进行定性分析，又可进行定量分析。

8. 标准化调查法

标准化调查法又称风险分析调查法，是指通过风险管理部门、保险企业、专业咨询企业、行业协会、研究机构等，就企业可能遇到的问题加以详细调查与分析，形成报告文件供企业经营管理者使用的方法。

9. 专家调查法

专家调查法是指应用专家的经验、知识和能力，发挥专家的特长，对风险的可能性及其后果作出估计。

专家调查法的基本步骤是，第一步，选择主要的风险项目，选聘相关领域的专家；第二步，专家对各类可能出现的风险进行评估、打分；第三步，回收专家意见并整理分析，再将结果反馈给专家；第四步，把专家的第二轮结果汇总，直到比较满意为止。

专家调查法是一种重要而又被广为应用的风险识别方法。

三、控制创业风险的方法

创业风险控制就是在风险识别、风险评估的基础上，针对企业存在的风险因素，采取各种控制技术，尽量减少企业的风险暴露，降低损失频率和减小损失幅度。

控制创业风险的方法主要包括风险回避、风险防范、损失抑制、风险因子管理、多元化投资等。

（一）风险回避

风险回避是指考虑到影响预定目标达成的诸多因素，结合决策者自身的风险偏好和风险承受能力，从而作出的中止、放弃某种决策方案或调整、改变某种决策方案的风险处理方式。

剥离、禁止、终止、锁定、筛选和消除是企业风险管理和战略调整中常用的重要措施。通过剥离非核心资产或高风险业务，企业能够优化资源配置，减少不必要的风险。同时，制定并执行严格的企业政策和风险限额，禁止从事高风险活动，有助于保护企业资产和财务安全。当企业需要调整战略或重新分配资源时，终止某些已进行的活动和交易是必要的。此外，锁定战略重点，避免偏离企业战略的机会，能够确保资源集中在核心领域。在投资决策中，筛选低收益、高风险或偏离企业战略的项目，有助于优化投资组合。最终，通过规划和实施内部预防流程，从源头上消除风险，企业可以确保运营的稳定性和可持续性。这些措施共同构成了企业风险管理的综合框架，为企业在竞争激烈的市场环境中稳健发展提供了有力支持。

（二）风险防范

风险防范是在风险发生之前调整或重组企业经营过程中的某些方面，通过一定的手段预防和分散风险，以降低风险发生的概率和带来的损失。

1. 机会选择风险的防范

创业者在创业准备之初就应该对创业的风险和收益进行全面权衡，将创业目标和目前的职业收益进行比较，结合当下的创业环境、自己的职业生涯规划进行权衡分析。

2. 人力资源风险的防范

创业者应不断充实自己，持续提升个人素质，使自己的知识和能力与创业活动相匹配。通过沟通、协调、激励、奖惩、评价、目标设定等多种手段管理团队，并在创业团队发展的不同阶段确定相应的管理内容，科学合理地对成员进行绩效评价。招聘那些具有良好职业道德和团队合作意识、拥有与岗位相匹配的技能的员工，在合同中明确权利、义务关系和适当授权。

3. 技术风险的防范

加强对技术创新方案的可行性论证，减小技术开发与技术选择的盲目性，并通过建立灵敏的技术信息预警系统及时预防技术风险。

可通过组建技术联合开发体或建立创新联盟等方式来分散技术创新的风险。提高企业技术系统的活力，降低技术风险发生的可能性。高度重视专利申请、技术标准申请等保护性措施的采用，通过法律手段减少损失出现的可能。

4. 管理风险的防范

提升核心创业成员的素质，树立其诚信意识和市场经济观念，并以此为基础搞好领导层的自身建设，建立能够适应企业不同发展阶段变革的组织机构。

实行民主决策与集权管理的统一，将企业的执行权合理分配，避免不规范的家族式管理影响创业企业发展。明确决策目标，完善决策机制，减少决策失误。

5. 财力风险的防范

要对创业所需资金进行合理估计，避免因筹资不足影响企业健康成长和后续发展。学会建立与经营创业者自身和创业企业的信用，提高获得资金的概率。

学会在企业的长远发展和目前利益之间进行权衡，设置合理的财务结构，从恰当的渠道获得资金。

管理好企业的现金流，避免现金断流带来的财务拮据甚至破产清算的局面。

（三）损失抑制

损失抑制是指采取措施使事故发生时或发生后能减小损失发生的范围或损失严重的程度。

在实际生活中，完全避免和预防损失是不可能的，企业必须考虑风险事故发生时所能采取的损失抑制措施，重点是降低损失幅度。

损失抑制通常适用于外部事件，因为企业往往难以驾驭外部事件是否发生及发生的频率。

1. 应急计划

应急计划是指针对可能造成企业经营中断的小概率事件，事先进行必要的安排（相当于第二方案），确保企业在事故发生后、恢复正常运作前保持生产的连续性，从而降低中断经营、客户关系、商誉等方面的损失，如突发事件应急预案。

2. 危机管理

危机管理是危机管理者通过危机信息分析，执行危机应对计划、组织、控制、领导等职能来最大限度地降低企业和各个利益相关者可能遭受的各种损害，最终保障企业整体安全、健康和持久运行，恢复生产工作，如遭遇地震灾害后企业的抢救工作。

3. 风险隔离

风险隔离是将一个风险单位分割成许多独立的、较小的单位，通过限制每项可能的最大损失来实现降低损失的目的。隔离法不但可以降低直接损失，而且风险单位的增加可以提高企业对未来损失预测的准确程度，使得实际损失程度和估测程度大致相当，从而达到控制的目的，如禽流感暴发后，对感染者、疑似感染者的隔离。

4. 风险组合

风险组合是通过兼并、扩张、联营，将多个原来各自独立的风险企业集合于同一个企业之下，通过增加同类风险单位的数量来提高未来损失的可预测性，以达到降低风险的目的，属于一种简便的损失控制措施。

（四）风险因子管理

风险因子管理是指通过降低风险因素的水平、改变其分布或调整企业对风险因素的敏感性来优化可能引起潜在损失的经营环境。风险因子管理既可能降低损失的频率，也可能减轻损失的程度。

企业风险因子管理技术涵盖了多个关键方面，其中质量管理、员工筛选和培训及企业风险文化管理尤为重要。质量管理通过优化生产过程中的投入与产出，提升产品质量和服务的可靠性、一致性及连续性，从而改善企业风险状况，如引入 ISO 9000 质量体系认证，确保企业运作的高效与安全。在员工筛选方面，企业应深入分析工作岗位需求，使员工特点与工作特点相匹配，确保人员任用的准确性和高效性。员工培训则着重于提升员工的风险管理意识和技能，通过定期的风险管理知识培训，如上岗培训，使员工具备衡量、分析和管理风险的能力。此外，企业风险文化管理也至关重要，良好的风险文化不仅能提升员工的道德标准，长远来看还能提升生产效率和降低经营风险。企业应强化各级员工的风险意识，确保每名员工都能积极地辨识风险、思考后果，并在企业内部传达风险信息，共同构建稳健的企业风险管理体系。

（五）多元化投资

"不要把鸡蛋放在一个篮子里"。适度的、恰当的投资组合（或项目组合）可以降低企业的机会成本并能分散投资风险。随着投资多元化理论的兴起，这种策略被广泛认知与实践。

具体而言，当企业增加投资组合中不同类型的资产时，整体的组合风险将不断降低，而收益仍然是各类资产的加权平均值。当投资组合中的资产多元化到一定程度后，唯一无法完全规避的风险便是系统风险。因此，多元化投资策略虽然不能消除所有风险，但无疑为企业构建了一个更为安全、稳定的财务架构，利于企业的可持续发展。

【思考与讨论】

1. 大学生创业的常见模式有哪些？各有什么优点？
2. 简述创业的步骤。
3. 撰写创业计划书有哪些主要内容？
4. 创业风险有哪些类型？可通过哪些方法识别创业风险？

反侵权盗版声明

电子工业出版社依法对本作品享有专有出版权。任何未经权利人书面许可，复制、销售或通过信息网络传播本作品的行为，歪曲、篡改、剽窃本作品的行为，均违反《中华人民共和国著作权法》，其行为人应承担相应的民事责任和行政责任，构成犯罪的，将被依法追究刑事责任。

为了维护市场秩序，保护权利人的合法权益，我社将依法查处和打击侵权盗版的单位和个人。欢迎社会各界人士积极举报侵权盗版行为，本社将奖励举报有功人员，并保证举报人的信息不被泄露。

举报电话：（010）88254396；（010）88258888

传　　真：（010）88254397

E-mail：　　dbqq@phei.com.cn

通信地址：北京市海淀区万寿路 173 信箱

　　　　　电子工业出版社总编办公室

邮　　编：100036